周易全书

郑红峰 主编

〔第一卷〕

光明日报出版社

图书在版编目（CIP）数据

周易全书 / 郑红峰主编. -- 北京：光明日报出版
社，2016.1（2021.3重印）
ISBN 978-7-5112-9945-1

Ⅰ.①周… Ⅱ.①郑… Ⅲ.①《周易》
Ⅳ.①B221.5

中国版本图书馆CIP数据核字（2016）第017834号

周易全书

ZHOU YI QUAN SHU

著　　者：郑红峰

责任编辑：曹　杨　刘景峰　　　　　责任校对：傅泉泽
封面设计：张婷婷　　　　　　　　　责任印制：曹　净

出版发行：光明日报出版社
地　　址：北京市西城区永安路106号，100050
电　　话：010-63139890（咨询），010-63131930（邮购）
传　　真：010-63131930
网　　址：http://book.gmw.cn
E - mail：caoyang@gmw.cn
法律顾问：北京市德恒律师事务所龚柳方律师

印　　刷：北京德富泰印务有限公司
装　　订：北京德富泰印务有限公司
本书如有破损、缺页、装订错误，请与本社联系调换，电话：010-63131930

开　　本：170mm×250mm　　　　　　印　　张：102
字　　数：1560千字
版　　次：2016年1月第1版
印　　次：2021年3月第3次印刷
书　　号：ISBN 978-7-5112-9945-1

定　　价：680.00元（全6册）

前　言

　　《周易》是中国最为古老的哲学典籍，被尊为"群经之首，诸子百家之源"，历来有"西方文明有《圣经》，东方文明有《周易》"的说法。

　　周易文化是中华文化发展的根本与源头之一，对中国历代的政治、经济、文化等诸多方面都产生了巨大而深远的影响，中国的建筑、医学、音乐、绘画、日常生活等无不与《周易》有着千丝万缕的联系，甚至影响到中国人的民族性格与民族精神。孔子读《易》，韦编三绝，就连《论语》中也多处引用《周易》的词语。

　　相传，《周易》的作者是周文王姬昌，《史记》中也有"文王拘而演周易"的说法。然而，"周易"二字，却另有深意。东汉郑玄所著的《易论》认为，"周"是"周普"的意思，即无所不备，周而复始。在《系辞传》中写到，"生生之谓易"。其意思就是说，生生不息，体会生命之美、日新又新。而易即是"道"，恒常的真理，即使事物随着时空变幻，恒常的道不变。可见，"周易"二字，就是想要将蕴含在世间万物中亘古不变的"道"讲给人们听。

　　现今存世的《周易》主要内容包括"经"和"传"两部分。"经"，主要是六十四卦的卦形符号与卦爻辞。所谓的"六十四卦"，是由"八卦"两两相重而得，"八卦"则是由"阴"、"阳"二爻三叠而成。《周易》的"阴"、"阳"，分别呈中断的与相连的线条形状，即"－－"与"－"。古人用阴阳范畴来表现寒暑、日月、男女、昼夜、奇偶等众多概念，正所谓"一阴一阳之谓道"。而"传"实际上是阐释《周易》经文的专著，即《彖传》上下、《象传》上下、《文言》、《系辞传》上下、《说卦传》、《序卦传》、《杂卦传》，共计七种十篇。因其阐释经文大义，如本经之羽翼，故汉人称之"十翼"，后世统称《易传》。

　　古代将《周易》的研究称为"易学"。上下五千年，《易经》代代相传，释家林立。许多学者皓首穷经，考证训诂，留下了三千多部著作，蔚为壮观。自汉代以来，他们互相争鸣，互相否定，也互相吸收，取长补短。春秋时期，筮法上出现过变卦说、取象说、取义说、吉凶由人、天道无常说，战国时期出现过阴阳变易说，汉代有象数之学（卦气说、五行说、纳甲说），魏晋时期有玄学等流派。因此，《周易》也同其他的"诸子百家、经史子集"区分开来，因为它更是一部哲学著作典籍。

此外，《周易》在我国的文学史上，也占有极其重要的地位，秦始皇焚书时亦未毁伤它。由于它内容极其丰富，对中国几千年来的政治、经济、文化等各个领域都产生了极其深刻的影响。无论是孔孟之道，老庄学说，还是《孙子兵法》，抑或是《黄帝内经》、《神龙易学》，无不和《易经》有着密切的联系。一代大医孙思邈曾经说过："不知易便不足以言知医。"简直可以一言以蔽之：没有《易经》就没有中国的灿烂文明。

为了弘扬华夏文明，让更多人了解周易，本书编写组特组织专家学者队伍，历时三年加工整理，一套完整版的，经得住读者推敲的《周易选编》终于面世，本书包括如下几个部分：

《周易本义》、《易断》、《焦氏易林注》、《来注易经》、《周易今注今译》。

《周易本义》，作者朱熹，字元晦，亦字仲晦，别号有晦庵、晦翁、云谷老人、沧州病叟等。天资聪慧。十四岁时父亲去世，遵父遗训，师事胡宪、刘勉之、刘子翚三先生。十九岁登进士第，一生叙任官职二十余次，但遭逢不遇，抑郁不得志。二十四岁时问学于其父同学、程颐的三传弟子李侗，因得承袭洛学正统。与张栻、吕祖谦同出其时，过从甚密，人称"东南三贤"，为宋代理学集大成者。其学说宋以后为政府所支持，在中国思想史上影响极大。朱熹认为，作《周易本义》就是要还《周易》的本来面目。表面上他是在调合程颐义理派易学与邵雍象数派易学的矛盾，实质上他是从后者的角度出发批判前者。从本质上讲，他是象数派易学大师。《周易本义》释卦爻辞，无一不是从筮占的角度入手，现行《周易正义》卷首尚有河图图、洛书图、伏羲八卦次序图、伏羲八卦方位图、伏羲六十四卦次序图、伏羲六十四卦方位图、文王八卦次序图、文王八卦方位图、卦变图等九个图，更反映其象数《易》的实质，不过是陈抟、邵雍象数学的翻本。说《周易》原本是卜筮之书，这是对的。但朱熹只认识到问题的这一面，却没有认识到《周易》同时也是包含丰富哲学思想的著作。特别是在孔子作"十翼"，阐述《周易》一书中包含的哲学思想，王弼作《周易注》、《周易略例》进一步阐义理，批象数之后，仍旧对《周易》中包含的哲学思想熟视无睹，将《周易》视为单纯的卜筮之书，这不能不说是一种倒退。

《易断》，又称《高岛易断》是日本明治时期易学大师、高岛吞象的毕生巨著，百余年来以英、汉等多种文字流传世界，再现易占失传正法，体现《周易》活的灵魂，堪称《周易》占筮学之正脉。许多占例曾事先在报刊上公开发表，或上呈各省大臣、内阁总理、日本天皇，对日本当时的内外政策的制定具有重大影响。其人其书，皆令人叹为观止。

此书上有488个例子，97%是一爻动，它的占卦方法既不是我们所熟知的梅花易数，也不是六爻，而是根据周易卦辞、爻辞、卦象和爻位等最基本的信息来断卦，可谓是最古老的周易占卜正法。该书的《作者序》中说："是以余襄著《易断》册，以六十四卦三百八十四爻，应用之于实事，解释其辞，附以经验之点断，介绍神人交通之妙理。"

《焦氏易林注》，是近人尚秉和对古籍易学书籍《焦氏易林》按照自己的理解发表注解。

《来注易经》，凡十六卷，明人来知德撰。来知德（1525~1604年），字矣鲜，号瞿唐，明代易学大师，著名理学家，世称来夫子。"《易》自孔子没，而亡至今日矣"来知德注《易》强调理、气、象、数相统一，以象数阐释义理，以义理印证象数；反对将义理与象数相割裂纵横推阐，按图索骥，为学《易》者洞开了门户。来知德是继孔子之后。用象数结合义理注释《易经》取得巨大成就的唯独一人，史上对其评价极高。称其是"始知千载真儒。直接孔氏之绝学，朱、程复生，亦必屈服"。

来知德还进一步阐明了"阳阳对待，阴阳平衡"的理论。中医学利用这一"阴阳平衡"理论医治疾病，显著提高了疗效，极大地丰富了传统中医理论宝库。《来注易经》堪称世上绝学。

《周易今注今译》为今人译本，因理解不同，故解读存在差异，望读者阅读之时，能全方位了解本书，形成自己的见解。

如今，《周易》在人们的生活中已经随处可见，而它的作用早已不是卜问吉凶，而是教会人们用系统的方法来认知世界，于是与《周易》有关的管理学也就应运而生。

自古至今，研究《周易》的学者不计其数，因此，与《周易》相关的书籍著作也数不胜数。为此，我们编选多个作者研究《周易》的著作，比对多位学者对《周易》的不同理解，希望能够帮助读者更加深刻地学习研究《周易》。

在以往的刻本、抄本中，难免有因传抄者笔误而产生的错误。对于参考的刻本、抄本中一些明显不符合逻辑的错误，本书在整理编写之时，已尽量予以改正。

由于水平有限，在译注上难免有不足之处，敬请读者指教。

目　录

周易本义

易　断

目录

三

焦氏易林注

周易全书

六

周易今注今译

周易本义

宋·朱熹 著

周易序

　　易之为书，卦爻象象之义备，而天地万物之情见，圣人之忧天下来世其至矣。先天下而开其物，后天下而成其务。是故极其数以定天下之象，著其象以定天下之吉凶。六十四卦，三百八十四爻，皆所以顺性命之理，尽变化之道也。散之在理，则有万殊；统之在道，则无二致。所以，易有太极，是生两仪。太极者，道也；两仪者，阴阳也。阴阳一道也，太极无极也。万物之生，负阴而抱阳，莫不有太极，莫不有两仪。絪缊交感，变化不穷。形一受其生，神一发其智，情伪出焉，万绪起焉。易所以定吉凶而生大业。故易者，阴阳之道也；卦者，阴阳之物也；爻者，阴阳之动也；卦虽不同，所同者奇偶。爻虽不同，所同者九六。是以六十四卦为其体，三百八十四爻互为其用，远在六合之外，近在一身之中。暂于瞬息，微于动静，莫不有卦之象焉，莫不有爻之义焉。至哉易乎！其道至大而无不包，其用至神而无不存。时固未始有一，而卦未始有定象；事固未始有穷，而爻亦未始有定位。以一时而索卦，则拘于无变，非易也；以一事而明爻，则窒而不通，非易也；知所谓卦爻象象之义，而不知有卦爻象象之用，亦非易也。故得之于精神之运，心术之动，与天地合其德，与日月合其明，与四时合其序，与鬼神合其吉凶，然后可以谓之知易也。虽然，易之有卦，易之已形者也。卦之有爻，卦之已见者也。已形已见者，可以知言；未形未见者，不可以名求。则所谓易者，果何如哉？此学者所当知也。

周易本义卷之首

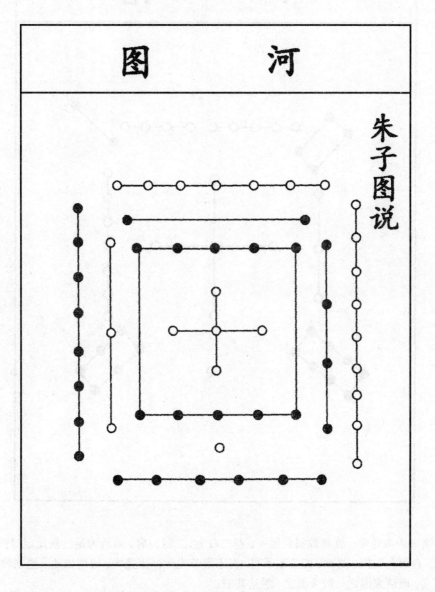

图　河

朱子图说

《系辞传》曰："河出图，洛出书，圣人则之。"又曰："天一，地二，天三，地四，天五，地六，天七，地八，天九，地十。天数五，地数五，五位相得而各有合。天数二十有五，地数三十，凡天地之数五十有五。此所以成变化而行鬼神也。"此河图之数也。

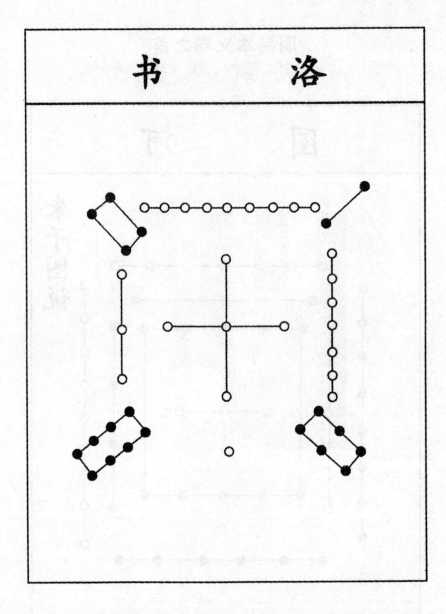

洛　书

　　洛书盖取龟象，故其数戴九履一，左三右七，二四为肩，六八为足。蔡元定曰：图书之象，自汉孔安国、刘歆、魏关朗子明、有宋康节先生邵雍尧夫，皆谓如此。至刘牧始两易其名，而诸家因之。故今复之，悉从其旧。

伏羲八卦次序

八 七 六 五 四 三 二 一

卦 坤 艮 坎 巽 震 离 兑 乾 八

象 太阴 少阳 少阴 太阳 四

仪 阴 阳 两

太极

《系辞传》曰:"易有太极,是生两仪,两仪生四象,四象生八卦。"邵子曰:"一分为二,二分为四,四分为八也。"《说卦》传曰:"易,逆数也。"邵子曰:"乾一,兑二,离三,震四,巽五,坎六,艮七,坤八。自乾至坤,皆得未生之卦,若逆推四时之比也。后六十四卦次序放此。"

伏羲八卦方位

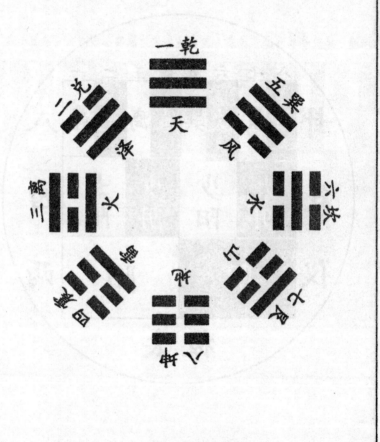

　　《说卦传》曰："天地定位，山泽通气，雷风相薄，水火不相射，八卦相错，数往者顺，知来者逆。"邵子曰："乾南、坤北、离东、坎西、震东北、兑东南、巽西南、艮西北。自震至乾为顺，自巽至坤为逆。后六十四卦方位放此。"

坤 剥 比 观 豫 晋 萃 否 谦 艮 蹇 渐 小过 旅 咸 遯 师 蒙 坎 涣 解 未济 困 讼 升 蛊 井 巽 恒 鼎 大过 姤

坤　　艮　　坎　　巽

太阴　　　　少阳

阴

极

周易本义

九

上八卦次序图，即《系辞传》所谓八卦

成列者，此图即其所谓"因而重之"者也。故

下三画即前图之八卦，上三画则各以其序重之，

伏羲六十四（十六羲伏）

复 颐 屯 益 震 噬嗑 随 无妄 明夷 贲 既济 家人 丰 离 革 同人 临 损 节 中孚 归妹 睽 兑 履 泰 大畜 小畜 大壮 大有 夬 乾

震　　　离　　　兑　　　乾

少阴　　　　　太阳

阳

太

而下卦因亦各衍而为八也。若逐爻渐生，则邵子所谓八分为十六，十六分为三十二，三十二分为六十四者，尤见法象自然之妙也。

伏羲六十四卦方位

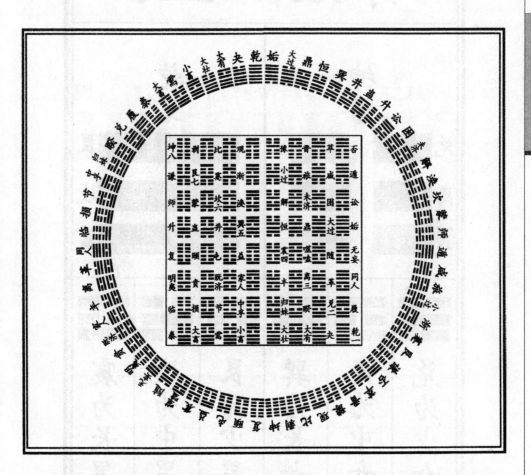

　　伏羲四图，其说皆出邵氏。盖邵氏得之李之才挺之，挺之得之穆修伯长，伯长得之华山希夷先生陈抟图南者，所谓先天之学也。此图圆布者，乾尽午中，坤尽子中，离尽卯中，坎尽酉中。阳生于子中，极于午中；阴生于午中，极于子中。其阳在南，其阴在北。方布者，乾始于西北，坤尽于东南。其阳在北，其阴在南。此二者，阴阳对待之数。圆于外者为阳，方于中者为阴；圆者动而为天，方者静而为地者也。

文王八卦次序

坤母	乾父

兑 离 巽　　　　　　　　　　　艮 坎 震

兑为少女得坤上爻	离为中女得坤中爻	巽为长女得坤初爻	艮为少男得乾上爻	坎为中男得乾中爻	震为长男得乾初爻

文王八卦方位

上见《说卦》。邵子曰："此文王八卦，乃人用之位，后天之学也。"

卦变图

《彖传》或以卦变为说，今作此图以明之。盖易中之一义，非画卦作易之本指也。

凡一阴一阳之卦各六，皆从复、姤而来
（五阴五阳，卦同图异）。

剥	比	豫	谦	师	复

夬	大有	小畜	履	同人	姤

凡二阴二阳之卦各十有五，皆自临、遁而来
（四阴四阳，卦同图异）。

颐	屯	震	明夷	临

蒙	坎	解	升

艮	蹇	小过

晋	萃

观

大过	鼎	巽	讼	遁

革	离	家人	无妄

兑	睽	中孚

需	大畜

大壮

凡三阴三阳之卦各二十，皆自泰、否而来。

损　节　归妹　泰

贲　既济　丰

噬嗑　随

益

蛊　井　恒

未济　困

涣

旅　咸

渐

否

咸　旅　渐　否

困　未济　涣

井　蛊

恒

随　噬嗑　益

既济　贲

丰

节　损

归妹

泰

凡四阴四阳之卦各十有五，皆自大壮、观而来

（二阴二阳，图已见前）。

䷙ ䷄ ䷡

大畜 需 大壮

䷥ ䷹

睽 兑

䷼

中孚

䷝ ䷰

离 革

䷤

家人

䷘

无妄

䷱ ䷛

鼎 大过

䷸

巽

䷅

讼

䷠

遁

䷬ ䷢ ䷓

萃 晋 观

䷦ ䷳

蹇 艮

䷽

小过

䷜ ䷃

坎 蒙

䷧

解

䷭

升

䷂ ䷚

屯 颐

䷲

震

䷣

明夷

䷒

临

凡五阴五阳之卦各六，皆自夬、剥而来

（一阴一阳，图已见前）。

䷍	䷪	䷇	䷖
大有	夬	比	剥
䷈		䷏	
小畜		豫	
䷉		䷎	
履		谦	
䷌		䷆	
同人		师	
䷫		䷗	
姤		复	

　　上易之图九：有天地自然之易，有伏羲之易，有文王、周公之易，有孔子之易。自伏羲以上，皆无文字，只有图画，最宜深玩，可见作易本原精微之意。文王以下，方有文字，即今之《周易》。然读者亦宜各就本文消息，不可便以孔子之说为文王之说也。

八卦取象卦歌

☰乾三连　☷坤六断　☳震仰盂　☶艮覆碗
☲离中虚　☵坎中满　☱兑上缺　☴巽下断

分宫卦象次序

乾 为天　　天风姤　　天山遁　　天地否
　风地观　　山地剥　　火地晋　　火天大有

坎 为水　　水泽节　　水雷屯　　水火既济
　泽火革　　雷火丰　　地火明夷　地水师

艮 为山　　山火贲　　山天大畜　山泽损
　火泽睽　　天泽履　　风泽中孚　风山渐

震 为雷　　雷地豫　　雷水解　　雷风恒
　地风升　　水风井　　泽风大过　泽雷随

巽 为风　　风天小畜　风火家人　风雷益
　天雷无妄　火雷噬嗑　山雷颐　　山风蛊

离 为火　　火山旅　　火风鼎　　火水未济
　山水蒙　　风水涣　　天水讼　　天火同人

坤 为地　　地雷复　　地泽临　　地天泰
　雷天大壮　泽天夬　　水天需　　水地比

兑 为泽　　泽水困　　泽地萃　　泽山咸
　水山蹇　　地山谦　　雷山小过　雷泽归妹

上下经卦名次序歌

乾坤屯蒙需讼师，比小畜兮履泰否。
同人大有谦豫随，蛊临观兮噬嗑贲。
剥复无妄大畜颐，大过坎离三十备。
咸恒遁兮及大壮，晋与明夷家人睽。
蹇解损益夬姤萃，升困井革鼎震继。
艮渐归妹丰旅巽，兑涣节兮中孚至。
小过既济兼未济，是为下经三十四。

上下经卦变歌

讼自遁变泰归妹，否从渐来随三位。
首困噬嗑未济兼，蛊三变贲井既济。
噬嗑六五本益生，贲原于损既济会。
无妄讼来大畜需，咸旅恒丰皆疑似。
晋从观更睽有三，离与中孚家人系。
蹇利西南小过来，解升二卦相为赘。
鼎由巽变渐涣旅，涣自渐来终于是。

筮　仪

择地洁处为蓍室，南户，置床于室中央。

床大约长五尺，广三尺，毋太近壁。

蓍五十茎，韬以纁帛，贮以皂囊，纳之椟中，置于床北。

椟以竹筒，或坚木，或布漆为之，圆径三寸，如蓍之长，半为底，半为盖，下别为台函之，使不偃仆。

设木格于椟南，居床二分之北。

格以横木板为之，高一尺，长竟床。当中为两大刻，相距一尺，大刻之西为三小刻，相距各五寸许，下施横足，侧立案上。

置香炉一于格南，香合一于炉南，日炷香致敬。将筮，则洒扫拂试，涤砚一，注水，及笔一、墨一、黄漆板一，于炉东，东上。筮者齐洁衣冠北面，盥手焚香致敬。

齐，侧皆反。

筮者北面，见《仪礼》。若使人筮，则主人焚香毕，少退，北面立。筮者进立于床前少西，南向受命。主人直述所占之事，筮者许诺。主人右还，西向立，筮者右还，北向立。

两手奉椟盖，置于格南炉北，出蓍于椟，去囊解韬，置于椟东。合五十策，两手执之，熏于炉上。

此后所用蓍策之数，其说并见《启蒙》。

命之曰：假尔泰筮有常，假尔泰筮有常，某官姓名，今以某事云云，未知可否。爰质所疑于神于灵，吉凶得失，悔吝忧虞，惟尔有神，尚明告之。乃以右手取其一策，反于椟中，而以左右手中分四十九策，置格之左右两大刻。

此第一营，所谓分而为二以象两者也。

次以左手取左大刻之策执之，而以右手取右大刻之一策，挂于左手之小指间。

此第二营，所谓挂一以象三者也。

次以右手四揲左手之策。

此第三营之半，所谓揲之以四，以象四时者也。

次归其所余之策，或一，或二，或三，或四，而扐之左手无名指间。

此第四营之半，所谓归奇于扐，以象闰者也。

次以右手反过揲之策于左大刻，遂取右大刻之策执之，而以左手四揲之。

此第三营之半。

次归其所余之策如前，而扐之左手中指之间。

此第四营之半，所谓再扐以象再闰者也。

一变所余之策，左一则右必三，左二则右亦二，左三则右必一，左四则右亦四。通挂一之策，不五则九，五以一其四而为奇，九以两其四而为偶，奇者三而偶者一也。

次以右手反过揲之策于右大刻，而合左手一挂二扐之策，置于格上第一小刻。

以东为上，后放此。

是为一变。再以两手取左右大刻之蓍合之。

或四十四策，或四十策。

复四营，如第一变之仪，而置其挂扐之策于格上第二小刻，是为二变。

二变所余之策，左一则右必二，左二则右必一，左三则右必四，左四则右必三。通挂一之策，不四则八，四以一其四而为奇，八以两其四而为偶，奇偶各得四之二焉。

又再取左右大刻之蓍合之。

或四十策，或三十六策，或三十二策。

复四营，如第二变之仪，而置其挂扐之策于格上第三小刻，是为三变。

三变余策与二变同。

三变既毕，乃视其三变所得挂扐过揲之策，而画其爻于版。

挂扐之数，五四为奇，九八为偶。挂扐三奇，合十三策，则过揲三十六策而为老阳，其画为"□"，所谓重也；挂扐两奇一偶合十七策，则过揲三十二策而为少阴，其画为"--"，所谓拆也；挂扐两偶一奇合二十一策，则过揲二十八策而为少阳，其画为"——"，所谓单也；挂扐三偶合二十五策，则过揲二十四策而为老阴，其书为"×"，所谓交也。

如是每三变而成爻。

第一、第四、第七、第十、第十三、第十六，凡六变并同，但第三变以下不命，而但用四十九蓍耳。第二、第五、第八、第十一、第十四、第十七，凡六变亦同。第三、第六、第九、第十二、第十五、第十八，凡六变亦同。

凡十有八变而成卦，乃考其卦之变，而占其事之吉凶。

卦变别有图说，见《启蒙》。

礼毕，韬蓍袭之以囊，入椟加盖，敛笔砚墨版，再焚香致敬而退。

如使人筮，则主人焚香，揖筮者而退。

周易本义卷之一

朱熹本义

周 易 上 经

周，代名也；《易》，书名也。其卦本伏羲所画，有交易、变易之义，故谓之"易"。其辞则文王、周公所系，故系之"周"。以其简帙重大，故分为上下两篇。经，则伏羲之画，文王、周公之辞也。并孔子所作之传十篇，凡十二篇。中间颇为诸儒所乱，近世晁氏始正其失，而未能尽合古文。吕氏又更定，著为经二卷，传十卷，乃复孔氏之旧云。

乾 **☰** 乾上
乾下

乾：元亨利贞。

乾，渠焉反。

六画者，伏羲所画之卦也。"一"者，奇也，阳之数也。乾者，健也，阳之性也。本注乾字，三画卦之名也。下者，内卦也。上者，外卦也。经文"乾"字，六画卦之名也。伏羲仰观俯察，见阴阳有奇偶之数，故画一奇以象阳，画一偶以象阴。见一阴一阳，有各生一阴一阳之象，故自下而上，再倍而三，以成八卦。见阳之性健，而其成形之大者为天，故三奇之卦名之曰乾，而拟之于天也。三画已具，八卦已成，则又三倍其画，以成六画，而于八卦之上，各加八卦，以成六十四卦也。此卦六画皆奇，上下皆乾，则阳之纯而健之至也，故乾之名，天之象，皆不易焉。"元、亨、利、贞"，文王所系之辞，以断一卦之吉凶，所谓"彖辞"者也。元，大也。亨，通也。利，宜也。贞，正而固也。文王以为乾道大，通而至正，故于筮得此卦，而六爻皆不变者，言其占当得大通，而必利在正固，然后可以保其终也。此圣人所以作《易》教人卜筮，而可以开物成务之精意。余卦放此。

初九：潜龙勿用。

潜，捷言反。

初九者，卦下阳爻之名。凡画卦者，自下而上，故以下爻为初。阳数，九为老，七为少，老变而少不变，故谓阳爻为九。"潜龙勿用"，周公所系之辞，以断一爻之吉凶，所谓爻辞者也。"潜"，藏也。"龙"，阳物也。初阳在下，未可施用，故其象为"潜龙"，其占曰"勿用"。凡遇乾而此爻变者，当观此象而玩其占也。余爻放此。

九二：见龙在田，利见大人。

"见龙"之"见"，音现。卦内并同。

二，谓自下而上第二爻也。后放此。九二刚健中正，出潜离隐，泽及于物，物所"利见"，故其象为"见龙在田"，其占为"利见大人"。九二虽未得位，而大人之德已著，常人不足以当之，故值此爻之变者，但为利见此人而已。盖亦谓在下之大人也。此以爻与占者相为主宾，自为一例。若有"见龙"之德，则为"利见"九五在上之"大人"矣。

九三：君子终日乾乾，夕惕若厉，无咎。

九，阳爻。三，阳位。重刚不中，居下之上，乃危地也。然性体刚健，有能"乾乾"惕"厉"之象，故其占如此。君子，指占者而言。言能忧惧如是，则虽处危地而"无咎"也。

九四：或跃在渊，无咎。

"或"者，疑而未定之辞。"跃"者，无所缘而绝于地，特未飞尔。"渊"者，上空下洞，深昧不测之所。龙之在是，若下于田，"或跃"而起，则向乎天矣。九阳四阴，居上之下，改革之际，进退未定之时也。故其象如此。其占能随时进退，则"无咎"也。

九五：飞龙在天，利见大人。

刚健中正，以居尊位，如以圣人之德，居圣人之位，故其象如此，而占法与九二同。特所"利见"者，在上之大人尔。若有其位，则为"利见"九二在下之"大人"也。

上九：亢龙有悔。

亢，古浪反。悔，呼罪反。卦内并同。

"上"者，最上一爻之名。"亢"者，过于上而不能下之意也。阳极于上，动必"有悔"，故其象占如此。

用九：见群龙无首，吉。

"用九"，言凡筮得阳爻者，皆用九而不用七。盖诸卦百九十二阳爻之通例也。以此卦纯阳而居首，故于此发之。而圣人因系之辞，使遇此卦而六爻皆变者，即此占之。盖六阳皆变，刚而能柔，吉之道也。故为"群龙无首"之象，而其占为如是则吉也。《春秋传》曰：乾之坤，曰"见群龙无首，吉"。盖即纯坤卦辞，"牝马之贞"、"先迷后得"、"东北丧朋"之意。

《象》曰：大哉乾元！万物资始，乃统天。

象，吐乱反。

"象"，即文王所系之辞。"传"者，孔子所以释经之辞也。后凡言"传"者，放此。

此专以天道明"乾"义。又析"元亨利贞"为四德，以发明之，而此一节首释元义也。"大哉"，叹辞。"元"，大也，始也。"乾元"，天德之大始，故万物之生，皆资之以为始也。又为四德之首，而贯乎天德之始终，故曰"统天"。

云行雨施，品物流形。

施，始豉反。卦内并同。

此释乾之"亨"也。

大明终始，六位时成，时乘六龙以御天。

"始"，即元也。"终"，谓贞也。不终则无始，不贞则无以为元也。此言圣人大明乾道之终始，则见卦之六位，各以时成，而乘此六阳以行天道，是乃圣人之"元亨"也。

乾道变化，各正性命，保合大和，乃利贞。

大，音泰。后同。

变者化之渐，化者变之成。物所受为性，天所赋为命。"大和"，阴阳会合，冲和之气也。"各正"者，得于有生之初。"保合"者，全于已生之后，此言"乾道变化"，无所不利，而万物各得其性命以自全，以释"利贞"之义也。

首出庶物，万国咸宁。

圣人在上，高出于物，犹乾道之变化也。"万国"各得其所而"咸宁"，犹万物之"各正性命"，而"保合太和"也。此言圣人之"利贞"也。盖尝统而论之："元"者，物之始生，"亨"者，物之畅茂，"利"则向于实也，"贞"则实之成也。实之既成，则其根蒂脱落，可复种而生矣。此四德之所以循环而无端也。然而四者之间，生气流行，初无间断，此"元"之所以包四德而统天也。其以圣人而言，则孔子之意，盖以此卦为圣人得天位，行天道，而致太平之占也。虽其文义有非文王之旧者，然读者各以其意求之，则并行而不悖也。坤卦放此。

《象》曰：天行健，君子以自强不息。

"象"者，卦之上下两象，及两象之六爻，周公所系之辞也。

"天"，乾卦之象也。凡重爻皆取重义，此独不然者，天一而已。但言"天行"，则见其一日一周，而明日又一周，若重复之象，非至健不能也。君子法之，不以人欲害其天德之刚，则"自强"而"不息"矣。

"潜龙勿用"，阳在下也。

"阳"，谓九。"下"，谓潜。

"见龙在田"，德施普也。"终日乾乾"，反复道也。

复，方服反。注同。

"反复"，重复践行之意。

"或跃在渊"，进无咎也。

可以进而不必进也。

"飞龙在天"，大人造也。

造，徂早反。

"造"，犹作也。

"亢龙有悔"，盈不可久也。"用九"，天德不可为首也。

言阳刚不可为物先，故六阳皆变而吉。

"天行"以下，先儒谓之《大象》。"潜龙"以下，先儒谓之《小象》。后放此。

《文言》曰：元者，善之长也。亨者，嘉之会也。利者，义之和也。贞者，事之干也。

长，之丈反。下同。

此篇申《彖》、《象传》之意，以尽乾坤二卦之蕴，而余卦之说，因可以例推云。

"元"者，生物之始，天地之德，莫先于此。故于时为春，于人则为仁，而众善之长也。"亨"者，生物之通，物至于此，莫不嘉美，故于时为夏，于人则为礼，而众美之会也。"利"者，生物之遂，物各得宜，不相妨害，故于时为秋，于人则为义，而得其分之和。"贞"者，生物之成，实理具备，随在各足，故于时为冬，于人则为智，而为众事之"干"。"干"，木之身，而枝叶所依以立者也。

君子体仁足以长人，嘉会足以合礼，利物足以和义，贞固足以干事。

以仁为体，则无一物不在所爱之中，故"足以长人"。嘉其所会，则无不合礼。使物各得其所利，则义无不和。贞固者，知正之所在而固守之，所谓知而弗去者也，故足以为事之干。

君子行此四德者，故曰"乾，元亨利贞"。

非君子之至健，无以行此，故曰"乾，元亨利贞"。

此第一节，申《彖》之意，与《春秋传》所载穆姜之言不异。疑古者已有此语，穆姜称之，而夫子亦有取焉。故下文别以"子曰"表孔子之辞，盖传者欲以明此章之为古语也。

初九曰"潜龙勿用"，何谓也？子曰："龙德而隐者也。不易乎世，不成乎名，遁世无闷，不见是而无闷，乐则行之，忧则违之，确乎其不可拔，'潜龙'也。"

乐，历各反。确，苦学反。

"龙德"，圣人之德也，在下故"隐"。"易"，谓变其所守。大抵乾卦六爻，《文言》皆以圣人明之，有隐显而无浅深也。

九二曰"见龙在田，利见大人"，何谓也？子曰："龙德而正中者也。庸言之信，庸行之谨，闲邪存其诚，善世而不伐，德博而化。《易》曰：'见龙在田，利见大人。'君德也。"

"正中"，不潜而未跃之时也。常言亦信，常行亦谨，盛德之至也。"闲邪存其诚"，无斁亦保之意，言君德也者，释"大人"之为九二也。

九三曰"君子终日乾乾，夕惕若厉，无咎"，何谓也？子曰："君子进德修业。忠信所

以进德也。修辞立其诚，所以居业也。知至至之，可与几也。知终终之，可与存义也。是故居上位而不骄，在下位而不忧。故乾乾因其时而惕，虽危无咎矣。"

几，坚溪反。

"忠信"，主于心者，无一念之不诚也。"修辞"，见于事者，无一言之不实也。虽有忠信之心，然非修辞立诚，则无以居之。"知至至之"，进德之事。"知终终之"，居业之事，所以"终日乾乾"而夕犹惕若者，以此故也。可上可下，不骄不忧，所谓无咎也。九四曰"或跃在渊，无咎"，何谓也？子曰："上下无常，非为邪也。进退无恒，非离群也。君子进德修业，欲及时也，故无咎。"

离，力智反。

内卦以"德"学言，外卦以"时"位言。"进德修业"，九三备矣，此则欲其及时而进也。

九五曰"飞龙在天，利见大人"，何谓也？子曰："同声相应，同气相求。水流湿，火就燥，云从龙，风从虎，圣人作而万物睹。本乎天者亲上，本乎地者亲下，则各从其类也。"

应，去声。燥，上声。

"作"，起也。"物"，犹人也。"睹"，释利见之意也。"本乎天"者，谓动物。"本乎地"者，谓植物。物"各从其类"。"圣人"，人类之首也，故兴起于上，则人皆见之。

上九曰"亢龙有悔"，何谓也？子曰："贵而无位，高而无民，贤人在下位而无辅，是以动而有悔也。"

"贤人在下位"，谓九五以下。"无辅"，以上九过高志满，不来辅助之也。
此第二节，申《象传》之意。

"潜龙勿用"，下也。"见龙在田"，时舍也。

舍，去声。
言未为时用也。

"终日乾乾"，行事也。"或跃在渊"，自试也。

未遽有为，姑试其可。

"飞龙在天"，上治也。

治，陈知反。
居上以治下。

"亢龙有悔"，穷之灾也。乾元"用九"，天下治也。

治，直意反。
言"乾元用九"，见与它卦不同。君道刚而能柔，天下无不治矣。

此第三节，再申前意。

"潜龙勿用"，阳气潜藏。"见龙在田"，天下文明。

虽不在上位，然天下已被其化。

"终日乾乾"，与时偕行。

时当然也。

"或跃在渊"，乾道乃革。

离下而上，变革之时。

"飞龙在天"，乃位乎天德。

"天德"，即天位也。盖唯有是德，乃宜居是位，故以名之。

"亢龙有悔"，与时偕极。乾元用九，乃见天则。

刚而能柔，天之法也。
此第四节，又申前意。

"乾元"者，始而亨者也。

始则必亨，理势然也。

"利贞"者，性情也。

收敛归藏，乃见性情之实。

乾始，能以美利利天下，不言所利，大矣哉！

"始"者，元而亨也。"利天下"者，利也。"不言所利"者，贞也。或曰："坤利牝马"，则言所利矣。

大哉乾乎，刚健中正，纯粹精也！

"刚"，以体言。"健"，兼用言。"中"者，其行无过不及。"正"者，其立不偏。四者乾之德也。"纯"者，不杂于阴柔。"粹"者，不杂于邪恶。盖刚健中正之至极，而精者又纯粹之至极也。或疑乾刚无柔，不得言中正者，不然也。天地之间，本一气之流行而有动静尔。以其流行之统体而言，则但谓之乾而无所不包矣。以其动静分之，然后有阴阳刚柔之别也。

六爻发挥，旁通情也。

"旁通"，犹言曲尽。

"时乘六龙"，以御天也。"云行雨施"，天下平也。

言圣人"时乘六龙以御天",则如天之"云行雨施,而天下平也"。

此第五节,复申首章之意。

君子以成德为行,日可见之行也。潜之为言也,隐而未见,行而未成,是以君子弗用也。

行,并去声。"未见"之"见",音现。

"成德",已成之德也。初九固成德,但其行未可见尔。

君子学以聚之,问以辨之,宽以居之,仁以行之。《易》曰"见龙在田,利见大人",君德也。

盖由四者以成"大人"之德,再言"君德",以深明九二之为"大人"也。

九三,重刚而不中,上不在天,下不在田。故乾乾因其时而惕,虽危无咎矣。

重,平声。下同。

"重刚",谓阳爻阳位。

九四,重刚而不中,上不在天,下不在田,中不在人,故或之。或之者,疑之也,故无咎。

九四非重刚,"重"字疑衍。"在人"谓三。"或"者,随时而未定也。

夫大人者,与天地合其德,与日月合其明,与四时合其序,与鬼神合其吉凶。先天而天弗违,后天而奉天时。天且弗违,而况于人乎?况于鬼神乎?

夫,音扶。先,所荐反。后,胡茂反。

"大人",即释爻辞所"利见之大人"也。有是德而当其位,乃可当之。人与天地鬼神,本无二理,特蔽于有我之私,是以牿于形体,而不能相通。大人无私,以道为体,曾何彼此先后之可言哉?先天不违,谓意之所为,默与道契。后天奉天,谓知理如是,奉而行之。回纥谓郭子仪曰"卜者言,此行当见一大人而还",其占盖与此合。若子仪者,虽未及乎夫子之所论,然其至公无我,亦可谓当时之大人矣。

"亢"之为言也,知进而不知退,知存而不知亡,知得而不知丧。

丧,息浪反。

所以动而有悔也。

其唯圣人乎?知进退存亡,而不失其正者,其唯圣人乎?

知其理势如是,而处之以道,则不至于有悔矣,固非计私以避害者也。再言"其唯圣人乎",始若设问,而来自应之也。

此第六节,复申第二第三第四节之意。

坤 ䷁ 坤上
坤下

坤：元亨，利牝马之贞。君子有攸往，先迷后得，主利。西南得朋，东北丧朋，安贞吉。

牝，频忍反。丧，息浪反。卦中并同。

"－－"者，偶也，阴之数也。"坤"者，顺也，阴之性也。注中者，三画卦之名也。经中者，六画卦之名也。阴之成形，莫大于地。此卦三画皆偶，故名坤而象地。重之又得坤焉，则是阴之纯，顺之至，故其名与象，皆"不易"也。"牝马"，顺而健行者。阳先阴后，阳主义，阴主利。"西南"，阴方。"东北"，阳方。"安"，顺之为也。"贞"，健之守也。遇此卦者，其占为大亨，而利以顺健为正。如有所往，则"先迷后得"而主于利。往西南则"得朋"，往东北则"丧朋"。大抵能安于正，则吉也。

《彖》曰：至哉坤元！万物资生，乃顺承天。

此以地道明坤之义，而首言元也。"至"，极也，比"大"义差缓。"始"者气之始，"生"者形之始。顺承天施，地之道也。

坤厚载物，德合无疆；含弘光大，品物咸亨。

疆，居良反。下同。
言"亨"也。"德合无疆"，谓配乾也。

牝马地类，行地无疆；柔顺利贞，君子攸行。

言"利贞"也。"马"，乾之象，而以为地类者，牝阴物，而马又行地之物也。"行地无疆"，则顺而健矣。"柔顺利贞"，坤之德也。君子攸行，人之所行，如坤之德也。所行如是，则其占如下文所云也。

先迷失道，后顺得常。"西南得朋"，乃与类行；"东北丧朋"，乃终有庆。

阳大阴小，阳得兼阴，阴不得兼阳。故坤之德，常减于乾之半也。"东北"虽"丧朋"，然反之"西南"，则"终有庆"矣。

安贞之吉，应地无疆。

"安"而且"贞"，地之德也。

《象》曰：地势坤，君子以厚德载物。

"地"，坤之象，亦一而已。故不言重，而言其势之顺，则见其高下相因之无穷，至顺极厚，而无所不载也。

初六：履霜，坚冰至。

"六"，阴爻之名。阴数六老而八少，故谓阴爻为六也。"霜"，阴气所结，盛则水冻而为冰。此爻阴始生于下，其端甚微，而其势必盛，故其象如"履霜"，则知"坚冰"之将"至"也。夫阴阳者，造化之本，不能相无；而消长有常，亦非人所能损益也。然阳主生，阴主杀，则其类有淑慝之分焉。故圣人作《易》，于其不能相无者，既以健顺仁义之属明之，而无所偏主。至其消长之际，淑慝之分，则未尝不致其扶阳抑阴之意焉。盖所以赞化育而参天地者，其旨深矣。不言其占者，谨微之意，已可见于象中矣。

《象》曰："履霜""坚冰"，阴始凝也。驯致其道，至坚冰也。

凝，鱼陵反。驯，详伦反。

按：《魏志》作"初六履霜"，今当从之。"驯"，顺习也。

六二：直方大，不习无不利。

柔顺正固，坤之"直"也。赋形有定，坤之"方"也。德合无疆，坤之"大"也。六二柔顺而中正，又得坤道之纯者，故其德内"直"外"方"，而又盛大，不待学习而无不利。占者有其德，则其占如是也。

《象》曰：六二之动，直以方也。"不习无不利"，地道光也。

六三：含章可贞，或从王事，无成有终。

六阴三阳，内含章美，可贞以守。然居下之上，不终含藏。故或时出而从上之事，则始虽"无成"，而后必"有终"。爻有此象，故戒占者有此德，则如此占也。

《象》曰："含章可贞"，以时发也。"或从王事"，知光大也。

知，音智。

六四：括囊，无咎无誉。

拓，古活反。誉，音馀又音预。

"括囊"，言结囊口而不出也。"誉"者，过实之名。谨密如是，则无咎而亦无誉矣。六四重阴不中，故其象占如此。盖或事当谨密，或时当隐遁也。

《象》曰："括囊无咎"，慎不害也。

六五：黄裳，元吉。

"黄"，中色。"裳"，下饰。六五以阴居尊，中顺之德，充诸内而见于外，故其象如此，而其占为大善之吉也。占者德必如是，则其占亦如是矣。《春秋传》：南蒯将叛，筮得此爻，以为大吉。子服惠伯曰："忠信之事则可，不然必败。外强内温，忠也。和以率贞，信也。故曰'黄裳元吉'。黄，中之色也；裳，下之饰也；元，善之长也。中不忠，不得其色；下不共，不得其饰；事不善，不得其极。且夫《易》不可以占险，三者有阙，筮虽吉，未也。"后蒯果败，此可以见占法矣。

《象》曰："黄裳元吉"，文在中也。

文在中而见于外也。

上六：龙战于野，其血玄黄。

阴盛之极，至与阳争，两败俱伤。其象如此，占者如是，其凶可知。

《象》曰："龙战于野"，其道穷也。

用六：利永贞。

"用六"，言凡筮得阴爻者，皆用六而不用八，亦通例也。以此卦纯阴而居首，故发之。遇此卦而六爻俱变者，其占如此辞。盖阴柔而不能固守，变而为阳，则能"永贞"矣。故戒占者以"利永贞"，即乾之"利贞"也。自坤而变，故不足于"元亨"云。

《象》曰：用六永贞，以大终也。

初阴后阳，故曰"大终"。

《文言》曰：坤至柔而动也刚，至静而德方。

"刚""方"，释"牝马之贞"也。"方"，谓生物有常。

后得主而有常。

《程传》曰："主"下当有"利"字。

含万物而化光。

复明"亨"义。

"坤"道其顺乎，承天而时行。

复，明顺承天之意。
此以上申《彖》之意。

积善之家，必有余庆。积不善之家，必有余殃。臣弑其君，子弑其父，非一朝一夕之故，其所由来者渐矣，由辨之不早辨也。《易》曰："履霜，坚冰至"，盖言顺也。

庆，叶韵，驱羊反。
古字"顺"、"慎"通用，按此当作"慎"。言当辨之于微也。

直其正也，方其义也。君子敬以直内，义以方外，敬义立而德不孤。"直方大，不习无不利"，则不疑其所行也。

此以学言之也。"正"，谓本体。"义"，谓裁制。敬则本体之守也。"直内""方外"，《程传》备矣。"不孤"，言大也。疑故习而后利，不疑则何假于习。
传曰：直言其正也方，言其义也。君子主敬以直其内，守义以方其外。敬立而内直，义形而外方。义形于外，非在外也。敬义既立，其德盛天矣。不期大而大矣，德不孤也。

周易本义

三一

无所用而不周，无所施而不利。孰为疑乎。

阴虽有美，含之以从王事，弗敢成也。地道也，妻道也，臣道也。地道无成，而代有终也。天地变化，草木蕃，天地闭，贤人隐。《易》曰"括囊，无咎无誉"，盖言谨也。君子黄中通理。

"黄中"，言中德在内，释"黄"字之义也。

正位居体。

虽在尊位，而居下体，释"裳"字之义也。

美在其中，而畅于四支，发于事业，美之至也。

"美在其中"，复释"黄中"，"畅于四支"，复释"居体"。

阴疑于阳必战，为其嫌于无阳也，故称"龙"焉。犹未离其类也，故称"血"焉。夫玄黄者，天地之杂也。天玄而地黄。

为，于伪反。离，力智反。夫，音扶。

"疑"，谓钧敌而无小大之差也。坤虽无阳，然阳未尝无也。"血"，阴属，盖气阳而血阴也。"玄黄"，天地之正色，言阴阳皆伤也。

此以上申《象传》之意。

屯 ䷂ 坎上 震下

屯：元亨，利贞。勿用有攸往，利建侯。

屯，张伦反。

震，坎，皆三画卦之名。震一阳动于二阴之下，故其德为动，其象为雷。坎一阳陷于二阴之间，故其德为陷、为险，其象为云、为雨、为水。"屯"，六画卦之名也，难也，物始生而未通之意。故其为字，象山穿地，始出而未申也。其卦以震遇坎，乾坤始交而遇险陷，故其名为屯。震动在下，坎险在上，是能动乎险中。能动虽可以亨，而在险则宜守正而未可遽进。故筮得之者，其占为大亨而利于正，但未可遽有所往耳。又初九阳居阴下，而为成卦之主，是能以贤下人，得民而可君之象。故筮立君者，遇之则吉也。

《彖》曰：屯，刚柔始交而难生。

难，乃旦反。六二《象》同。

以二体释卦名义，"始交"，谓震。"难生"，谓坎。

动乎险中，大亨贞。

以二体之德释卦辞，"动"，震之为也。"险"，坎之地也。自此以下，释"元亨利贞"，乃用文王本意。

雷雨之动满盈。天造草昧，宜建侯而不宁。

以二体之象释卦辞。"雷"，震象。"雨"，坎象。"天造"，犹言天运。"草"，杂乱。"昧"，晦冥也。阴阳交而雷雨作，杂乱晦冥，塞乎两间。天下未定，名分未明。宜立君以统治，而未可遽谓安宁之时也。不取初九爻义者，取义多端，姑举其一也。

《象》曰：云雷屯，君子以经纶。

坎不言水而言"云"者，未通之意。"经纶"，治丝之事，经引之，纶理之也。屯难之世，君子有为之时也。

初九：磐桓，利居贞，利建侯。

磐，步干反。

"磐桓"，难进之貌。屯难之初，以阳在下，又居动体，而上应阴柔险陷之爻，故有"磐桓"之象。然居得其正，故其占利于"居贞"。又本成卦之主，以阳下阴，为民所归，侯之象也，故其象又如此。而占者如是，则利建以为侯也。

《象》曰：虽"磐桓"，志行正也。以贵下贱，大得民也。

下，遐嫁反。

六二：屯如邅如，乘马班如，匪寇婚媾。女子贞不字，十年乃字。

邅，张连反。

"班"，分布不进之貌。"字"，许嫁也。《礼》曰："女子许嫁，笄而字。"六二阴柔中正，有应于上，而乘初刚，故为所难，而邅回不进。然初非为寇也，乃求与己为婚媾耳。但己守正，故不之许，至于十年，数穷理极，则妄求者去，正应者合，而可许矣。爻有此象，故因以戒占者。

《象》曰：六二之难，乘刚也。"十年乃字"，反常也。

六三：即鹿无虞，惟入于林中，君子几，不如舍，往吝。

几，音机。舍，音捨。《象》同。

阴柔居下，不中不正，上无正应，妄行取困，为逐鹿无虞，陷入林中之象。君子见几，不如舍去。若往逐而不舍，必致羞吝。戒占者宜如是也。

《象》曰："即鹿无虞"，以从禽也。君子舍之，"往吝"穷也。

六四：乘马班如，求婚媾，往吉，无不利。

阴柔居屯，不能上进，故为"乘马班如"之象。然初九守正居下，以应于己，故其占为下，求婚媾则吉也。

《象》曰：求而往，明也。

九五：屯其膏，小贞吉，大贞凶。

九五虽以阳刚中正居尊位，然当屯之时，陷于险中，虽有六二正应，而阴柔才弱，不足以济。初九得民于下，众皆归之。九五坎体，有膏润而不得施，为"屯其膏"之象。占者以处小事，则守正犹可获吉；以处大事，则虽守正而不免于凶。

《象》曰："屯其膏"，施未光也。

施，始豉反。

上六：乘马班如，泣血涟如。

阴柔无应，处屯之终，进无所之，忧惧而已，故其象如此。

《象》曰："泣血涟如"，何可长也？

蒙 ䷃ 艮上
坎下

蒙：亨。匪我求童蒙，童蒙求我。初筮告，再三渎，渎则不告。利贞。

告，古毒反。三，息暂反。下同。

艮，亦三画卦之名。一阳止于二阴之上，故其德为止，其象为山。蒙，昧也。物生之初，蒙昧未明也。其卦以坎遇艮。山下有险，蒙之地也；内险外止，蒙之意也。故其名为蒙。"亨"以下，占辞也。九二内卦之主，以刚居中，能发人之蒙者，而与六五阴阳相应，故遇此卦者有亨道也。"我"，二也；"童蒙"，幼稚而蒙昧，谓五也。筮者明，则人当求我而其亨在人；筮者暗，则我当求人而亨在我。人求我者，当视其可否，而应之；我求人者，当致其精一而扣之。而明者之养蒙，与蒙者之自养，又皆利于以正也。

《象》曰：蒙，山下有险。险而止，蒙。

以卦象卦德释卦名，有两义。

"蒙亨"，以亨行时中也。"匪我求童蒙，童蒙求我"，志应也。"初筮告"，以刚中也。"再三渎，渎则不告"，渎蒙也。蒙以养正，圣功也。

以卦体释卦辞也。九二以可亨之道，发人之蒙，而又得其时之中，谓如下文所指之事，皆以亨行而当其可也。"志应"者，二刚明，五柔暗，故二不求五而五求二，其志自相应也。"以刚中"者，以刚而中，故能告而有节也。"渎"，筮者二三，则问者固渎，而告者亦渎矣。"蒙以养正"，乃作圣之功，所以释"利贞"之义也。

《象》曰：山下出泉，蒙。君子以果行育德。

得，下孟反。六三《象》同。

"泉"，水之始出者，必行而有渐也。

初六：发蒙，利用刑人，用说桎梏，以往吝。

说，吐活反。桎，职日反。梏，古禄反。

以阴居下，蒙之甚也。占者遇此，当发其蒙。然发之之道，当痛惩而暂舍之，以观其后。若遂往而不舍，则致羞吝矣。戒占者当如是也。

《象》曰："利用刑人"，以正法也。

"发蒙"之初，法不可不正，惩戒所以正法也。

九二：包蒙吉。纳妇吉，子克家。

九二以阳刚为内卦之主，统治群阴，当"发蒙"之任者。然所治既广，物性不齐，不可一概取必。而爻之德刚而不过，为能有所包容之象。又以阳受阴，为"纳妇"之象。又居下位而能任上事，为"子克家"之象。故占者有其德而当其事，则如是而"吉"也。

《象》曰："子克家"，刚柔接也。

指二五之应。

六三：勿用取女。见金夫，不有躬，无攸利。

取，七具反。下《象》同。

六三阴柔，不中不正，女之"见金夫"而不能有其身之象也。占者遇之，则其取女必得如是之人，无所利矣。"金夫"，盖以金赂己而挑之，若鲁秋胡之为者。

《象》曰："勿用取女"，行不顺也。

行，下孟反。

"顺"，当作慎，盖"顺""慎"占字通用。荀子"顺墨"作"慎墨"，且行不慎，于经意尤亲切，今当从之。

六四：困蒙，吝。

既远于阳，又无正应，为困于蒙之象。占者如是，可羞吝也。能求刚明之德而亲近之，则可免矣。

《象》曰："困蒙"之吝，独远实也。

远，袁万反。实，叶韵去声。

六五：童蒙，吉。

柔中居尊，下应九二，纯一未发，以听于人，故其象为"童蒙"，而其占为如是则吉也。

《象》曰："童蒙"之吉，顺以巽也。

上九：击蒙，不利为寇，利御寇。

以刚居上，治蒙过刚，故为"击蒙"之象。然取必太过，攻治太深，则必反为之害。惟捍其外诱，以全其真纯，则虽过于严密，乃为得宜。故戒占者如此。凡事皆然，不止为诲人也。

《象》曰：利用"御寇"，上下顺也。

"御寇"以刚，上下皆得其道。

需 ䷄ 坎上
乾下

需：有孚，光亨，贞吉，利涉大川。

"需"，待也。以乾遇坎，乾健坎险，以刚遇险，而不遽进以陷于险，待之义也。"孚"，信之在中者也。其卦九五，以坎体中实，阳刚中正而居尊位，为有孚得正之象。坎水在前，乾健临之，将涉水而不轻进之象。故占者为有所待而能有信，则"光亨"矣。若又得正则吉，而"利涉大川"。正固无所不利，而涉川尤贵于能待，则不欲速而犯难也。

《象》曰：需，须也，险在前也。刚健而不陷，其义不困穷矣。

此以卦德释卦名义。

"需，有孚，光亨，贞吉"，位乎天位，以正中也。"利涉大川"，往有功也。

以卦体及两象释卦辞。

《象》曰：云上于天，需。君子以饮食宴乐。

上，上声。乐，音洛。
"云上于天"，无所复为，待其阴阳之和而自雨尔。事之当需者，亦不容更有所为。但饮食宴乐，俟其自至而已。一有所为，则非需也。

初九：需于郊。利用恒，无咎。

"郊"，旷远之地，未近于险之象也。而初九阳刚，又有能恒于其所之象，故戒占者能如是，则"无咎"也。

《象》曰："需于郊"，不犯难行也。"利用恒，无咎"，未失常也。

难，去声。

九二：需于沙，小有言，终吉。

"沙"，则近于险矣。言语之伤，亦灾害之小者，渐进近坎，故有此象。刚中能需，故得"终吉"。戒占者当如是也。

《象》曰："需于沙"，衍在中也。虽"小有言"，以吉终也。

衍，以善反。

"衍"，宽意。以宽居中，不急进也。

九三：需于泥，致寇至。

"泥"，将陷于险矣。"寇"，则害之大者。九三去险愈近，而过刚不中，故其象如此。

《象》曰："需于泥"，灾在外也。自我"致寇"，敬慎不败也。

"外"，谓外卦。"敬慎不败"，发明占外之占，圣人示人之意切矣。

六四：需于血，出自穴。

"血"者，杀伤之地。"穴"者，险陷之所。四交坎体，入乎险矣，故为"需于血"之象。然柔得其正，需而不进，故又为"出自穴"之象。占者如是，则虽在伤地而终得出也。

《象》曰："需于血"，顺以听也。

九五：需于酒食，贞吉。

"酒食"，宴乐之具，言安以待之。九五阳刚中正，需于尊位，故有此象。占者如是而贞固，则得吉也。

《象》曰："酒食，贞吉"，以中正也。

上六：入于穴，有不速之客三人来，敬之终吉。

阴居险极，无复有需，有陷而入穴之象。下应九三，九三与下二阳，需极并进，为"不速客三人"之象。柔不能御而能顺之，有"敬之"之象。占者当陷险中，然于非意之来，敬以待之，则得"终吉"也。

《象》曰："不速之客"来，"敬之终吉"，虽不当位，未大失也。

当，都浪反。后凡言"当位""不当位"者，放此。
以阴居上，是为"当位"，言"不当位"，未详。

讼 ䷅ 乾上 坎下

讼：有孚，窒惕，中吉，终凶。利见大人，不利涉大川。

窒，张栗反。

"讼"，争辨也。上乾下坎，乾刚坎险。上刚以制其下，下险以伺其上。又为内险而外健，又为己险而彼健，皆讼之道也。九二中实，上无应与，又为加忧。且于卦变自遁而来，为刚来居二而当下卦之中，"有孚"而见"窒"，能惧而得中之象。上九过刚居讼之极，有终极其讼之象。九五刚健中正以居尊位，有"大人"之象。以刚乘险，以实履陷，有"不利涉大川"之象。故戒占者必有争辩之事，而随其所处为吉凶也。

《彖》曰：讼，上刚下险，险而健，讼。

以卦德释卦名义。

"讼，有孚，窒惕，中吉"，刚来而得中也。"终凶"，讼不可成也。"利见大人"，尚中正也。"不利涉大川"，入于渊也。

以卦变、卦体、卦象，释卦辞。

《象》曰：天与水违行，讼。君子以作事谋始。

天上水下，其行相违，作事谋始，讼端绝矣。

初六：不永所事，小有言，终吉。

阴柔居下，不能终讼，故其象占如此。

《象》曰："不永所事"，讼不可长也。虽"小有言"，其辩明也。

九二：不克讼，归而逋。其邑人三百户，无眚。

逋，补吴反。眚，所景反。

九二阳刚为险之主，本欲讼者也。然以刚居柔，得下之中，而上应九五，阳刚居尊，势不可敌，故其象占如此。"邑人三百户"，邑之小者，言自处卑约以免灾患。占者如是，则"无眚"矣。

《象》曰："不克讼，归逋"，窜也。自下讼上，患至掇也。

窜，七乱反。掇，都活反。

掇，自取也。

六三：食旧德，贞厉，终吉。或从王事，无成。

"食"，犹食邑之食，言所享也。六三阴柔，非能讼者，故守旧居正，则虽危而终吉。然或出而从上之事，则亦必无成功。占者守常而不出，则善也。

《象》曰："食旧德"，从上吉也。

从上吉，谓随人则吉，明自主事，则无成功也。

九四：不克讼，复即命，渝，安贞，吉。

复，房六反。下同。渝，以朱反。

"即"，就也。"命"，正理也。"渝"，变也。九四刚而不中，故有讼象，以其居柔，故又为"不克"而复就正理。渝变其心，安处于正之象。占者如是则"吉"也。

《象》曰："复即命，渝，安贞"，不失也。

九五：讼，元吉。

阳刚中正，以居尊位，听讼而得其平者也。占者遇之，讼而有理，必获伸矣。

《象》曰："讼，元吉"，以中正也。

中则听不偏，正则断合理。

上九：或锡之鞶带，终朝三褫之。

褫，敕纸反。

"鞶带"，命服之饰。"褫"，夺也。以刚居讼极，终讼而能胜之，故有锡命受服之象。然以讼得之，岂能安久。故又有"终朝三褫"之象。其占为终讼无理，而或取胜，然其所得终必失之，圣人为戒之意深矣。

《象》曰：以讼受服，亦不足敬也。

师 ䷆ 坤上
坎下

师：贞，丈人吉，无咎。

"师"，兵众也。下坎上坤，坎险坤顺，坎水坤地。古者寓兵于农，伏至险于大顺，藏不测于至静之中。又卦唯九二一阳居下卦之中，为将之象。上下五阴顺而从之，为众之象。九二以刚居下而用事，六五以柔居上而任之，为人君命将出师之象，故其卦之名曰师。"丈人"，长老之称。用师之道，利于得正，而任老成之人，乃得"吉"而"无咎"。戒占者亦必如是也。

《象》曰：师，众也。贞，正也。能以众正，可以王矣。

王，往况反。

此以卦体释"师贞"之义。"以"，谓能左右之也。一阳在下之中，而五阴皆为所以也。"能以众正"，则王者之师矣。

刚中而应，行险而顺，以此毒天下而民从之，吉又何咎矣！

又以卦体卦德释"丈人吉无咎"之义。"刚中"，谓九二。"应"，谓六五应之。"行险"，谓行危道。"顺"，谓顺人心。此非有老成之德者不能也。"毒"，害也。师旅之兴，不无害于天下，然以其有是才德，是以民悦而从之也。

《象》曰：地中有水，师。君子以容民畜众。

畜，许六反。

水不外于地，兵不外于民，故能养民，则可以得众矣。

初六：师出以律，否臧凶。

否，俯九反。

"律"，法也。"否臧"，谓不善也。晁氏曰："否"字先儒多作"不"。是也。在卦之初，为师之始。出师之道，当谨其始。以律则吉，不臧则凶。戒占者当谨始而守法也。

《象》曰："师出以律"，失律凶也。

九二：在师，中吉，无咎。王三锡命。

九二在下，为众阴所归，而有刚中之德。上应于五，而为所宠任，故其象占如此。

《象》曰："在师，中吉"，承天宠也。"王三锡命"，怀万邦也。

六三：师或舆尸，凶。

"舆尸"，谓师徒挠败，舆尸而归也。以阴居阳，才弱志刚，不中不正，而犯非其分，故其象占如此。

《象》曰："师或舆尸"，大无功也。

六四：师左次，无咎。

"左次"，谓退舍也。阴柔不中，而居阴得正，故其象如此。全师以退，贤于六三远矣，故其占如此。

《象》曰："左次，无咎"，未失常也。

知难而退，师之常也。

六五：田有禽，利执言，无咎。长子帅师，弟子舆尸，贞凶。

长，丁丈反。

六五用师之主，柔顺而中，不为兵端者也。敌加于己，不得已而应之，故为"田有禽"之象，而其占利以搏执而无咎也。"言"，语辞也。"长子"，九二也。"弟子"，三四也。又戒占者专于委任，若使君子任事，而又使小人参之，则是使之"舆尸"而归，故虽"贞"而亦不免于"凶"也。

《象》曰："长子帅师"，以中行也。"弟子舆尸"，使不当也。

当，去声。

上六：大君有命，开国承家，小人勿用。

师之终，顺之极，论功行赏之时也。坤为土，故有"开国承家"之象。然小人则虽有功，亦不可使之得有爵土，但优以金帛可也。戒行赏之人，于小人则不可用此占。而小人遇之，亦不得用此爻也。

《象》曰："大君有命"，以正功也。"小人勿用"，必乱邦也。

圣人之戒深矣。

比 ䷇ 坎上
坤下

比：吉。原筮，元永贞，无咎。不宁方来，后夫凶。

比，毗志反。

比，亲辅也。九五以阳刚居上之中，而得其正。上下五阴，比而从之，以一人而抚万邦，以四海而仰一人之象。故筮者得之，则当为人所亲辅。然必再筮以自审，有元善长永正固之德，然后可以当众之归而"无咎"。其未比而有所不安者，亦将皆来归之。若又迟而后至，则此交已固，彼来已晚，而得"凶"矣。若欲比人，则亦以是而反观之耳。

《象》曰：比，吉也。

此三字疑衍文。

比，辅也，下顺从也。

此以卦体，释卦名义。

"原筮，元永贞，无咎"，以刚中也。"不宁方来"，上下应也。"后夫凶"，其道穷也。

亦以卦体释卦辞。"刚中"，谓五。"上下"，谓五阴。

《象》曰：地上有水，比。先王以建万国，亲诸侯。

地上有水，水比于地，不容有间。建国亲侯，亦先王所以比于天下而无间者也。《象》意人来比我，此取我往比人。

初六：有孚比之，无咎。有孚盈缶，终来有它，吉。

比之初贵乎有信，则可以"无咎"矣。若其充实，则又"有它吉"也。

《象》曰：比之初六，有它吉也。

六二：比之自内，贞吉。

柔顺中正，上应九五，自内比外，而得其贞，吉之道也。占者如是，则正而吉矣。

《象》曰："比之自内"，不自失也。

得正则不自失矣。

六三：比之匪人。

阴柔不中正，承、乘、应皆阴，所比皆非其人之象，其占大凶，不言可知。

《象》曰："比之匪人"，不亦伤乎？

六四：外比之，贞吉。

以柔居柔，外比九五，为得其正，吉之道也。占者如是，则正而吉矣。

《象》曰："外比"于贤，以从上也。

九五：显比。王用三驱，失前禽。邑人不诫，吉。

驱，区遇反。

一阳居尊，刚健中正，卦之群阴，皆来比己，显其比而无私，如天子不合围，开一面之网，来者不拒，去者不追，故为"用三驱失前禽"，而"邑人不诫"之象。盖虽私属亦喻上意，不相警备以求必得也。凡此皆吉之道，占者如是则"吉"也。

《象》曰："显比"之吉，位正中也。舍逆取顺，"失前禽"也。"邑人不诫"，上使中也。

舍，音捨。
由上之德，使不偏也。

上六：比之无首，凶。

阴柔居上，无以比下，凶之道也。故为"无首"之象，而其占则凶也。

《象》曰："比之无首"，无所终也。

以上下之象言之，则为"无首"。以终始之象言之，则为无终。无首则无终矣。

小畜 ䷈ 巽上
乾下

小畜：亨。密云不雨，自我西郊。

畜，敕六反。大畜卦同。

巽，亦三画卦之名。一阴伏于二阳之下，故其德为巽为入，其象为风为木。"小"，阴也。"畜"，止之之义也。上巽下乾，以阴畜阳。又卦惟六四一阴，上下五阳皆为所畜，故为小畜。又以阴畜阳，能系而不能固，亦为所畜者小之象。内健外巽，二五皆阳，各居一卦之中而用事，有刚而能中其志得行之象，故其占当得亨通。然畜未极而施未行，故有"密云不雨自我西郊"之象。盖"密云"阴物，"西郊"阴方。"我"者，文王自我也。文王演《易》于羑里，视岐周为西方，正小畜之时也。筮者得之，则占亦如其象云。

《象》曰：小畜，柔得位而上下应之，曰"小畜"。

以卦体释卦名义，"柔得位"，指六居四。"上下"，谓五阳。

健而巽，刚中而志行，乃亨。

以卦德卦体而言，阳犹可亨也。

"密云不雨"，尚往也；"自我西郊"，施未行也。

施，始豉反。

"尚往"，言畜之未极，其气犹上进也。

《象》曰：风行天上，小畜。君子以懿文德。

风有气而无质，能畜而不能久，故为小畜之象。"懿文德"，言未能厚积而远施也。

初九：复自道，何其咎，吉。

下卦乾体，本皆在上之物，志欲上进，而为阴所畜。然初九体乾，居下得正，前远于阴，虽与四为正应，而能自守以正，不为所畜，故有进复自道之象。占者如是，则无咎而"吉"也。

《象》曰："复自道"，其义吉也。

九二：牵复，吉。

三阳志同，而九二渐近于阴。以其刚中，故能与初九牵连而复，亦吉道也。占者如是则"吉"矣。

《象》曰："牵复"在中，亦不自失也。

"亦"者，承上爻义。

九三：舆说辐，夫妻反目。

说，吐活反。

九三亦欲上进，然刚而不中，迫近于阴，而又非正应。但以阴阳相说，而为所系畜，不能自进，故有"舆说辐"之象。然以志刚，故又不能平而与之争，故又为"夫妻反目"之象。戒占者如是，则不得进而有所争也。

《象》曰："夫妻反目"，不能正室也。

程子曰：说辐反目，三自为也。

六四：有孚，血去惕出，无咎。

去，上声。

以一阴畜众阳，本有伤害忧惧，以其柔顺得正，虚中巽体，二阳助之，是"有孚"而"血去惕出"之象也。"无咎"宜矣。故戒占者亦有其德，则无咎也。

《象》曰："有孚""惕出"，上合志也。

九五：有孚挛如，富以其邻。

挛，力传反。

巽体三爻，同力畜乾，"邻"之象也。而九五居中处尊，势能有为，以兼乎上下，故为"有孚挛如"，用富厚之力而"以其邻"之象。"以"，犹《春秋》"以某师"之"以"，言能左右之也。占者"有孚"，则能如是也。

《象》曰："有孚挛如"，不独富也。

上九：既雨既处，尚德载。妇贞厉，月几望，君子征凶。

几，音机。

畜极而成，阴阳和矣，故为"既雨既处"之象。盖尊尚阴德，至于积满而然也。阴加于阳，故虽正亦厉。然阴既盛而抗阳，则君子亦不可以有行矣。其占如此，为戒深矣。

《象》曰："既雨既处"，德积载也。"君子征凶"，有所疑也。

履 ䷉ 乾上
　　　　兑下

履：虎尾，不咥人，亨。

咥，直结反。

兑，亦三画卦之名。一阴见于二阳之上，故其德为说，其象为泽。"履"，有所蹑而进之义也。以兑遇乾，和说以蹑刚强之后，有"履虎尾"而不见伤之象，故其卦为履，而占如是也。人能如是，则处危而不伤矣。

《象》曰：履，柔履刚也。

以二体释卦名义。

说而应乎乾，是以"履虎尾，不咥人，亨"。

说，音悦。
以卦德释彖辞。

刚中正，履帝位而不疚，光明也。

又以卦体明之，指九五也。

《象》曰：上天下泽，履。君子以辨上下，定民志。

《程传》备矣。传曰：天在上，泽居下。上天作下之正理也。人之所履当如是。故取其象而为履。君子观履之象，以辨别上下之分，以定其民志。夫上下之分明，然后民志有定。民志定，然后可以言治；民志不定，天下不可得而治也。古之时，公卿大夫而下，位各称其德。终身居之，得其分也。位未称德，则君举而进之。士修其学，学至而君求之。皆非有预于己也。农工商贾，勤其事，而所享有限，故皆有定志，而天下之心可一。后世自庶士至于公卿，日志于尊荣。农工商贾，日志于富侈。亿兆之心，交骛于利，天下纷然，如之何其可一也。欲其不乱，难矣。此由上下无定志也。君子观履之象，而分辨上下，使各当其分。以定民之心志也。

初九：素履，往无咎。

以阳在下，居履之初，未为物迁，率其"素履"者也。占者如是，则"往"而"无咎"也。

《象》曰："素履"之往，独行愿也。

九二：履道坦坦，幽人贞吉。

刚中在下，无应于上，故为履道平坦，幽独守贞之象。幽人履道而遇其占，则贞而吉矣。

《象》曰："幽人贞吉"，中不自乱也。

六三：眇能视，跛能履。履虎尾，咥人，凶。武人为于大君。

跛，波我反。

六三不中不正，柔而志刚，以此履乾，必见伤害，故其象如此，而占者凶。又为刚武之人，得志而肆暴之象，如秦政、项籍，岂能久也？

《象》曰："眇能视"，不足以有明也。"跛能履"，不足以与行也。"咥人"之凶，位不当也。"武人为于大君"，志刚也。

九四：履虎尾，愬愬终吉。

愬，色窄反，音啬。

九四亦以不中不正，履九五之刚，然以刚居柔，故能戒惧而得"终吉"。

《象》曰："愬愬终吉"，志行也。

九五：夬履，贞厉。

夬，古快反。

九五以刚中正履帝位，而下以兑说应之，凡事必行，无所疑碍，故其象为夬决其履。虽使得正，亦危道也。故其占为虽正而危，为戒深矣。

《象》曰："夬履，贞厉"，位正当也。

伤于所恃。

上九：视履考祥，其旋元吉。

"视履"之终，以考其祥，周旋无亏，则得"元吉"。占者祸福，视其所履而未定也。

《象》曰："元吉"在上，大有庆也。

若得元吉，则大有福庆也。

泰 ䷊ 坤上
乾下

泰：小往大来，吉，亨。

"泰"，通也。为卦天地交而二气通，故为泰，正月之卦也。"小"，谓阴。"大"，谓阳。言坤往居外，乾来居内。又自归妹来，则六往居四，九来居三也。占者有刚阳之德，则"吉"而"亨"矣。

《象》曰："泰，小往大来，吉，亨"，则是天地交而万物通也，上下交而其志同也。内阳而外阴，内健而外顺，内君子而外小人。君子道长，小人道消也。

长，之丈反。否卦同。

《象》曰：天地交，泰。后以财成天地之道，辅相天地之宜，以左右民。

财裁同。相，息亮反。左，音佐。右，音佑。
"财成"以制其过，"辅相"以补其不及。

初九：拔茅茹，以其汇，征吉。

茹，人余反。汇，于位反，音胃。否卦同。
三阳在下，相连而进，"拔茅"连"茹"之象，征行之吉也。占者阳刚，则其"征吉"矣。郭璞《洞林》读至汇字绝句。下卦放此。

《象》曰："拔茅""征吉"，志在外也。

九二：包荒，用冯河，不遐遗。朋亡，得尚于中行。

冯，音凭。
九二以刚居柔，在下之中，上有六五之应，主乎泰而得中道者也。占者能包容荒秽，而果断刚决，不遗遐远，而不昵朋比，则合乎此爻中行之道矣。

《象》曰："包荒"，"得尚于中行"，以光大也。

九三：无平不陂，无往不复。艰贞无咎，勿恤其孚，于食有福。

将过乎中，泰将极而否欲来之时也。"恤"，忧也。"孚"，所期之信也。戒占者艰难守贞，则"无咎"而"有福"。

《象》曰："无往不复"，天地际也。

六四：翩翩，不富以其邻，不戒以孚。

已过乎中，泰已极矣，故三阴翩然而下复，不待富而其类从之，不待戒令而信也。其占为有小人合交以害正道，君子所当戒也。阴虚阳实，故凡言不富者，皆阴爻也。

《象》曰："翩翩，不富"，皆失实也。"不戒以孚"，中心愿也。

阴本居下，在上为"失实"。

六五：帝乙归妹，以祉元吉。

以阴居尊，为泰之主，柔中虚己，下应九二，吉之道也。而"帝乙归妹"之时，亦尝占得此爻。占者如是，则有祉而"元吉"矣。凡经以古人为言，如"高宗"、"箕子"之类者，皆放此。

《象》曰："以祉元吉"，中以行愿也。

上六：城复于隍。勿用师，自邑告命，贞吝。

复，房六反。下同。
泰极而否，"城复于隍"之象。戒占者不可力争，但可自守。虽得其贞，亦不免于羞吝也。

《象》曰："城复于隍"，其命乱也。

命乱，故复否。告命，所以治之也。
治，平声。

否 ䷋ 乾上
　　　坤下

否之匪人，不利君子贞，大往小来。

否，备鄙反。
"否"，闭塞也，七月之卦也。正与泰反，故曰"匪人"，谓非人道也。其占不利于君子之正道，盖乾往居外，坤来居内。又自渐卦而来，则九往居四，六来居三也。或疑"之匪人"三字衍文，由《比·六三》而误也。传不特解其义，亦可见。

《象》曰："否之匪人，不利君子贞，大往小来"，则是天地不交，而万物不通也，上下不交而天下无邦也。内阴而外阳，内柔而外刚，内小人而外君子。小人道长，君子道消也。

《象》曰：天地不交，否。君子以俭德辟难，不可荣以禄。

俭，巨险反。辟，音避。难，去声。
收敛其德，不形于外，以辟小人之难，人不得以禄位荣之。

初六：拔茅茹，以其汇。贞吉，亨。

释，见泰卦。
三阴在下，当否之时，小人连类而进之象，而初之恶则未形也。故戒其"贞"则"吉"而"亨"。盖能如是，则变而为君子矣。

《象》曰："拔茅""贞吉"，志在君也。

小人而变为君子，则能以爱君为念，而不计其私矣。

六二：包承，小人吉，大人否，亨。

阴柔而中正，小人而能包容，承顺乎君子之象，小人之吉道也。故占者小人如是则吉，大人则当安守其否，而后道亨。盖不可以彼"包承"于我，而自失其守也。

《象》曰："大人否，亨"，不乱群也。

言不乱于小人之群。

六三：包羞。

以阴居阳而不中正，小人志于伤善而未能也，故为"包羞"之象。然以其未发，故无凶咎之戒。

《象》曰："包羞"，位不当也。

九四：有命无咎，畴离祉。

否过中矣，将济之时也。九四以阳居阴，不极其刚，故其占为"有命无咎"。而"畴"类三阳，皆获其福也。"命"，谓天命。

《象》曰："有命无咎"，志行也。

九五：休否，大人吉。其亡其亡，系于苞桑。

苞读作包，古《易》亦曰包桑。
阳刚中正，以居尊位，能休时之否，大人之事也。故此爻之占，大人遇之则吉，然又当戒惧，如《系辞传》所云也。

《象》曰："大人"之吉，位正当也。

上九：倾否，先否后喜。

以阳刚居否极，能倾时之否者也。其占为"先否后喜"。

《象》曰：否终则倾，何可长也？

同人 乾上
离下

同人于野，亨，利涉大川，利君子贞。

离，亦三画卦之名。一阴丽于二阳之间，故其德为丽，为文明，其象为火，为日，为电。同人，与人同也。以离遇乾，火上同于天。六二得位得中，而上应九五。又卦唯一阴，而五阳同与之，故为同人。"于野"，谓旷远而无私也，有亨道矣。以健而行，故能涉川。为卦内文明而外刚健，六二中正而有应，则君子之道也。占者能如是则"亨"，而又可涉险，然必其所同合于君子之道，乃为"利"也。

《象》曰：同人，柔得位得中而应乎乾，曰"同人"。

以卦体释卦名义。"柔"，谓六二，"乾"，谓九五。

同人曰：

衍文。

"同人于野，亨，利涉大川"，乾行也。文明以健，中正而应，君子正也。唯君子为能通天下之志。

以卦德卦体释卦辞，通天下之志，乃为大同。不然，则是私情之合而已，何以致"亨"而"利涉"哉！

《象》曰：天与火，同人。君子以类族辨物。

天在上而火炎上，其性同也。"类族辨物"，所以审异而致同也。

初九：同人于门，无咎。

同人之初，未有私主，以刚在下，上无系应，可以"无咎"，故其象占如此。

《象》曰：出门同人，又谁咎也？

六二：同人于宗，吝。

"宗"，党也。六二虽中且正，然有应于上，不能大同而系于私，吝之道也。故其象占如此。

《象》曰:"同人于宗",吝道也。

九三:伏戎于莽,升其高陵,三岁不兴。

刚而不中,上无正应,欲同于二而非其正,惧九五之见攻,故有此象。

《象》曰:"伏戎于莽",敌刚也。"三岁不兴",安行也?

言不能行。

九四:乘其墉,弗克攻,吉。

墉,音庸。

刚不中正,又无应与,亦欲同于六二,而为三所隔,故为乘墉以攻之象。然以刚居柔,故有自反而不克攻之象。占者如是,则是能改过而得吉也。

《象》曰:"乘其墉",义弗克也。其吉,则困而反则也。

"乘其墉"矣,则非其力之不足也。特以义之弗克而不攻耳。能以义断,困而反于法则,故吉也。

九五:同人,先号咷,而后笑。大师克相遇。

号,五羔反。咷,徒刀反。旅卦同。

五刚中正,二以柔中正相应于下,同心者也。而为三四所隔,不得其同。然义理所同,物不得而间之,故有此象。然六二柔弱,而三四刚强,故必用"大师"以胜之,然后得"相遇"也。

《象》曰:同人之先,以中直也。"大师"相遇,言相克也。

"直"谓理直。

上九:同人于郊,无悔。

居外无应,物莫与同,然亦可以无悔,故其象占如此。郊在野之内,未至于旷远,但荒僻无与同耳。

《象》曰:"同人于郊",志未得也。

大有 ䷍ 离上
乾下

大有:元亨。

"大有",所有之大也。离居乾上,火在天上,无所不照。又六五一阴居尊得中,而五阳应之,故为大有。乾健离明,居尊应天,有亨之道。占者有其德,则大善而亨也。

《象》曰：大有，柔得尊位大中，而上下应之，曰"大有"。

以卦体释卦名义，"柔"谓六五，"上下"谓五阳。

其德刚健而文明，应乎天而时行，是以"元亨"。

以卦德卦体释卦辞。应天，指六五也。

《象》曰：火在天上，大有。君子以遏恶扬善，顺天休命。

火在天上，所照者广，为大有之象。所有既大，无以治之，则乿蘖萌于其间矣。天命有善而无恶，故遏恶扬善，所以顺天。反之于身，亦若是而已矣。

初九：无交害，匪咎，艰则无咎。

虽当大有之时，然以阳居下，上无系应，而在事初，未涉乎"害"者也，何咎之有？然亦必艰以处之则无咎，戒占者宜如是也。

《象》曰：大有初九，无交害也。

九二：大车以载，有攸往，无咎。

刚中在下，得应乎上，为大车以载之象。有所往而如是，可以"无咎"矣。占者必有此德，乃应其占也。

《象》曰："大车以载"，积中不败也。

九三：公用亨于天子，小人弗克。

亨，读作享。

"亨"，《春秋传》作"享"，谓朝献也。古者"亨通"之"亨"，"享献"之"享"，"烹饪"之"烹"，皆作"亨"字。九三居下之上，公侯之象。刚而得正，上有六五之君，虚中下贤，故为"享于天子"之象。占者有其德，则其占如是。小人无刚正之德，则虽得此爻，不能当也。

《象》曰："公用亨于天子"，小人害也。

九四：匪其彭，无咎。

彭，蒲光反，音旁。

"彭"字音义未详，《程传》曰"盛貌"，理或当然。六五柔中之君，九四以刚近之，有僭逼之嫌。然以其处柔也，故有不极其盛之象，而得"无咎"。戒占者宜如是也。

《象》曰："匪其彭，无咎"，明辨晢也。

晢，之列反，音哲。

"晢"，明貌。

六五：厥孚交如，威如，吉。

大有之世，柔顺而中，以处尊位，虚己以应九二之贤，而上下归之，是其孚信之交也。然君道贵刚，太柔则废，当以威济之则吉。故其象占如此，亦戒辞也。

《象》曰："厥孚交如"，信以发志也。

一人之信，足以发上下之志也。

"威如"之吉，易而无备也。

易，以智反。
太柔则人将易之，而无畏备之心。

上九：自天佑之，吉，无不利。

大有之世，以刚居上，而能下从六五，是能履信思顺而尚贤也。满而不溢，故其占如此。

《象》曰：大有上吉，自天佑也。

谦 ䷎ 坤上
艮下

谦：亨，君子有终。

谦者，有而不居之义。止乎内而顺乎外，谦之意也。山至高而地至卑，乃屈而止于其下，谦之象也。占者如是，则亨通而有终矣。"有终"谓先屈而后伸也。

《象》曰：谦，亨，天道下济而光明，地道卑而上行。

上，时掌反。
言谦之必"亨"。

天道亏盈而益谦，地道变盈而流谦，鬼神害盈而福谦，人道恶盈而好谦。谦尊而光，卑而不可逾，君子之终也。

恶，乌路反。好，呼报反。
"变"，谓倾坏。"流"，谓聚而归之。人能谦，则其居尊者，其德愈光，其居卑者，人亦莫能过，此君子所以"有终"也。

《象》曰：地中有山，谦。君子以裒多益寡，称物平施。

裒，浦侯反。称，尺证反。施，始豉反。
以卑蕴高，谦之象也。"裒多益寡"，所以称物之宜而平其施。损高增卑，以趣于平，亦谦之意也。

初六：谦谦君子，用涉大川，吉。

以柔处下，谦之至也，君子之行也。以此涉难，何往不济？故占者如是，则利以涉川也。

《象》曰："谦谦君子"，卑以自牧也。

六二：鸣谦，贞吉。

柔顺中正，以谦有闻，正而且吉者也，故其占如此。

《象》曰："鸣谦，贞吉"，中心得也。

九三：劳谦，君子有终，吉。

卦唯一阳，居下之上，刚而得正，上下所归，有功劳而能谦，尤人所难，故"有终"而"吉"。占者如是，则如其应矣。

《象》曰："劳谦君子"，万民服也。

六四：无不利，㧑谦。

㧑，呼回反，与挥同。
柔而得正，上而能下，其占"无不利"矣。然居九三之上，故戒以更当发挥其谦，以示不敢自安之意也。

《象》曰："无不利，㧑谦"，不违则也。

言不为过。

六五：不富以其邻，利用侵伐，无不利。

以柔居尊，在上而能谦者也。故为不富而能以其邻之象，盖从之者众矣。犹有未服者，则利以征之，而于它事亦无不利。人有是德，则如其占也。

《象》曰："利用侵伐"，征不服也。

上六：鸣谦，利用行师，征邑国。

谦极有闻，人之所与，故可"用行师"。然以其质柔而无位，故可以"征"己之"邑国"而已。

《象》曰："鸣谦"，志未得也。可用"行师"，"征邑国"也。

阴柔无位，才力不足，故其志未得，而至于行师，然亦适足以治其私邑而已。

豫 ䷏ 震上 坤下

豫：利建侯行师。

“豫”，和乐也。人心和乐，以应其上也。九四一阳，上下应之。其志得行，又以坤遇震，为顺以动，故其卦为豫，而其占利以立君用师也。

《彖》曰：豫，刚应而志行。顺以动，豫。

以卦体卦德释卦名义。

豫顺以动，故天地如之，而况“建侯行师”乎？

以卦德释卦辞。

天地以顺动，故日月不过，而四时不忒。圣人以顺动，则刑罚清而民服。豫之时义大矣哉！

极言之而赞其大也。

《象》曰：雷出地奋，豫。先王以作乐崇德，殷荐之上帝，以配祖考。

“雷出地奋”，和之至也。先王作乐，既象其声，又取其义。殷，盛也。

初六：鸣豫，凶。

阴柔小人，上有强援，得时主事，故不胜其豫而以自鸣，凶之道也，故其占如此。卦之得名，本为和乐。然卦辞为众乐之义，爻辞除九四与卦同外，皆为自乐，所以有吉凶之异。

《象》曰：初六“鸣豫”，志穷凶也。

穷，谓满极。

六二：介于石，不终日，贞吉。

豫虽主乐，然易以溺人，溺则反而忧矣。卦独此爻，中而得正，是上下皆溺于豫，而独能以中正自守，其介如石也。其德安静而坚确，故其思虑明审，不俟终日，而见凡事之几微也。《大学》曰：安而后能虑，虑而后能得，意正如此。占者如是，则正而吉矣。

《象》曰：“不终日，贞吉”，以中正也。

六三：盱豫悔，迟有悔。

盱，休居反。

“盱”，上视也。阴不中正，而近于四。四为卦主，故六三上视于四，而下溺于豫，宜有悔者也。故其象如此，而其占为事当速悔。若悔之迟，则必有悔也。

《象》曰："盱豫""有悔"，位不当也。

九四：由豫，大有得。勿疑，朋盍簪。

簪，侧林反。

九四，卦之所由以为豫者也。故其象如此，而其占为"大有得"。然又当至诚不疑，则朋类合而从之矣，故又因而戒之。"簪"，聚也，又速也。

《象》曰："由豫，大有得"，志大行也。

六五：贞疾，恒不死。

当豫之时，以柔居尊，沈溺于豫。又乘九四之刚，众不附而处势危，故为"贞疾"之象。然以其得中，故又为"恒不死"之象。即象而观，占在其中矣。

《象》曰：六五"贞疾"，乘刚也。"恒不死"，中未亡也。

上六：冥豫，成有渝，无咎。

渝，以朱反。

以阴柔居豫极，为昏冥于豫之象。以其动体，故又为其事虽"成"，而能"有渝"之象。戒占者如是，则能补过而无咎，所以广迁善之门也。

《象》曰："冥豫"在上，何可长也？

随　　兑上
　　　　　　震下

随：元亨，利贞，无咎。

"随"，从也。以卦变言之，本自困卦九来居初，又自噬嗑上来居五。而自未济来者，兼此二变，皆刚来随柔之义。以二体言之，为此动而彼说，亦随之义，故为随。己能随物，物来随己，彼此相从，其通易矣，故其占为"元亨"。然必利于贞，乃得"无咎"。若所随不贞，则虽大亨而不免于有咎矣。《春秋传》穆姜曰："有是四德，随而无咎，我皆无之，岂随也哉？"今按四德虽非本义，然其下云云，深得占法之意。

《象》曰：随，刚来而下柔，动而说，随。

下，退嫁反。说，音悦。
以卦变卦德释卦名义。

大亨，贞，无咎，而天下随时。

王肃本"时"作"之"，今当从之。释卦辞，言能如是，则天下之所从也。

随时之义大矣哉！

王肃本"时"字在"之"字之下，今当从之。

《象》曰：泽中有雷，随。君子以向晦入宴息。

雷藏泽中，随时休息。

初九：官有渝，贞吉。出门交有功。

卦以物随为义，爻以随物为义。初九以阳居下，为震之主，卦之所以为随者也。既有所随，则有所偏主而变其常矣，惟得其正则吉。又当出门以交，不私其随，则有功也。故其象占如此，亦因以戒之。

《象》曰："官有渝"，从正吉也。"出门交有功"，不失也。

六二：系小子，失丈夫。

初阳在下而近，五阳正应而远，二阴柔不能自守，以须正应。故其象如此，凶吝可知，不假言矣。

《象》曰："系小子"，弗兼与也。

六三：系丈夫，失小子。随有求得，利居贞。

"丈夫"，谓九四。"小子"，亦谓初也。三近系四而失于初，其象与六二正相反。四阳当任而己随之，有求必得。然非正应，故有不正而为邪媚之嫌。故其占如此，而又戒以居贞也。

《象》曰："系丈夫"，志舍下也。

舍，音捨。

九四：随有获，贞凶。有孚在道以明，何咎？

九四以刚居上之下，与五同德，故其占"随"而"有获"。然势陵于五，故虽正而凶。惟有孚在道而明，则上安而下从之，可以无咎也。占者当时之任，宜审此戒。

《象》曰："随有获"，其义凶也。"有孚在道"，明功也。

九五：孚于嘉，吉。

阳刚中正，下应中正，是信于善也。占者如是，其吉宜矣。

《象》曰："孚于嘉，吉"，位正中也。

上六：拘系之，乃从维之。王用亨于西山。

亨音，见大有卦，后升卦同。

居随之极，随之固结而不可解者也。诚意之极，可通神明，故其占为"王用亨于西山"。"亨"，亦当作"祭享"之"享"。自周而言，岐山在西。凡筮祭山川者得之，其诚意如是，则吉也。

《象》曰："拘系之"，上穷也。

"穷"，极也。

蛊　☶ 艮上　巽下

蛊：元亨，利涉大川。先甲三日，后甲三日。

先，息荐反。后，胡豆反。

"蛊"，坏极而有事也。其卦艮刚居上，巽柔居下，上下不交，下卑巽而上苟止，故其卦为蛊。或曰：刚上柔下，谓卦变自贲来者；初上二下，自井来者；五上上下，自既济来者。兼之，亦刚上而柔下，皆所以为蛊也。蛊坏之极，乱当复治，故其占为"元亨"，而"利涉大川"。"甲"，日之始，事之端也。"先甲三日"，辛也。"后甲三日"，丁也。前事过中而将坏，则可自新以为后事之端，而不使至于大坏。后事方始而尚新，然更当致其丁宁之意，以监前事之失，而不使至于速坏。圣人之深戒也。

《象》曰：蛊，刚上而柔下，巽而止，蛊。

以卦体卦变卦德释卦名义。盖如此，则积弊而至于蛊矣。

蛊，"元亨"而天下治也。"利涉大川"，往有事也。"先甲三日，后甲三日"，终则有始，天行也。

治，直利反。下同。

释卦辞，治蛊至于"元亨"，则乱而复治之象也。乱之终，治之始，天运然也。

《象》曰：山下有风，蛊。君子以振民育德。

"山下有风"，物坏而有事矣。而事莫大于二者，乃治己、治人之道也。

初六：干父之蛊，有子，考无咎，厉终吉。

"干"，如木之干，枝叶之所附而立者也。"蛊"者，前人已坏之绪，故诸爻皆有父母之象，子能干之，治而振起矣。初六蛊未深而事易济，故其占为有子，则能治蛊，而考得"无咎"，然亦危矣。戒占者宜如是。又知危而能戒，则"终吉"也。

《象》曰："干父之蛊"，意承考也。

九二：干母之蛊，不可贞。

九二刚中，上应六五，子干母蛊而得中之象。以刚承柔而治其坏，故又戒以不可坚贞，言当巽以入之也。

《象》曰："干母之蛊"，得中道也。

九三：干父之蛊，小有悔，无大咎。

过刚不中，故"小有悔"。巽体得正，故"无大咎"。

《象》曰："干父之蛊"，终无咎也。

六四：裕父之蛊，往见吝。

以阴居阴，不能有为，宽裕以治蛊之象也。如是则蛊将日深，故"往"则"见吝"。戒占者不可如是也。

《象》曰："裕父之蛊"，往未得也。

六五：干父之蛊，用誉。

柔中居尊，而九二承之以德，以此干蛊，可致闻誉，故其象占如此。

《象》曰："干父""用誉"，承以德也。

上九：不事王侯，高尚其事。

阳刚居上，在事之外，故为此象。而占与戒，皆在其中矣。

《象》曰："不事王侯"，志可则也。

临　䷒ 坤上
　　　兑下

临：元亨，利贞。至于八月有凶。

"临"，进而陵逼于物也。二阳浸长以逼于阴，故为临，十二月之卦也。又其为卦，下兑说，上坤顺。九二以刚居中，上应六五，故占者大亨而利于正，然"至于八月"当"有凶"也。"八月"，谓自复卦一阳之月，至于遁卦二阴之月，阴长阳遁之时也。或曰："八月"谓夏正八月，于卦为观，亦临之反对也。又因占而戒之。

《象》曰：临，刚浸而长。

长，之丈反。
以卦体释卦名。

说而顺，刚中而应。

又以卦德卦体言卦之善。

大亨以正，天之道也。

当刚长之时，又有此善，故其占如此也。

"至于八月有凶"，消不久也。

言虽天运之当然，然君子宜知所戒。

《象》曰：泽上有地，临。君子以教思无穷，容保民无疆。

思，去声。

地临于泽，上临下也。二者皆临下之事，教之无穷者，兑也，容之无疆者，坤也。

初九：咸临，贞吉。

卦惟二阳，遍临四阴，故二爻皆有"咸临"之象。初九刚而得正，故其占为"贞吉"。

《象》曰："咸临，贞吉"，志行正也。

九二：咸临，吉，无不利。

刚得中而势上进，故其占"吉"而"无不利"也。

《象》曰："咸临，吉，无不利"，未顺命也。

未详。

六三：甘临，无攸利。既忧之，无咎。

阴柔不中正，而居下之上，为以甘说临人之象，其占固无所利。然能忧而改之，则"无咎"也。勉人迁善，为教深矣。

《象》曰："甘临"，位不当也。"既忧之"，咎不长也。

六四：至临，无咎。

处得其位，下应初九，相临之至，宜"无咎"者也。

《象》曰："至临，无咎"，位当也。

六五：知临，大君之宜，吉。

知，音智。

以柔居中，下应九二，不自用而任人，乃知之事。而"大君之宜"，吉之道也。

《象》曰："大君之宜"，行中之谓也。

上六：敦临，吉，无咎。

居卦之上，处临之终，敦厚于临，"吉"而"无咎"之道也，故其象占如此。

《象》曰："敦临"之吉，志在内也。

观 ䷓ 巽上
坤下

观：盥而不荐，有孚颙若。

观，官唤反。下"大观"，"以观之"，"观大象"，"观"字并同。盥，古玩反。颙，鱼恭反。

"观"者，有以中正示人，而为人所仰也。九五居上，四阴仰之，又内顺外巽，而九五以中正示天下，所以为观。盥将祭而洁手也。"荐"，奉酒食以祭也。颙然，尊严之貌。言致其洁清而不轻自用，则其孚信在中，而颙然可仰，戒占者宜如是也。或曰："有孚颙若"，谓在下之人，信而仰之也。此卦四阴长而二阳消，正为八月之卦，而名卦系辞，更取它义，亦扶阳抑阴之意。

《彖》曰：大观在上，顺而巽，中正以观天下。

以卦体卦德释卦名义。

"观，盥而不荐，有孚颙若"，下观而化也。

观，如字。下"观天"，《大象》"观民"之"观"，六爻"观"字，并同。
释卦辞。

观天之神道，而四时不忒。圣人以神道设教，而天下服矣。

极言观之道也。"四时不忒"，天之所以为观也。"神道设教"，圣人之所以为观也。

《象》曰：风行地上，观。先王以省方观民设教。

省，悉井反。
"省方"以"观民"，"设教"以为"观"。

初六：童观，小人无咎，君子吝。

卦以观示为义，据九五为主也。爻以观瞻为义，皆观乎九五也。初六阴柔在下，不能远见，"童观"之象，小人之道，君子之羞也。故其占在小人则"无咎"，君子得之，则可羞矣。

《象》曰："初六，童观"，小人道也。

六二：窥观，利女贞。

窥，苦规反。
阴柔居内而观乎外，"窥观"之象，女子之正也，故其占如此。丈夫得之，则非所利矣。

《象》曰："窥观""女贞"，亦可丑也。

在丈夫则为丑也。

六三：观我生进退。

"我生"，我之所行也。六三居下之上，可进可退，故不观九五，而独观己所行之通塞以为进退，占者宜自审也。

《象》曰："观我生进退"，未失道也。

六四：观国之光，利用宾于王。

六四最近于五，故有此象。其占为利于朝觐仕进也。

《象》曰："观国之光"，尚宾也。

九五：观我生，君子无咎。

九五阳刚中正以居尊位，其下四阴，仰而观之，君子之象也。故戒居此位，得此占者，当观己所行，必其阳刚中正亦如是焉，则得"无咎"也。

《象》曰："观我生"，观民也。

此夫子以义言之，明人君观己所行，不但一身之得失，又当观民德之善否，以自省察也。

上九：观其生，君子无咎。

上九阳刚居尊位之上，虽不当事任，而亦为下所观，故其戒辞略与五同。但以"我"为"其"，小有主宾之异耳。

《象》曰："观其生"，志未平也。

"志未平"，言虽不得位，未可忘戒惧也。

噬嗑　离上
震下

噬嗑：亨。利用狱。

噬，市利反。嗑，胡腊反。

"噬"，啮也。"嗑"，合也。物有间者，啮而合之也。为卦上下两阳而中虚，颐口之象。九四一阳，间于其中，必啮之而后合，故为噬嗑。其占当得亨通者，有间故不通。啮之而合，则亨通矣。又三阴三阳，刚柔中半，下动上明，下雷上电。本自益卦，六四之柔，上行以至于五而得其中，是知以阴居阳，虽不当位，而"利用狱"。盖治狱之道，惟威与明，而得其中之为贵。故筮得之者，有其德则应其占也。

《象》曰：颐中有物，曰"噬嗑"。

以卦体释卦名义。

"噬嗑"而"亨"，刚柔分，动而明，雷电合而章。柔得中而上行，虽不当位，"利用狱"也。

上，时掌反。
又以卦名、卦体、封德、二象卦变释卦辞。

《象》曰：雷电，噬嗑，先王以明罚敕法。

"雷电"当作"电雷"。

初九：屦校灭趾，无咎。

初上无位为受刑之象，中四爻为用刑之象。初在卦始，罪薄过小，又在卦下，故为"屦校灭趾"之象。止恶于初，故得"无咎"，占者小伤而无咎也。

《象》曰："屦校灭趾"，不行也。

"灭趾"，又有不进于恶之象。

六二：噬肤灭鼻，无咎。

祭有肤鼎，盖肉之柔脆，噬而易嗑者。六二中正，故其所治如"噬肤"之易。然以柔乘刚，故虽甚易，亦不免于伤灭其鼻。占者虽伤而终"无咎"也。

《象》曰："噬肤灭鼻"，乘刚也。

六三：噬腊肉，遇毒，小吝，无咎。

腊，音昔。
"腊肉"，谓兽腊，全体骨而为之者，坚韧之物也。阴柔不中正，治人而人不服，为"噬腊""遇毒"之象。占虽"小吝"，然时当噬嗑，于义为"无咎"也。

《象》曰："遇毒"，位不当也。

九四：噬乾胏，得金矢。利艰贞，吉。

乾，音干。胏，美缁反。
"胏"，肉之带骨者，与"胾"通。《周礼》：狱讼入钧金束矢而后听之。九四以刚居柔，得用刑之道，故有此象。言所噬愈坚而得听讼之宜也，然必利于艰难正固则吉。戒占者宜如是也。

《象》曰："利艰贞，吉"，未光也。

六五：噬乾肉，得黄金。贞厉，无咎。

"噬乾肉"，难于肤而易于腊胏者也。"黄"，中色。"金"，亦谓钧金。六五柔顺而中，以居尊位，用刑于人，人无不服，故有此象。然必"贞厉"乃得"无咎"，亦戒占者之辞也。

《象》曰："贞厉，无咎"，得当也。

上九：何校灭耳，凶。

何，何可反。

"何"，负也。过极之阳，在卦之上，恶极罪大，凶之道也。故其象占如此。

《象》曰："何校灭耳"，聪不明也。

"灭耳"，盖罪其听之不聪也。若能审听而早图之，则无此凶矣。

贲　☲☶ 艮上
离下

贲：亨。小利有攸往。

贲，必饐反。卦内同。

"贲"，饰也。卦自损来者，柔自三来而文二，刚自二上而文三。自既济而来者，柔自上来而文五，刚自五上而文上。又内离而外艮，有文明而各得其分之象，故为贲。占者以其柔来文刚，阳得阴助，而离明于内，故为"亨"。以其刚上文柔，而艮止于外，故"小利有攸往"。

《象》曰：贲，"亨"。

"亨"字疑衍。

柔来而文刚，故"亨"。分刚上而文柔，故"小利有攸往"，天文也。

上，时掌反。

以卦变释卦辞。刚柔之交，自然之象，故曰"天文"。先儒说"天文"上当有"刚柔交错"四字，理或然也。

文明以止，人文也。

又以卦德言之。"止"，谓各得其分。

观乎天文，以察时变。观乎人文，以化成天下。

极言贲道之大也。

《象》曰：山下有火，贲。君子以明庶政，无敢折狱。

"山下有火"，明不及远。"明庶政"，事之小者。"折狱"，事之大者。内离明而外艮止，故取象如此。

初九：贲其趾，舍车而徒。

舍，音捨。下同。
刚德明体，自贲于下，为舍非道之车，而安于徒步之象。占者自处，当如是也。

《象》曰："舍车而徒"，义弗乘也。

君子之取舍，决于义而已。

六二：贲其须。

二以阴柔居中正，三以阳刚而得正，皆无应与。故二附三而动，有贲须之象。占者宜从上之阳刚而动也。

《象》曰："贲其须"，与上兴也。

九三：贲如濡如，永贞吉。

一阳居二阴之间，得其贲而润泽者也。然不可溺于所安，故有"永贞"之戒。

《象》曰："永贞"之吉，终莫之陵也。

六四：贲如皤如，白马翰如。匪寇，婚媾。

皤，白波反。
"皤"，白也。"马"，人所乘，人白则马亦白矣。四与初相贲者，乃为九三所隔而不得遂，故"皤如"。而其往求之心，如飞翰之疾也。然九三刚正，非为寇者也，乃求婚媾耳，故其象如此。

《象》曰：六四当位，疑也。"匪寇婚媾"，终无尤也。

"当位疑"，谓所当之位可疑也。"终无尤"，谓若守正而不与，亦无它患也。

六五：贲于丘园，束帛戋戋。吝，终吉。

戋，在千反。
六五柔中，为贲之主，敦本尚实，得贲之道，故有"丘园"之象。然阴性吝啬，故有"束帛戋戋"之象。"束帛"，薄物；"戋戋"，浅小之意。人而如此，虽可羞吝，然礼奢宁俭，故得"终吉"。

《象》曰：六五之吉，有喜也。

上九：白贲，无咎。

贲极反本，复于无色，善补过矣，故其象占如此。

《象》曰："白贲，无咎"，上得志也。

剥 艮上
坤下

剥：不利有攸往。

剥，邦角反。

"剥"，落也。五阴在下而方生，一阳在上而将尽，阴盛长而阳消落，九月之卦也。阴盛阳衰，小人壮而君子病。又内坤外艮，有顺时而止之象。故占得之者，不可以有所往也。

《象》曰：剥，剥也，柔变刚也。

以卦体释卦名义。言柔进干阳，变刚为柔也。

"不利有攸往"，小人长也。顺而止之，观象也。君子尚消息盈虚，天行也。

长，之丈反。
以卦体卦德释卦辞。

《象》曰：山附于地，剥。上以厚下安宅。

初六：剥床以足，蔑贞凶。

剥自下起，灭正则"凶"，故其占如此。"蔑"，灭也。

《象》曰："剥床以足"，以灭下也。

六二：剥床以辨，蔑贞凶。

"辨"，床干也。进而上矣。

《象》曰："剥床以辨"，未有与也。

言未大盛。

六三：剥之，无咎。

众阴方剥阳，而己独应之。去其党而从正，"无咎"之道也。占者如是，则得"无咎"。

《象》曰："剥之，无咎"，失上下也。

"上下"，谓四阴。

六四：剥床以肤，凶。

阴祸切身，故不复言"蔑贞"，而直言"凶"也。

《象》曰："剥床以肤"，切近灾也。

六五：贯鱼以宫人宠，无不利。

"鱼"，阴物。"宫人"，阴之美而受制于阳者也。五为众阴之长，当率其类，受制于阳，故有此象。而占者如是，则"无不利"也。

《象》曰："以宫人宠"，终无尤也。

上九：硕果不食。君子得舆，小人剥庐。

一阳在上，剥未尽而能复生。君子在上，则为众阴所载。小人居之，则剥极于上，自失所覆，而无复"硕果""得舆"之象矣。取象既明，而君子小人，其占不同，圣人之情，益可见矣。

《象》曰："君子得舆"，民所载也。"小人剥庐"，终不可用也。

复 ䷗ 坤上 震下

复：亨。出入无疾，朋来无咎。反复其道，七日来复，利有攸往。

"反复"之"复"，芳福反，又作覆。《象》同。

"复"，阳复生于下也。剥尽则为纯坤，十月之卦，而阳气已生于下矣。积之逾月，然后一阳之体始成而来复，故十有一月，其卦为复。以其阳既往而复反，故有亨道。又内震外坤，有阳动于下，而以顺上行之象，故其占又为己之"出入"。既得"无疾"，朋类之来，亦得"无咎"。又自五月姤卦一阴始生，至此七爻而一阳来复，乃天运之自然，故其占又为"反复其道"。至于"七日"，当得"来复"。又以刚德方长，故其占又为"利有攸往"也。"反复其道"，往而复来，来而复往之意。"七日"者，所占来复之期也。

《象》曰："复，亨"，刚反。

刚，反则亨。

动而以顺行，是以"出入无疾，朋来无咎"。

以卦德而言。

"反复其道，七日来复"，天行也。

阴阳消息，天运然也。

"利有攸往"，刚长也。

长，之丈反。下同。

以卦体而言，既生则渐长矣。

复，其见天地之心乎！

积阴之下，一阳复生，天地生物之心，几于灭息，而至此乃复可见。在人则为静极而动，恶极而善，本心几息而复，见之端也。程子论之详矣，而邵子之诗亦曰："冬至子之半，天心无改移。一阳初动处，万物未生时。玄酒味方淡，大音声正希。此言如不信，更请问包羲。"至哉言也！学者宜尽心焉。

《象》曰：雷在地中，复。先王以至日闭关，商旅不行，后不省方。

安静以养微阳也。月令，是月斋戒掩身，以待阴阳之所定。

初九：不远复，无祗悔，元吉。

祗，音其。

一阳复生于下，复之主也。"祗"，抵也。又居事初，失之未远，能复于善，不抵于悔，大善而吉之道也。故其象占如此。

《象》曰："不远"之复，以修身也。

六二：休复，吉。

柔顺中正，近于初九，而能下之。复之休美，吉之道也。

《象》曰："休复"之吉，以下仁也。

下，遐嫁反。

六三：频复，厉无咎。

以阴居阳，不中不正。又处动极，复而不固，屡失屡复之象。屡失故危，复则"无咎"，故其占又如此。

《象》曰："频复"之厉，义无咎也。

六四：中行独复。

四处群阴之中，而独与初应，为与众俱行，而独能从善之象。当此之时，阳气甚微，未足以有为，故不言吉。然理所当然，吉凶非所论也。董子曰："仁人者，正其谊，不谋其利，明其道，不计其功。"于剥之六三及此爻见之。

《象》曰："中行独复"，以从道也。

六五：敦复，无悔。

以中顺居尊，而当复之时，"敦复"之象，"无悔"之道也。

《象》曰："敦复，无悔"，中以自考也。

"考"，成也。

上六：迷复，凶，有灾眚。用行师，终有大败。以其国，君凶，至于十年不克征。

眚，所景反。

以阴柔居复终，终迷不复之象，凶之道也，故其占如此。"以"，犹及也。

《象》曰："迷复"之凶，反君道也。

无妄 　䷘ 乾上
震下

无妄：元亨利贞。其匪正有眚，不利有攸往。

眚，所景反，象与上爻同。

"无妄"，实理自然之谓。《史记》作"无望"，谓无所期望而有得焉者，其义亦通。为卦自讼而变，九自二来而居于初，又为震主，动而不妄者也，故为"无妄"。又二体震动而乾健，九五刚中而应六二，故其占大亨而利于正。若其不正，则有眚而不利有所往也。

《象》曰：无妄，刚自外来而为主于内，动而健，刚中而应，大亨以正，天之命也。"其匪正有眚，不利有攸往"，无妄之往，何之矣？天命不佑，行矣哉！

以卦变、卦德、卦体言卦之善如此，故其占当获"大亨"，而利于正，乃天命之当然也。其有不正，则不利有所往，欲何往哉？盖其逆天之命，而天不佑之，故不可以有行也。

《象》曰：天下雷行，物与无妄。先王以茂对时育万物。

"天下雷行"，震动发生，万物各正其性命，是物物而与之以无妄也。先王法此以对时育物，因其所性，而不为私焉。

初九：无妄，往吉。

以刚在内，诚之主也。如是而往，其"吉"可知。故其象占如此。

《象》曰：无妄之往，得志也。

六二：不耕获，不菑畬，则利有攸往。

菑，侧其反。畬，音余。

柔顺中正，因时顺理，而无私意期望之心，故有"不耕获，不菑畬"之象。言其无所为于前，无所冀于后也。占者如是，则利有所往矣。

《象》曰："不耕获"，未富也。

"富"，如非富天下之富，言非计其利而为之也。

六三：无妄之灾，或系之牛，行人之得，邑人之灾。

卦之六爻，皆无妄者也。六三处不得正，故遇其占者，无故而有灾。如行人牵牛以去，而居者反遭诘捕之扰也。

《象》曰："行人"得牛，"邑人"灾也。

九四：可贞，无咎。

阳刚乾体，下无应与，可固守而"无咎"。不可以有为之占也。

《象》曰："可贞，无咎"，固有之也。

"有"，犹守也。

九五：无妄之疾，勿药有喜。

乾刚中正，以居尊位，而下应亦中正，无妄之至也。如是而有疾，"勿药"而自愈矣。故其象占如此。

《象》曰："无妄"之药，不可试也。

既已无妄而复药之，则反为妄而生疾矣。"试"，谓少尝之也。

上九：无妄，行有眚，无攸利。

上九非有妄也，但以其穷极而不可行耳，故其象占如此。

《象》曰："无妄"之行，穷之灾也。

大畜 艮上 乾下

大畜：利贞。不家食，吉。利涉大川。

"大"，阳也。以艮畜乾，又畜大者也。又以内乾刚健，外艮笃实辉光，是以能"日新其德"，而为畜之大也。以卦变言，此卦自需而来，九自五而上。以卦体言，六五尊而尚之。以卦德言，又能止健，皆非大正不能。故其占为"利贞"，而"不家食吉"也。又六五下应于乾，为应乎天，故其占又为"利涉大川"也。"不家食"，谓食禄于朝，不食于家也。

《象》曰：大畜，刚健笃实辉光，日新其德。

以卦德释卦名义。

刚上而尚贤，能止健，大正也。

以卦变卦体卦德释卦辞。

"不家食，吉"，养贤也。

亦取"尚贤"之象。

"利涉大川"，应乎天也。

亦以卦体而言。

《象》曰：天在山中，大畜。君子以多识前言往行，以畜其德。

识，如字，又音志。行，下孟反。

"天在山中"，不必实有是事，但以其象言之耳。

初九：有厉，利已。

已，夷止反。

乾之三阳，为艮所止，故内外之卦各取其义。初九为六四所止，故其占往则有危，而利于止也。

《象》曰："有厉，利已"，不犯灾也。

九二：舆说辐。

说，吐活反。辐，音服。

九二亦为六五所畜，以其处中，故能自止而不进，有此象也。

《象》曰："舆说辐"，中无尤也。

九三：良马逐，利艰贞。曰闲舆卫，利有攸往。

曰，读为日。

三以阳居健极，上以阳居畜极，极而通之时也。又皆阳爻，故不相畜而俱进，有"良马逐"之象焉。然过刚锐进，故其占必戒以"艰贞"。"闲"习，乃利于有往也。"曰"，当为日月之"日"。

《象》曰："利有攸往"，上合志也。

六四：童牛之牿，元吉。

牿，古毒反。

"童"者，未角之称。"牿"，施横木于牛角，以防其触，《诗》所谓"楅衡"者也。止之于未角之时，为力则易，大善之吉也，故其象占如此。《学记》曰："禁于未发之谓豫。"正此意也。

《象》曰：六四"元吉"，有喜也。

六五：豮豕之牙，吉。

豮，符云反，音焚。

阳已进而止之，不若初之易矣。然以柔居中，而当尊位，是以得其机会而可制。故其象如此，占虽"吉"而不言"元"也。

《象》曰：六五之"吉"，有庆也。

上九：何天之衢，亨。

"何天之衢"，言何其通达之甚也？畜极而通，豁达无碍，故其象占如此。

《象》曰："何天之衢"，道大行也。

颐　☶ 艮上
震下

颐：贞吉。观颐，自求口实。

颐，以之反。

"颐"，口旁也。口食物以自养，故为养义。为卦上下二阳，内含四阴，外实内虚，上止下动，为颐之象，养之义也。"贞吉"者，占者得正则吉。"观颐"，谓观其所养之道。"自求口实"，谓观其所以养身之术，皆得正则吉也。

《彖》曰：颐，"贞吉"，养正则吉也。"观颐"，观其所养也。"自求口实"，观其自养也。

释卦辞。

天地养万物，圣人养贤以及万民。颐之时大矣哉！

极言养道而赞之。

《象》曰：山下有雷，颐。君子以慎言语，节饮食。

二者养德养身之切务。

初九：舍尔灵龟，观我朵颐，凶。

舍，音捨。朵，多果反。

"灵龟"，不食之物。"朵"，垂也。"朵颐"，欲食之貌。初九阳刚在下，足以不食，乃上应六四之阴，而动于欲，"凶"之道也。故其象占如此。

《象》曰："观我朵颐"，亦不足贵也。

六二：颠颐，拂经于丘颐，征凶。

求养于初，则颠倒而违于常理。求养于上，则往而得凶。"丘"，土之高者，上之象也。

《象》曰：六二"征凶"，行失类也。

初上皆非其类也。

六三：拂颐，贞凶，十年勿用，无攸利。

阴柔不中正，以处动极，拂于颐矣。既拂于颐，虽正亦凶，故其象占如此。

《象》曰："十年勿用"，道大悖也。

六四：颠颐，吉。虎视眈眈，其欲逐逐，无咎。

耽，都舍反。逐，直六反，音轴。
柔居上而得正，所应又正，而赖其养以施于下，故虽颠而吉。"虎视眈眈"，下而专也。"其欲逐逐"，求而继也。又能如是，则"无咎"矣。

《象》曰："颠颐"之吉，上施光也。

施，始豉反。

六五：拂经，居贞吉，不可涉大川。

六五阴柔不正，居尊位而不能养人，反赖上九之养，故其象占如此。

《象》曰："居贞"之吉，顺以从上也。

上九：由颐，厉吉，利涉大川。

六五赖上九之养以养人，是物由上九以养也。位高任重，故"厉"而"吉"。阳刚在上，故"利"涉川。

《象》曰："由颐，厉吉"，大有庆也。

大过 ䷛ 兑上 巽下

大过：栋桡。利有攸往，亨。

过，古卧反。挠，女教反。《彖》并三爻并同。
"大"，阳也。四阳居中过盛，故为大过。上下二阴不胜其重，故有"栋桡"之象。又以四阳虽过，而二五得中，内巽外说，有可行之道，故利有所往而得"亨"也。

《彖》曰：大过，大者过也。

以卦体释卦名义。

"栋桡"，本末弱也。

复以卦体释卦辞。"本"，谓初。"末"，谓上。"弱"，谓阴柔。

刚过而中，巽而说行，"利有攸往"，乃"亨"。

说，音悦。
又以卦体卦德释卦辞。

大过之时大矣哉！

大过之时，非有大过人之材，不能济也，故叹其大。

《象》曰：泽灭木，大过。君子以独立不惧，遁世无闷。

"泽灭于木"，大过之象也。不惧无闷，大过之行也。

初六：藉用白茅。无咎。

藉，在夜反。
当大过之时，以阴柔居巽下，过于畏惧而"无咎"者也，故其象占如此。"白茅"，物之洁者。

《象》曰："藉用白茅"，柔在下也。

九二：枯杨生稊，老夫得其女妻，无不利。

稊，杜兮反。
阳过之始，而比初阴，故其象占如此。"稊"，根也，荣于下者也。荣于下则生于上矣。夫虽老而得女妻，犹能成生育之功也。

《象》曰："老夫""女妻"，过以相与也。

九三：栋桡，凶。

三四二爻，居卦之中，栋之象也。九三以刚居刚，不胜其重，故象"桡"而占"凶"。

《象》曰："栋桡"之"凶"，不可以有辅也。

九四：栋隆，吉。有它，吝。

它，汤何反。
以阳居阴，过而不过，故其象隆而占"吉"。然下应初六，以柔济之，则过于柔矣，故又戒以"有它"则"吝"也。

《象》曰："栋隆"之"吉"，不桡乎下也。

九五：枯杨生华，老妇得其士夫，无咎无誉。

华，如字。

九五阳过之极，又比过极之阴，故其象占皆与二反。

《象》曰："枯杨生华"，何可久也？"老妇""士夫"，亦可丑也。

上六：过涉灭顶，凶，无咎。

处过极之地，才弱不足以济，然于义为"无咎"矣。盖杀身成仁之事，故其象占如此。

《象》曰："过涉"之凶，不可咎也。

坎　䷜ 坎上
　　　 坎下

习坎，有孚，维心亨。行有尚。

"习"，重习也。"坎"，险陷也。其象为水，阳陷阴中，外虚而中实也。此卦上下皆坎，是为重险。中实为有孚心亨之象，以是而行，必有功矣，故其象占如此。

《象》曰：习坎，重险也。

释卦名义。

水流而不盈，行险而不失其信。

以卦象释"有孚"之义，言内实而行有常也。

"维心亨"，乃以刚中也。"行有尚"，往有功也。

以刚在中，"心亨"之象。如是而往，必有功也。

天险，不可升也。地险，山川丘陵也。王公设险以守其国。坎之时用大矣哉！

极言之而赞其大也。

《象》曰：水洊至，习坎。君子以常德行，习教事。

洊，在甸反。行，下孟反。

治己治人，皆必重习，然后熟而安之。

初六：习坎，入于坎窞，凶。

窞，徒坎反。三爻同。

以阴柔居重险之下，其陷益深，故其象占如此。

《象》曰："习坎"入坎，失道凶也。

九二：坎有险，求小得。

处重险之中，未能自出，故为"有险"之象。然刚而得中，故其占可以"求小得"也。

《象》曰："求小得"，未出中也。

六三：来之坎坎，险且枕。入于坎窞，勿用。

枕，针甚反。注同。

以阴柔不中正，而履重险之间，来往皆险。前险而后枕，其陷益深，不可用也。故其象占如此。枕，倚著未安之意。

《象》曰："来之坎坎"，终无功也。

六四：樽酒簋，贰用缶，纳约自牖，终无咎。

簋，音癸。缶，俯九反。

晁氏云：先儒读"樽酒簋"为一句，"贰用缶"为一句，今从之。"贰"，益之也。《周礼》"大祭三贰"，《弟子职》"左执虚豆，右执挟匕，周旋而贰"是也。九五尊位，六四近之，在险之时，刚柔相济，故有但用薄礼，益以诚心，进结"自牖"之象。牖非所由之正，而室之所以受明也。始虽艰阻，终得"无咎"，故其象占如此。

《象》曰："樽酒簋贰"，刚柔际也。

晁氏曰：陆氏《释文》本无"贰"字，今从之。

九五：坎不盈，祗既平，无咎。

祗，音见复初爻。

九五虽在坎中，然以阳刚中正居尊位，而时亦将出矣，故其象占如此。

《象》曰："坎不盈"，中未大也。

有中德而未大。

上六：系用徽纆，寘于丛棘，三岁不得，凶。

纆，音墨。寘，音置。

以阴柔居险极，故其象占如此。

《象》曰：上六失道，凶"三岁"也。

離 ䷝ 离上
离下

离：利贞，亨。畜牝牛，吉。

畜，昌六反。
"离"，丽也。阴丽于阳，其象为火，体阴而用阳也。物之所丽，贵乎得正。"牝牛"，柔顺之物也，故占者能正则"亨"，而"畜牝牛"则"吉"也。

《彖》曰：离，丽也。日月丽乎天，百谷草木丽乎土，重明以丽乎正，乃化成天下。

重，直龙反。
释卦名义。

柔丽乎中正，故"亨"，是以"畜牝牛，吉"也。

以卦体释卦辞。

《象》曰：明两作，离。大人以继明照于四方。

作，起也。

初九：履错然，敬之，无咎。

错，七各反。
以刚居下而处明体，志欲上进，故有"履错然"之象，"敬之"则"无咎"矣。戒占者宜如是也。

《象》曰："履错"之敬，以辟咎也。

辟避同。

六二：黄离，元吉。

"黄"，中色。柔离乎中而得其正，故其象占如此。

《象》曰："黄离，元吉"，得中道也。

九三：日昃之离，不鼓缶而歌，则大耋之嗟，凶。

耋，杜结反。
重离之间，前明将尽，故有"日昃"之象。不安常以自乐，则不能自处而凶矣。戒占者宜如是也。

《象》曰："日昃之离"，何可久也。

九四：突如其来如，焚如，死如，弃如。

后明将继之时，而九四以刚迫之，故其象占如此。

《象》曰："突如其来如"，无所容也。

"无所容"，言"焚""死""弃"也。

六五：出涕沱若，戚嗟若，吉。

沱，徒河反。
以阴居尊，柔丽乎中，然不得其正而迫于上下之阳，故忧惧如此，然后得"吉"。戒占者宜如是也。

《象》曰：六五之吉，离王公也。

上九：王用出征，有嘉，折首，获匪其丑，无咎。

折，之列反。
刚明及远，威震而刑不滥，"无咎"之道也，故其象占如此。

《象》曰："王用出征"，以正邦也。

周易本义卷之二

朱熹本义

周 易 下 经

咸 ䷞ 兑上
艮下

咸：亨，利贞。取女吉。

取，七具反。

"咸"，交感也。兑柔在上，艮刚在下，而交相感应。又艮止则感之专，兑说则应之至。又艮以少男下于兑之少女，男先于女，得男女之正，婚姻之时，故其卦为咸，其占"亨"而"利贞"，"取女"则"吉"。盖感有必通之理，然不以正，则失其"亨"，而所为皆凶矣。

《彖》曰：咸，感也。

释卦名义。

柔上而刚下，二气感应以相与，止而说，男下女，是以"亨，利贞，取女吉"也。

说，音悦。"男下"之"下"，遐嫁反。

以卦体卦德卦象释卦辞。或以卦变言"柔上""刚下"之义，曰"咸自旅来，柔上居六，刚下居五也"，亦通。

天地感而万物化生，圣人感人心而天下和平。观其所感，而天地万物之情可见矣。

极言感通之理。

《象》曰：山上有泽，咸。君子以虚受人。

山上有泽，以虚而通也。

初六：咸其拇。

拇，茂后反。

"拇"，足大指也。咸以人身取象，感于最下，"咸拇"之象也。感之尚浅，欲进未能，故不言吉凶。此卦虽主于感，然六爻皆宜静而不宜动也。

《象》曰："咸其拇"，志在外也。

六二：咸其腓，凶，居吉。

腓，房非反，音肥。艮六二同。

"腓"，足肚也。欲行则先自动，躁妄而不能固守者也。二当其处，又以阴柔不能固守，故取其象。然有中正之德，能居其所，故其占动"凶"而静"吉"也。

《象》曰：虽"凶，居吉"，顺不害也。

九三：咸其股，执其随，往吝。

"股"，随足而动，不能自专者也。"执"者，主当持守之意。下二爻皆欲动者，三亦不能自守而随之，"往"则"吝"矣，故其象占如此。

《象》曰："咸其股"，亦不处也。志在随人，所执下也。

言"亦"者，因前二爻皆欲动而云也。二爻阴躁，其动也宜。九三阳刚，居止之极，宜静而动，可吝之甚也。

九四：贞吉，悔亡。憧憧往来，朋从尔思。

憧，昌容反，又音同。

九四居股之上，脢之下，又当三阳之中心之象，咸之主也。心之感物，当正而固，乃得其理。今九四乃以阳居阴为失其正，而不能固，故因占设戒，以为能正而固，则吉而"悔亡"。若"憧憧往来"，不能正固而累于私感，则但其朋类从之，不复能及远矣。

《象》曰："贞吉，悔亡"，未感害也。"憧憧往来"，未光大也。

"感害"，言不正而感，则有害也。

九五：咸其脢，无悔。

脢，武杯反，又音每。

"脢"，背肉。在心上而相背，不能感物，而无私系。九五适当其处，故取其象而戒占者，以能如是，则虽不能感物，而亦可以"无悔"也。

《象》曰："咸其脢"，志末也。

"志末"，谓不能感物。

上六：咸其辅颊舌。

颊，古协反。

"辅颊舌"，皆所以言者，而在身之上。上六以阴居说之终，处咸之极，感人以言而无其实，又兑为口舌，故其象占如此，凶咎可知。

《象》曰："咸其辅颊舌"，滕口说也。

"滕""腾"通用。

恒 ䷟ 震上 巽下

恒：亨，无咎，利贞。利有攸往。

"恒"，常久也。为卦震刚在上，巽柔在下。震雷巽风，二物相与，巽顺震动，为巽而动，二体六爻阴阳相应。四者皆理之常，故为恒。其占为能久于其道，则"亨"而"无咎"。然又必利于守贞，则乃为得所常久之道，而利有所往也。

《象》曰：恒，久也。刚上而柔下，雷风相与，巽而动，刚柔皆应，恒。

以卦体卦象卦德释卦名义。或以卦变言"刚上"、"柔下"之义，曰恒自丰来，刚上居二，柔下居初也，亦通。

"恒，亨，无咎，利贞"，久于其道也。天地之道，恒久而不已也。

恒固能"亨"，且"无咎"矣。然必利于正，乃为久于其道，不正则久非其道矣。天地之道，所以常久，亦以正而已矣。

"利有攸往"，终则有始也。

"久于其道"，终也。"利有攸往"，始也。动静相生，循环之理，然必静为主也。

日月得天而能久照，四时变化而能久成，圣人久于其道而天下化成。观其所恒，而天地万物之情可见矣。

极言恒久之道。

《象》曰：雷风，恒。君子以立不易方。

初六：浚恒，贞凶，无攸利。

浚，苟润反。

初与四为正应，理之常也。然初居下而在初，未可以深有所求。四震体而阳性，上而不下，又为二三所隔，应初之意，异乎常矣。初之柔暗，不能度势，又以阴居巽下，为巽之主，其性务入，故深以常理求之，"浚恒"之象也。占者如此，则虽"贞"亦凶，而无所"利"矣。

《象》曰："浚恒"之凶，始求深也。

九二：悔亡。

以阳居阴，本当有"悔"。以其久中，故得"亡"也。

《象》曰：九二"悔亡"，能久中也。

九三：不恒其德，或承之羞。贞吝。

位虽得正，然过刚不中，志从于上，不能久于其所，故为"不恒其德，或承之羞"之象。"或"者，不知其何人之辞。"承"，奉也，言人皆得奉而进之，不知其所自来也。"贞吝"者，正而不恒，为可羞吝，申戒占者之辞。

《象》曰："不恒其德"，无所容也。

九四：田无禽。

以阳居阴，久非其位，故为此象。占者田无所获，而凡事亦不得其所求也。

《象》曰：久非其位，安得禽也？

六五：恒其德，贞。妇人吉，夫子凶。

以柔中而应刚中，常久不易，正而固矣。然乃妇人之道，非夫子之宜也，故其象占如此。

《象》曰："妇人"贞吉，从一而终也。"夫子"制义，从妇凶也。

上六：振恒，凶。

"振"者，动之速也。上六居恒之极，处震之终，恒极则不常，震终则过动。又阴柔不能固守，居上非其所安，故有"振恒"之象，而其占则"凶"也。

《象》曰："振恒"在上，大无功也。

遁 ䷠ 乾上 艮下

遁：亨，小利贞。

遁，徒巽反。

"遁"，退避也。为卦二阴浸长，阳当退避，故为遁，六月之卦也。阳虽当遁，然九五当位，而下有六二之应，若犹可以有为。但二阴浸长于下，则其势不可以不遁。故其占为君子能遁，则身虽退而道亨，小人则利于守正，不可以浸长之故，而遂侵迫于阳也。"小"，谓阴柔小人也。此卦之占，与否之初、二两爻相类。

《象》曰：遁"亨"，遁而亨也。刚当位而应，与时行也。

八一

以九五一爻释亨义。

"小利贞"，浸而长也。

长，丁丈反。
以下二阴释"小利贞"。

遁之时义大矣哉！

阴方浸长，处之为难，故其时义为尤大也。

《彖》曰：天下有山，遁。君子以远小人，不恶而严。

远，袁万反。
天体无穷，山高有限，遁之象也。"严"者，君子自守之常，而小人自不能近。

初六：遁尾，厉，勿用有攸往。

遁而在后，"尾"之象，危之道也。占者不可以有所往，但晦处静俟，可免灾耳。

《象》曰："遁尾"之厉，不往何灾也？

六二：执之用黄牛之革，莫之胜说。

胜，音升。说，叶活反。
以中顺自守，人莫能解，必遁之志也。占者固守，亦当如是。

《象》曰：执用黄牛，固志也。

九三：系遁，有疾厉。畜臣妾，吉。

畜，许六反。
下比二阴，当遁而有所系之象，有"疾"而"危"之道也。然以"畜臣妾"则"吉"。盖君子之于小人，惟"臣妾"则不必其贤而可"畜"耳，故其象占如此。

《象》曰："系遁"之厉，有疾惫也。"畜臣妾，吉"，不可大事也。

惫，薄迈反，音败。

九四：好遁，君子吉，小人否。

好，呼报反。否，方有反。
下应初六，而乾体刚健，有所好而能绝之，以遁之象也。唯自克之君子能之，而小人不能。故占者君子则吉，而小人否也。

《象》曰："君子""好遁"，"小人否"也。

九五：嘉遁，贞吉。

刚阳中正，下应六二，亦柔顺而中正，遁之嘉美者也。占者如是而正，则"吉"矣。

《象》曰："嘉遁，贞吉"，以正志也。

上九：肥遁，无不利。

以刚阳居卦外，下无系应，遁之远而处之裕者也，故其象占如此。"肥"者，宽裕自得之意。

《象》曰："肥遁，无不利"，无所疑也。

大壮 ䷡ 震上
乾下

大壮：利贞。

"大"，谓阳也。四阳盛长，故为"大壮"，二月之卦也。阳壮，则占者吉亨不假言，但利在正固而已。

《彖》曰："大壮"，大者壮也。刚以动，故壮。

释卦名义。以卦体言，则阳长过中，大者壮也。以卦德言，则乾刚震动，所以壮也。

"大壮，利贞"，大者正也。正大，而天地之情可见矣。

释"利贞"之义而极言之。

《象》曰：雷在天上，大壮。君子以非礼弗履。

自胜者强。

初九：壮于趾，征凶，有孚。

"趾"在下而进，动之物也。刚阳处下而当壮时，壮于进者也，故有此象。居下而壮于进，其"凶"必矣，故其象占又如此。

《象》曰："壮于趾"，其孚穷也。

言必困穷。

九二：贞吉。

以阳居阴，已不得其正矣。然所处得中，则犹可因以不失其正。故戒占者，使因中以求正，然后可以得"吉"也。

《象》曰：九二"贞吉"，以中也。

九三：小人用壮，君子用罔，贞厉。羝羊触藩，羸其角。

羝，音低。羸，卢回反，姤同。

过刚不中，当壮之时，是"小人用壮"而君子则"用罔"也。"罔"，无也。视有如无，君子之过于勇者也。如此，则虽正亦危矣。"羝羊"，刚壮喜触之物。"藩"，篱也。"羸"，困也。"贞厉"之占，其象如此。

《象》曰："小人用壮"，君子罔也。

小人以壮败，君子以罔困。

九四：贞吉，悔亡。藩决不羸，壮于大舆之輹。

輹，音福。

"贞吉悔亡"，与咸九四同占。"藩决不羸"，承上文而言也。"决"，开也。三前有四，犹有藩焉。四前二阴，则"藩决"矣。"壮于大舆之輹"，亦可进之象也。以阳居阴，不极其刚，故其象占如此。

《象》曰："藩决不羸"，尚往也。

六五：丧羊于易，无悔。

丧，息浪反。易，以豉反，一音亦。旅卦同。

卦体似兑，有羊象焉，外柔而内刚者也。独六五以柔居中，不能抵触，虽失其壮，然亦无所悔矣。故其象占如此，而占亦与咸九五同。"易"，"容易"之易，言忽然不觉其亡也。或作"疆埸"之"埸"，亦通。《汉书·食货志》，"埸"作"易"。

《象》曰："丧羊于易"，位不当也。

上六：羝羊触藩，不能退，不能遂，无攸利。艰则吉。

壮终动极，故"触藩"而"不能退"。然其质本柔，故又"不能遂"其进也。其象如此，其占可知。然犹幸其不刚，故能艰以处则尚可以得"吉"也。

《象》曰："不能退，不能遂"，不详也。"艰则吉"，咎不长也。

晋 ䷢ 离上
　　　坤下

晋：康侯用锡马蕃庶，昼日三接。

"晋"，进也。"康侯"，安国之侯也。"锡马蕃庶，昼日三接"，言多受大赐，而显被亲礼也。盖其为卦，上离下坤，有日出地上之象，顺而丽乎大明之德。又其变自观而来，为六四之柔，进而上行以至于五。占者有是三者，则亦当有是宠也。

《象》曰：晋，进也。

释卦名义。

明出地上，顺而丽乎大明，柔进而上行，是以"康侯用锡马蕃庶，昼日三接"也。

"上行"之"上"，时掌反。

以卦象卦德卦变释卦辞。

《象》曰："明出地上"，晋。君子以自昭明德。

"昭"，明之也。

初六：晋如摧如，贞吉。罔孚，裕无咎。

以阴居下，应不中正，有欲进见摧之象。占者如是，而能守正则吉，设不为人所信，亦当处以宽裕，则"无咎"也。

《象》曰："晋如摧如"，独行正也。"裕无咎"，未受命也。

初居下位，未有官守之命。

六二：晋如愁如，贞吉。受兹介福，于其王母。

六二中正，上无应援，故欲进而愁。占者如是，而能守正则吉，而受福于王母也。"王母"，指六五。盖享先妣之吉占，而凡以阴居尊者，皆其类也。

《象》曰："受兹介福"，以中正也。

六三：众允，悔亡。

三不中正，宜有悔者，以其与下二阴皆欲上进，是以为众所信而"悔亡"也。

《象》曰："众允"之志，上行也。

九四：晋如鼫鼠，贞厉。

鼫，音石。
不中不正，以窃高位，贪而畏人，盖危道也，故为"鼫鼠"之象。占者如是，虽正亦"危"。

《象》曰："鼫鼠，贞厉"，位不当也。

六五：悔亡，失得勿恤。往吉，无不利。

以阴居阳，宜有"悔"矣。以大明在上，而下皆顺从，故占者得之，则其"悔亡"。又一切去其计功谋利之心，则"往吉"而"无不利"也。然亦必有其德，乃应其占耳。

《象》曰："失得勿恤"，往有庆也。

上九：晋其角，维用伐邑。厉吉无咎，贞吝。

"角"，刚而居上，上九刚进之极，有其象矣。占者得之，而以伐其私邑，则虽"危"

而"吉"且"无咎"。然以极刚治小邑，虽得其正，亦可"吝"矣。

《象》曰："维用伐邑"，道未光也。

明夷 ䷣ 坤上
离下

明夷：利艰贞。

"夷"，伤也。为卦下离上坤，日入地中，明而见伤之象，故为明夷。又其上六为暗之主，六五近之，故占者利于艰难以守正，而自晦其明也。

《象》曰：明入地中，明夷。

以卦象释卦名。

内文明而外柔顺，以蒙大难，文王以之。

难，乃旦反。下同。
以卦德释卦义。"蒙大难"，谓遭纣之乱而见囚也。

"利艰贞"，晦其明也。内难而能正其志，箕子以之。

以六五一爻之义释卦辞。"内难"，谓为纣近亲，在其国内，如六五之近于上六也。

《象》曰：明入地中，明夷。君子以莅众，用晦而明。

初九：明夷于飞，垂其翼。君子于行，三日不食。有攸往，主人有言。

飞而垂翼，见伤之象。占者行而不食，所如不合，时义当然不得而避也。

《象》曰："君子于行"，义不食也。

唯义所在不食可也。

六二：明夷，夷于左股。用拯马壮，吉。

拯，之陵反。浼初爻同。
伤而未切，救之速则免矣，故其象占如此。

《象》曰：六二之"吉"，顺以则也。

九三：明夷于南狩，得其大首。不可疾贞。

狩，守救反。
以刚居刚，又在明体之上，而屈于至暗之下，正与上六暗主为应，故有向明除害，得其首恶之象。然不可以亟也，故有"不可疾贞"之戒。成汤赴于夏台，文王兴于羑里，正合此爻之义，而小事亦有然者。

《象》曰："南狩"之志，乃大得也。

六四：入于左腹，获明夷之心，于出门庭。

此爻之义未详。窃疑左腹者幽隐之处，"获明夷之心，于出门庭"者，得意于远去之义。言筮而得此者，其自处当如是也。盖离体为至明之德，坤体为至暗之地。下三爻明在暗外，故随其远近高下而处之不同。六四以柔正居暗地而尚浅，故犹可以得意于远去。五以柔中居暗地而已迫，故为内难正志以晦其明之象。上则极乎暗矣，故为自伤其明以至于暗，而又足以伤人之明。盖下五爻皆为君子，独上一爻为暗君也。

《象》曰："入于左腹"，获心意也。

意，叶音益。

六五：箕子之明夷，利贞。

居至暗之地，近至暗之君，而能正其志，箕子之象也，贞之至也。"利贞"，以戒占者。

《象》曰："箕子"之贞，明不可息也。

上六：不明晦。初登于天，后入于地。

以阴居坤之极，不明其德以至于晦。始则处高位以伤人之明，终必至于自伤而坠厥命。故其象如此，而占亦在其中矣。

《象》曰："初登于天"，照四国也。"后入于地"，失则也。

"照四国"，以位言。

家人 ䷤ 巽上
　　　　　离下

家人：利女贞。

"家人"者，一家之人，卦之九五六二，外内各得其正，故为"家人"。"利女贞"者，欲造正乎内也。内正，则外无不正矣。

《象》曰：家人，女正位乎内，男正位乎外。男女正，天地之大义也。

以卦体九五、六二释"利女贞"之义。

家人有严君焉，父母之谓也。

亦谓二五。

父父、子子，兄兄、弟弟，夫夫、妇妇，而家道正。正家，而天下定矣。

上父，初子，五、三夫，四、二妇，五兄三弟。以卦画推之，又有此象。

《象》曰：风自火出，家人。君子以言有物而行有恒。

行，下孟反。
身修则家治矣。

初九：闲有家，悔亡。

初九以刚阳处有家之始，能防闲之，其"悔亡"矣。戒占者当如是也。

《象》曰："闲有家"，志未变也。

志未变而豫防之。

六二：无攸遂，在中馈，贞吉。

六二柔顺中正，女之正位乎内者也，故其象占如此。

《象》曰：六二之"吉"，顺以巽也。

九三：家人嗃嗃，悔厉吉。妇子嘻嘻，终吝。

嗃，呼落反。嘻，吉悲反。《象》同。
以刚居刚而不中，过乎刚者也，故有"嗃嗃"严厉之象。如是则虽有"悔厉"而"吉"也。"嘻嘻"者，"嗃嗃"之反，吝之道也。占者各以其德为应，故两言之。

《象》曰："家人嗃嗃"，未失也。"妇子嘻嘻"，失家节也。

六四：富家，大吉。

阳主义，阴主利，以阴居阴而在上位，能"富"其"家"者也。

《象》曰："富家，大吉"，顺在位也。

九五：王假有家，勿恤，吉。

假，更白反。下同。
"假"，至也。如假于太庙之假。"有家"，犹言有国也。九五刚健中正，下应六二之柔顺中正，王者以是至于其家，则勿用忧恤而"吉"可必矣。盖聘纳后妃之吉占，而凡有是德者遇之，皆吉也。

《象》曰："王假有家"，交相爱也。

程子曰：夫爱其内助，妇爱其刑家。

上九：有孚威如，终吉。

上九以刚居上，在卦之终，故言正家久远之道。占者必有诚信严威，则"终吉"也。

《象》曰："威如"之吉，反身之谓也。

谓非作威也，反身自治，则人畏服之矣。

睽 离上兑下

睽：小事吉。

睽，苦圭反。

"睽"，乖异也。为卦上火下泽，性相违异，中女少女，志不同归，故为"睽"。然以卦德言之，内说而外明。以卦变言之，则自离来者，柔进居三。自中孚来者，柔进居五。自家人来者兼之。以卦体言之，则六五得中而下应九二之刚。是以其占不可大事，而"小事"尚有"吉"之道也。

《象》曰：睽，火动而上，泽动而下，二女同居，其志不同行。

"上""下"俱上声。下同。
以卦象释卦名义。

说而丽乎明，柔进而上行，得中而应乎刚，是以"小事吉"。

说，音悦。
以卦德卦变卦体释卦辞。

天地睽而其事同也，男女睽而其志通也，万物睽而其事类也。睽之时用大矣哉！

极言其理而赞之。

《象》曰：上火下泽，睽。君子以同而异。

二卦合体，而性不同。

初九：悔亡。丧马勿逐，自复。见恶人，无咎。

丧，息浪反。复，房六反。注并同。
上无正应，有"悔"也。而居睽之时，同德相应，其"悔亡"矣，故有"丧马勿逐"而"自复"之象。然亦必见"恶人"，然后可以辟咎，如孔子之于阳货也。

《象》曰："见恶人"，以辟咎也。

辟，音避。

九二：遇主于巷，无咎。

二五阴阳正应，居睽之时，乖戾不合，必委曲相求而得会遇，乃为"无咎"。故其象占如此。

《象》曰："遇主于巷"，未失道也。

本其正应，非有邪也。

六三：见舆曳，其牛掣。其人天且劓。无初有终。

曳，以制反。掣，昌逝反。劓，鱼器反。

六三上九正应，而三居二阳之间，后为二所"曳"，前为四所"掣"。而当睽之时，上九猜狠高深，故又有盈髡劓之伤。然邪不胜正，终必得合，故其象占如此。

《象》曰："见舆曳"，位不当也。"无初有终"，遇刚也。

九四：睽孤。遇元夫，交孚，厉无咎。

夫，如字。

"睽孤"，谓无应。"遇元夫"，谓得初九。"交孚"，谓同德相信。然当睽时，故必"危"厉，乃得"无咎"，占者亦如是也。

《象》曰："交孚""无咎"，志行也。

六五：悔亡，厥宗噬肤，往何咎？

噬，市制反。

以阴居阳，"悔"也。居中得应，故能"亡"之。"厥宗"，指九二。"噬肤"，言易合。六五有柔中之德，故其象占如此。

《象》曰："厥宗噬肤"，往有庆也。

上九：睽孤。见豕负涂，载鬼一车。先张之弧，后说之弧。匪寇婚媾，往遇雨则吉。

说，吐活反。

"睽孤"，谓六三为二阳所制，而己以刚处明极睽极之地，又自猜狠而乖离也。"见豕负涂"，见其污也。"载鬼一车"，以无为有也。"张弧"，欲射之也。"说弧"，疑稍释也。"匪寇婚媾"，知其非寇而实亲也。"往遇雨则吉"，疑尽释而睽合也。上九之与六三，先睽后合，故其象占如此。

《象》曰："遇雨"之吉，群疑亡也。

蹇　　☵坎上　　☶艮下

蹇：利西南，不利东北。利见大人，贞吉。

蹇，纪免反。

“蹇”，难也。足不能进，行之难也。为卦艮下坎上，见险而止，故为“蹇”。“西南”平易，“东北”险阻，又艮方也。方在蹇中，不宜走险。又卦自小过而来，阳进则往居五而得中，退则入于艮而不进，故其占曰“利西南”而“不利东北”。当蹇之时，必见“大人”，然后可以济难。又必守正，然后得“吉”。而卦之九五，刚健中正，有大人之象。自二以上五爻，皆得正位，则又贞之义也，故其占又曰“利见大人，贞吉”。盖见险者贵于能止，而又不可终于止；处险者利于进，而不可失其正也。

《象》曰：蹇，难也，险在前也。见险而能止，知矣哉！

难，乃旦反。知，音智。
以卦德释卦名义，而赞其美。

蹇“利西南”，往得中也。“不利东北”，其道穷也。“利见大人”，往有功也。当位“贞吉”，以正邦也。蹇之时用大矣哉！

以卦变卦体释卦辞，而赞其时用之大也。

《象》曰：山上有水，蹇。君子以反身修德。

初六：往蹇来誉。

“往”遇险，“来”得誉。

《象》曰：“往蹇来誉”，宜待也。

六二：王臣蹇蹇，匪躬之故。

柔顺中正，正应在上，而在险中，故“蹇”而又“蹇”，以求济之，非以其身之故也。不言吉凶者，占者但当鞠躬尽力而已，至于成败利钝，则非所论也。

《象》曰：“王臣蹇蹇”，终无尤也。

事虽不济，亦无可尤。

九三：往蹇来反。

反就二阴，得其所安。

《象》曰：“往蹇来反”，内喜之也。

六四：往蹇来连。

连于九三，合力以济。

《象》曰：“往蹇来连”，当位实也。

当，去声。

九五：大蹇朋来。

"大蹇"者，非常之蹇也。九五居尊，而有刚健中正之德，必有"朋来"而助之者。占者有是德，则有是助矣。

《象》曰："大蹇朋来"，以中节也。

上六：往蹇来硕。吉，利见大人。

已在卦极，往无所之，益以蹇耳。来就九五，与之济蹇，则有硕大之功。"大人"，指九五。晓占者宜如是也。

《象》曰："往蹇来硕"，志在内也。"利见大人"，以从贵也。

解 ䷧ 震上
坎下

解：利西南。无所往，其来复，吉。有攸往，夙吉。

解，胡买反。《彖》、《大象》并同。

"解"，难之散也。居险能动，则出于险之外矣，解之象也。难之既解，利于平易安静，不欲久为烦扰。且其卦自升来，三往居四，入于坤体，二居其所而又得中，故"利"于"西南"平易之地。若"无所往"，则宜来复其所而安静。若尚有所往，则宜早往早复，不可久烦扰也。

《彖》曰：解，险以动，动而免乎险，解。

以卦德释卦名义。

"解，利西南"，往得众也。"其来复，吉"，乃得中也。"有攸往，夙吉"，往有功也。

以卦变释卦辞。坤为众。"得众"，谓九四入坤体。"得中""有功"，皆指九二。

天地解而雷雨作，雷雨作而百果草木皆甲坼。解之时大矣哉！

极言而赞其大也。

《象》曰：雷雨作，解。君子以赦过宥罪。

初六：无咎。

难既解矣，以柔在下，上有正应，何"咎"之有？故其象占如此。

《象》曰：刚柔之际，义"无咎"也。

九二：田获三狐，得黄矢，贞吉。

此爻取象之意未详。或曰：卦凡四阴，除六五君位，余三阴，即"三狐"之象也。大抵此爻为卜田之吉占，亦为去邪媚而得中直之象。能守其正，则无不吉矣。

《象》曰：九二"贞吉"，得中道也。

六三：负且乘，致寇至。贞吝。

乘，如字。

《系辞》备矣。"贞吝"，言虽以正得之，亦可羞也。唯避而去之，为可免耳。

《象》曰："负且乘"，亦可丑也。自我致戎，又谁咎也？

"戎"，古本作"寇"。

九四：解而拇，朋至斯孚。

解，佳买反。《象》同。

"拇"，指初。初与四皆不得其位而相应，应之不以正者也。然四阳初阴，其类类不同矣。若能解而去之，则君子之"朋至"而相信矣。

《象》曰："解而拇"，未当位也。

六五：君子维有解，吉。有孚于小人。

解，佳买反。《象》同。

卦凡四阴，而六五当君位，与三阴同类者，必解而去之，则"吉"也。"孚"，验也。君子"有解"，以小人之退为验也。

《象》曰：君子"有解"，小人退也。

上六：公用射隼于高墉之上，获之，无不利。

射，食亦反。隼，笋允反。

《系辞》备矣。

《象》曰："公用射隼"，以解悖也。

解，佳买反。

损 ䷨ 艮上
兑下

损：有孚，元吉。无咎，可贞。利有攸往。

"损"，减省也。为卦损下卦上画之阳，益上卦上画之阴。损兑泽之深，益艮山之高。损下益上，损内益外，剥民奉君之象，所以为损也。损所当损，而有孚信，则其占当有此下四者之应矣。

曷之用，二簋可用享。

簋，音轨。

言当损时，则至薄无害。

《彖》曰：损，损下益上，其道上行。

"上行"之"上"，时掌反。

以卦体释卦名义。

损而"有孚，元吉。无咎，可贞。利有攸往。曷之用，二簋可用享"，二簋应有时，损刚益柔有时，损益盈虚，与时偕行。

此释卦辞。"时"，谓当损之时。

《象》曰：山下有泽，损。君子以惩忿窒欲。

惩，时征反。窒，片栗反。

君子修身所当损者，莫切于此。

初九：已事遄往，无咎，酌损之。

已音以。遄，市专反。四爻同。

初九当损下益上之时，上应六四之阴，辍所为之事，而速往以益之，"无咎"之道也，故其象占如此。然居下而益上，亦当斟酌其浅深也。

《象》曰："已事遄往"，尚合志也。

"尚""上"通。

九二：利贞，征凶。弗损益之。

九二刚中，志在自守，不肯妄进，故占者"利贞"，而"征"则"凶"也。"弗损益之"，言不变其所守，乃所以益上也。

《象》曰：九二"利贞"，中以为志也。

六三：三人行，则损一人。一人行，则得其友。

下卦本乾，而损上爻以益坤，"三人行"而"损一人"也。一阳上而一阴下，"一人行"而"得其友"也。两相与则专，三则杂而乱，卦有此象，故戒占者当致一也。

《象》曰："一人行"，"三"则疑也。

六四：损其疾，使遄有喜，无咎。

以初九之阳刚益己，而损其阴柔之疾，唯速则善。戒占者如是，则"无咎"也。

《象》曰："损其疾"，亦可喜也。

六五：或益之十朋之龟，弗克违，元吉。

柔顺虚中，以居尊位，当损之时，受天下之益者也。两龟为朋，"十朋之龟"，大宝也。或以此益之而不能辞，其吉可知。占者有是德，则获其应也。

《象》曰：六五"元吉"，自上佑也。

上九：弗损益之，无咎。贞吉，利有攸往，得臣无家。

上九当损下益上之时，居卦之上，受益之极，而欲自损以益人也。然居上而益下，有所惠而不费者，不待损己，然后可以益人也。能如是则无咎。然亦必以正则吉，而利有所往，惠而不费，其惠广矣，故又曰"得臣无家"。

《象》曰："弗损益之"，大得志也。

益 ䷩ 巽上 震下

益：利有攸往，利涉大川。

"益"，增益也。为卦损上卦初画之阳，益下卦初画之阴，自上卦而下于下卦之下，故为"益"。卦之九五、六二，皆得中正。下震上巽，皆木之象，故其占利有所往，而"利涉大川"也。

《象》曰：益，损上益下，民说无疆。自上下下，其道大光。

"上下"之"下"，遐嫁反。下，如字。
以卦体释卦名义。

"利有攸往"，中正有庆。"利涉大川"，木道乃行。

以卦体卦象释卦辞。

益动而巽，日进无疆。天施地生，其益无方。凡益之道，与时偕行。

施，始豉反。
动巽，二卦之德。乾下施，坤上生，亦上文卦体之义，又以此极言赞益之大。

《象》曰：风雷，益。君子以见善则迁，有过则改。

风雷之势，交相助益，迁善改过，益之大者，而其相益亦犹是也。

初九：利用为大作，元吉，无咎。

初虽居下，然当益下之时，受上之益者也。不可徒然无所报效，故"利用为大作"，必"元吉"然后得"无咎"。

《象》曰："元吉，无咎"，下不厚事也。

下本不当任厚事，故不如是，不足以塞咎也。

六二：或益之十朋之龟，弗克违，永贞吉。王用享于帝，吉。

六二当益下之时，虚中处下，故其象占与损六五同。然爻位皆阴，故以"永贞"为戒。以其居下而受上之益，故又为卜郊之吉占。

《象》曰："或益之"，自外来也。

"或"者，众无定主之辞。

六三：益之用凶事，无咎。有孚中行，告公用圭。

六三阴柔，不中不正，不当得益者也。然当益下之时，居下之上，故有益之以凶事者。盖警戒震动，乃所以益之也。占者如此，然后可以"无咎"，又戒以"有孚中行"而"告公用圭"也。"用圭"，所以通信。

《象》曰：益"用凶事"，固有之也。

"益用凶事"，欲其困心衡虑，而"固有之"也。

六四：中行告公从，利用为依迁国。

三四皆不得中，故皆以"中行"为戒。此言以益下为心，而合于"中行"，则"告公"而见"从"矣。传曰："周之东迁，晋郑焉依。"盖古者迁国以益下，必有所依，然后能立。此爻又为迁国之吉占也。

《象》曰："告公从"，以益志也。

九五：有孚惠心，勿问元吉。有孚惠我德。

上有信以惠于下，则下亦有信以惠于上矣，不问而"元吉"可知。

《象》曰："有孚惠心"，勿问之矣。"惠我德"，大得志也。

上九：莫益之，或击之。立心勿恒，凶。

以阳居益之极，求益不已，故"莫益"而"或击之"。"立心勿恒"，戒之也。

《象》曰："莫益之"，偏辞也。"或击之"，自外来也。

"莫益之"者，犹从其求益之偏辞而言也。若究而言之，则又有击之者矣。

夬 ䷪兑上
　　乾下

夬：扬于王庭，孚号有厉。告自邑，不利即戎，利有攸往。

夬，古快反。号，户羔反。卦内并同。

"夬"，决也，阳决阴也，三月之卦也。以五阳去一阴，决之而已。然其决之也，必正名其罪，而尽诚以呼号其众，相与合力。然亦尚有危厉，不可安肆，又当先治其私，而不可专尚威武，则利有所往也。皆戒之之辞。

《彖》曰：夬，决也，刚决柔也。健而说，决而和。

说，音悦。
释卦名义而赞其德。

"扬于王庭"，柔乘五刚也。"孚号有厉"，其危乃光也。"告自邑，不利即戎"，所尚乃穷也。"利有攸往"，刚长乃终也。

长，丁丈反。
此释卦辞。"柔乘五刚"，以卦体言，谓以一小人加于众君子之上，是其罪也。"刚长乃终"，谓一变则为纯乾也。

《象》曰：泽上于天，夬。君子以施禄及下，居德则忌。

上，时掌反。施，始豉反。
"泽上于天"，溃决之势也。"施禄及下"，溃决之意也。"居德则忌"，未详。

初九：壮于前趾，往不胜，为咎。

"前"，犹进也。当决之时，居下任壮，不胜宜矣，故其象占如此。

《象》曰："不胜"而往，咎也。

九二：惕号，莫夜有戎，勿恤。

莫，音暮。
九二当决之时，刚而居柔，又得中道，故能忧惕号呼以自戒备。而"莫夜有戎"，亦可无患也。

《象》曰："有戎""勿恤"，得中道也。

九三：壮于頄，有凶。君子夬夬，独行遇雨，若濡有愠，无咎。

頄，求龟反。
"頄"，颧也。九三当决之时，以刚而过乎中，是欲决小人，而刚壮见于面目也。如是则有凶道矣。然在众阳之中，独与上六为应。若能果决其决，不系私爱，则虽合于上六，如"独行遇雨"，至于"若濡"，而为君子所愠，然终必能决去小人而无所咎也。温峤之于王敦，其事类此。

《象》曰："君子夬夬"，终无咎也。

九四：臀无肤，其行次且。牵羊悔亡，闻言不信。

臀，徒敦反。次，七私反。且，七余反。姤三爻同。

以阳居阴，不中不正，居则不安，行则不进，若不与众阳竞进而安出其后，则可以"亡"其"悔"。然当决之时，志在上进，必不能也。占者闻言而信，则转凶而吉矣。"牵羊"者，当其前则不进，纵之使前而随其后，则可以行矣。

《象》曰："其行次且"，位不当也。"闻言不信"，聪不明也。

九五：苋陆夬夬，中行无咎。

苋，闲辨反。

"苋陆"，今马齿苋，感阴气之多者。九五当决之时，为决之主，而切近上六之阴，如"苋陆"然。若决而决之，而又不为过暴，合于"中行"，则"无咎"矣。戒占者当如是也。

《象》曰："中行无咎"，中未光也。

《程传》备矣。传曰：卦辞言"夬夬"，则于中行为无咎矣。《象》复尽其义云"中未光也"。夫人心正意诚，乃能极中正之道，而充实光辉。五心有所比，以义之不可而决之，虽行于外，不失中正之义，可以无咎，然于中道，未得为光大也。盖人心一有所欲，则离道矣。夫子于此，示人之意深矣。

上六：无号，终有凶。

阴柔小人居穷极之时，党类已尽，无所号呼，终必"有凶"也。占者有君子之德，则其敌当之，不然反是。

《象》曰："无号"之凶，终不可长也。

姤 ䷫ 乾上
巽下

姤：女壮，勿用取女。

姤，古后反。取，七喻反。

"姤"，遇也。决尽则为纯乾，四月之卦。至姤然后一阴可见，而为五月之卦，以其本非所望，而卒然值之，如不期而遇者，故为遇。遇已非正，又一阴而遇五阳，则女德不贞而壮之甚也。取以自配，必害乎阳，故其象占如此。

《象》曰：姤，遇也，柔遇刚也。

释卦名。

"勿用取女"，不可与长也。

释卦辞。

天地相遇，品物咸章也。

以卦体言。

刚遇中正，天下大行也。

指九五。

姤之时义大矣哉！

几微之际，圣人所谨。

《象》曰：天下有风，姤。后以施命诰四方。

初六：系于金柅，贞吉。有攸往，见凶。羸豕孚蹢躅。

柅，乃李反。蹢，直益反。躅，局六反。

"柅"，所以止车，以金为之，其刚可知。一阴始生，静正则吉，往进则凶。故以二义戒小人，使不害于君子，则有吉而无凶。然其势不可止也，故以"羸豕""蹢躅"晓君子，使深为之备云。

《象》曰："系于金柅"，柔道牵也。

"牵"，进也，以其进，故止之。

九二：包有鱼，无咎，不利宾。

"鱼"，阴物。二与初遇，为"包有鱼"之象。然制之在己，故犹可以"无咎"。若不制而使遇于众，则其为害广矣。故其象占如此。

《象》曰："包有鱼"，义不及宾也。

九三：臀无肤，其行次且，厉，无大咎。

音释见夬卦。

九三过刚不中，下不遇于初，上无应于上，居则不安，行则不进，故其象占如此。然既无所遇，则无阴邪之伤，故虽危"厉"而"无大咎"也。

《象》曰："其行次且"，行未牵也。

九四：包无鱼，起凶。

初六正应，已遇于二，而不及于己，故其象占如此。

《象》曰："无鱼"之凶，远民也。

远，袁万反。
民之去己，犹己远之。

九五：以杞包瓜，含章，有陨自天。

陨，羽敏反。
"瓜"，阴物之在下者，甘美而善溃。"杞"，高大坚实之木也。五以阳刚中正，主卦于上，而下防始生必溃之阴，其象如此。然阴阳迭胜，时运之常，若能含晦章美，静以制之，则可以回造化矣。"有陨自天"，本无而倏有之象也。

《象》曰：九五"含章"，中正也。"有陨自天"，志不舍命也。

舍，音捨。

上九：姤其角，吝，无咎。

"角"，刚乎上者也。上九以刚居上而无位，不得其遇，故其象占与九三类。

《象》曰："姤其角"，上穷吝也。

萃 ䷬ 兑上 坤下

萃：亨。王假有庙，利见大人，亨，利贞。用大牲，吉，利有攸往。

假，更白反。
"萃"，聚也。坤顺兑说，九五刚中而二应之，又为泽上于地，万物萃聚之象，故为萃。"亨"字衍文。"王假有庙"，言王者可以至于宗庙之中，王者卜祭之吉占也。《祭义》曰"公假于太庙"，是也。庙所以聚祖考之精神，又人必能聚己之精神，则可以至于庙而承祖考也。物既聚，则必"见大人"，而后可以得"亨"。然又必利于正。所聚不正，则亦不能亨也。大牲必聚而后有，聚则可以有所往，皆占吉而有戒之辞。

《象》曰：萃，聚也。顺以说，刚中而应，故聚也。

说，音悦。
以卦德卦体释卦名义。

"王假有庙"，致孝享也。"利见大人，亨"，聚以正也。"用大牲，吉，利有攸往"，顺天命也。

释卦辞。

观其所聚，而天地万物之情可见矣。

极言其理而赞之。

《象》曰：泽上于地，萃。君子以除戎器，戒不虞。

上，时掌反。
"除"者，修而聚之之谓。

初六：有孚不终，乃乱乃萃。若号，一握为笑，勿恤，往无咎。

握，鸟学反。
初六上应九四，而隔于二阴，当萃之时，不能自守，是"有孚"而"不终"，志乱而妄聚也。若呼号正应，则众以为笑。但"勿恤"而往从正应，则"无咎"矣。戒占者当如是也。

《象》曰："乃乱乃萃"，其志乱也。

六二：引吉，无咎。孚乃利用禴。

禴，羊略反。
二应五而杂于二阴之间，必牵引以萃，乃"吉"而"无咎"。又二中正柔顺，虚中以上应。九五刚健中正，诚实而下交，故卜祭者有其孚诚，则虽薄物亦可以祭矣。

《象》曰："引吉，无咎"，中未变也。

六三：萃如，嗟如，无攸利。往无咎，小吝。

六三阴柔，不中不正，上无应与，欲求萃于近而不得，故"嗟如"而无所利。唯往从于上，可以"无咎"。然不得其萃，困然后往，复得阴极无位之爻，亦小可羞矣。戒占者当近舍不正之强援，而远结正应之穷交，则"无咎"也。

《象》曰："往无咎"，上巽也。

九四：大吉，无咎。

上比九五，下比众阴，得其萃矣。然以阳居阴不正，故戒占者必"大吉"，然后得"无咎"也。

《象》曰："大吉，无咎"，位不当也。

九五：萃有位，无咎。匪孚，元永贞，悔亡。

九五刚阳中正，当萃之时而居尊，固"无咎"矣。若有未信，则亦修其"元永贞"之德而"悔亡"矣。戒占者当如是也。

《象》曰："萃有位"，志未光也。

"未光"，谓匪孚。

上六：赍咨涕洟，无咎。

齐，音咨。又，将嗁反。洟，音夷。《象》同。
处萃之终，阴柔无位，求萃不得。故戒占者必如是，而后可以"无咎"也。

《象》曰："赍咨涕洟"，未安上也。

升 坤上
巽下

升：元亨。用见大人，勿恤。南征吉。

"升"，进而上也。卦自解来，柔上居四，内巽外顺，九二刚中而五应之，是以其占如此。"南征"，前进也。

《象》曰：柔以时升。

以卦变释卦名。

巽而顺，刚中而应，是以大亨。

以卦德卦体释卦辞。

"用见大人，勿恤"，有庆也。"南征吉"，志行也。

《象》曰：地中生木，升。君子以顺德，积小以高大。

王肃本"顺"作"慎"，今案他书引此，亦多作"慎"，意尤明白，盖古字通用也。说见上篇蒙卦。

初六：允升，大吉。

初以柔顺居下，巽之主也。当升之时，巽于二阳，占者如之，则信能升而"大吉"矣。

《象》曰："允升，大吉"，上合志也。

九二：孚乃利用禴，无咎。

禴，弋灼反。
义见萃卦。

《象》曰：九二之"孚"，有喜也。

九三：升虚邑。

阳实阴虚，而坤有国邑之象。九三以阳刚当升时，而进临于坤，故其象占如此。

《象》曰："升虚邑"，无所疑也。

六四：王用亨于岐山，吉，无咎。

义见随卦。

《象》曰："王用亨于岐山"，顺事也。

以顺而升，登祭于山之象。

六五：贞吉，升阶。

以阴居阳，当升而居尊位，必能正固，则可以得吉而升阶矣。"阶"，升之易者。

《象》曰："贞吉，升阶"，大得志也。

上六：冥升，利于不息之贞。

以阴居升极，昏冥不已者也。占者遇此，无适而利，但可反其不外之心，施之于不息之正而已。

《象》曰："冥升"在上，消不富也。

困 兑上
坎下

困：亨。贞，大人吉，无咎。有言不信。

"困"者，穷而不能自振之义。坎刚为兑柔所掩，九二为二阴所掩，四五为上六所掩，所以为"困"。坎险兑说，处险而说，是身虽困而道则亨也。二五刚中，又有"大人"之象，占者处困能"亨"，则得其正矣。非"大人"其孰能之？故曰"贞"。又曰"大人"者，明不正之小人不能当也。"有言不信"，又戒以当务晦默，不可尚口，益取困穷。

《象》曰：困，刚掩也。

掩，于检反。
以卦体释卦名。

险以说，困而不失其所"亨"，其惟君子乎？"贞，大人吉"，以刚中也。"有言不信"，尚口乃穷也。

说，音悦。
以卦德卦体释卦辞。

《象》曰：泽无水，困。君子以致命遂志。

水下漏，则泽上枯，故曰"泽无水"。"致命"，犹言授命。言持以与人而不之有也。能如是，则虽困而亨矣。

初六：臀困于株木，入于幽谷，三岁不觌。

臀，音见夬四爻。

"臀"，物之底也。"困于株木"，伤而不能安也。初六以阴柔处困之底，居暗之甚，故其象占如此。

《象》曰："入于幽谷"，幽不明也。

九二：困于酒食，朱绂方来，利用亨祀。征凶，无咎。

绂，音弗。亨，读作享。

"困于酒食"，厌饫苦恼之意。"酒食"人之所欲，然醉饱过宜，则是反为所困矣。"朱绂方来"，上应之也。九二有刚中之德，以处困时，虽无凶害，而反困于得其所欲之多。故其象占如此，而其占利以亨祀。若征行则非其时，故"凶"，而于义为"无咎"也。

《象》曰："困于酒食"，中有庆也。

六三：困于石，据于蒺藜，入于其宫，不见其妻，凶。

蒺，音疾。

阴柔而不中正，故有此象，而其占则凶。"石"，指四。"蒺藜"，指二。"宫"谓三，而妻则六也。其义则《系辞》备矣。

《象》曰："据于蒺藜"，乘刚也。"入于其宫，不见其妻"，不祥也。

九四：来徐徐，困于金车，吝，有终。

初六、九四之正应，九四处位不当，不能济物，而初六方困于下，又为九二所隔，故其象占如此。然邪不胜正，故其占虽为可"吝"，而必有终也。"金车"为九二，象未详，疑坎有轮象也。

《象》曰："来徐徐"，志在下也。虽不当位，有与也。

九五：劓刖，困于赤绂，乃徐有说，利用祭祀。

劓，音见睽。刖，音月。说，音悦。

"劓刖"者，伤于上下。上下既伤，则赤绂无所用而反为困矣。九五当困之时，上为阴掩，下则乘刚，故有此象。然刚中而说体，故能迟久而有说也。占具象中，又利用祭祀，久当获福。

《象》曰："劓刖"，志未得也。"乃徐有说"，以中直也。"利用祭祀"，受福也。

上六：困于葛藟，于臲卼，曰动悔。有悔，征吉。

藟，力轨反。臲，五结反。臲卼，五骨反。

以阴柔处困极，故有"困于葛藟，于臲卼，曰动悔"之象。然物穷则变，故其占曰若能"有悔"，则可以"征"而"吉"矣。

《象》曰："困于葛藟"，未当也。"动悔，有悔"，吉行也。

井　䷯　坎上　巽下

井：改邑不改井，无丧无得，往来井井。汔至，亦未繘井，羸其瓶，凶。

丧，息浪反。汔，许讫反。繘，音橘。羸，律裴反。

"井"者，穴地出水之处。以巽木入乎坎水之下，而上出其水，故为井。"改邑不改井"，故"无丧无得"，而"往"者"来"者，皆"井"其"井"也。"汔"，几也。"繘"，绠也。"羸"，败也。汲井几至，未尽绠而败其瓶，则凶也。其占为事仍旧，无得丧，而又当敬勉，不可几成而败也。

《象》曰：巽乎水而上水，井。井，养而不穷也。

上，时掌反。
以卦象释卦名义。

"改邑不改井"，乃以刚中也。"汔至，亦未繘井"，未有功也。"羸其瓶"，是以凶也。

以卦体释卦辞。"无丧无得，往来井井"两句，意与"不改井"同，故不复出。"刚中"，以二五而言。"未有功"而败其瓶，所以"凶"也。

《象》曰：木上有水，井。君子以劳民劝相。

上，如字。劳，力报反。相，息亮反。
木上有水，津润上行，井之象也。"劳民"者以君养民，"劝相"者使民相养，皆取井养之义。

初六：井泥不食，旧井无禽。

泥，乃计反。
井以阳刚为泉，上出为功，初六以阴居下，故为此象。盖井不泉而泥，则人所"不食"，而禽鸟亦莫之顾矣。

《象》曰："井泥不食"，下也。"旧井无禽"，时舍也。

舍，音捨。
言为时所弃。

九二：井谷射鲋，瓮敝漏。

谷，余六反，音育。射，石亦反。鲋，音附。
九二刚中，有泉之象，然上无正应，下比初六，功不上行，故其象占如此。

《象》曰："井谷射鲋"，无与也。

九三：井渫不食，为我心恻。可用汲，王明，并受其福。

渫，息列反。
"渫"，不停污也。"井渫不食"而使人"心恻"，"可用汲"矣。"王明"，则汲井以及物，而施者受者"并受其福"也。九三以阳居阳，在下之上，而未为时用，故其象占如此。

《象》曰："井渫不食"，行恻也。求"王明"，受福也。

"行恻"者，行道之人，皆以为恻也。

六四：井甃，无咎。

甃，侧救反，音奏。
以六居四，虽得其正，然阴柔不泉，则但能修治而无及物之功，故其象为"井甃"，而占则"无咎"。占者能自修治，则虽无及物之功，而亦可以"无咎"矣。

《象》曰："井甃，无咎"，修井也。

九五：井冽，寒泉食。

冽，音列。
"冽"，洁也。阳刚中正，功及于物，故为此象。占者有其德，则契其象也。

《象》曰："寒泉"之食，中正也。

上六：井收勿幕，有孚元吉。

收，诗救反。幕，音莫。
"收"，汲取也。晁氏云："收，鹿卢收缚者也。"亦通。"幕"，蔽覆也。"有孚"，谓其出有源而不穷也。井以上出为功，而坎口不掩，故上六虽非阳刚，而其象如此。然占者应之，必"有孚"乃"元吉"也。

《象》曰："元吉"在上，大成也。

革　☰☱　兑上
　　　　　离下

革：己日乃孚，元亨，利贞，悔亡。

"革"，变革也。兑泽在上，离火在下，火燃则水干，水决则火灭。中少二女，合为一卦，而少上中下，志不相得，故其卦为革也。变革之初，人未之信，故必"己日"而后信。又以其内有文明之德，而外有和说之气，故其占为有所更革，皆大亨而得其正。所革皆当，而所革之"悔亡"也。一有不正，则所革不信不通，而反有悔矣。

《彖》曰：革，水火相息。二女同居，其志不相得，曰革。

以卦象释卦名义，大略与睽相似。然以相违而为睽，相息而为革也。"息"，灭息也，又为生息之义，灭息而后生息也。

"己日乃孚"，革而信之。文明以说，大亨以正，革而当，其悔乃亡。

说，音悦。当，去声。
以卦德释卦辞。

天地革而四时成。汤武革命，顺乎天而应乎人。革之时大矣哉！

极言而赞其大也。

《彖》曰：泽中有火，革。君子以治历明时。

四时之变，革之大者。

初九：巩用黄牛之革。

巩，九勇反。
虽当革时，居初无应，未可有为，故为此象。"巩"，固也。"黄"，中色。"牛"，顺物。革所以固物，亦取卦名而义不同也。其占为当坚确固守，而不可以有为。圣人之于变革，其谨如此。

《象》曰："巩用黄牛"，不可以有为也。

六二：己日乃革之，征吉，无咎。

六二柔顺中正，而为文明之主，有应于上，于是可以革矣。然必"己日"然后革之，则"征吉"而"无咎"，戒占者犹未可遽变也。

《象》曰："己日""革之"，行有嘉也。

九三：征凶，贞厉。革言三就，有孚。

过刚不中，居离之极，躁动于革者也，故其占有"征凶贞厉"之戒。然其时则当革，故至于"革言三就"，则亦"有孚"而可革也。

《象》曰："革言三就"，又何之矣！

言已审。

九四：悔亡，有孚改命，吉。

以阳居阴故有"悔"，然卦已过中，水火之际，乃革之时，而刚柔不偏，又革之用也，是以"悔亡"。然又必"有孚"然后革，乃可获"吉"。明占者有其德而当其时，又必有信，乃"悔亡"而得"吉"也。

《象》曰："改命"之吉，信志也。

九五：大人虎变，未占有孚。

"虎"，大人之象。"变"，谓希革而毛毪也。在大人则自新新民之极，顺天应人之时也。九五以阳刚中正，为革之主，故有此象。占而得此，则有此应，然亦必自其未占之时，人已信其如此，乃足以当之耳。

《象》曰："大人虎变"，其文炳也。

上六：君子豹变，小人革面。征凶，居贞吉。

革道已成，君子如豹之变，小人亦革面以听从矣。不可以往，而居正则"吉"。变革之事，非得已者，不可以过，而上六之才，亦不可以有行也，故占者如之。

《象》曰："君子豹变"，其文蔚也。"小人革面"，顺以从君也。

蔚，纡胃反。

鼎 ䷱ 离上 巽下

鼎：元吉，亨。

"鼎"，烹饪之器，为卦下阴为足，二三四阳为腹，五阴为耳，上阳为铉，有鼎之象。又以巽木入离火而致烹任，鼎之用也，故其卦为鼎。下巽，巽也。上离为目而五为耳，有内巽顺而外聪明之象。卦自巽来，阴进居五，而下应九二之阳，故其占曰"元亨"。"吉"，衍文也。

《象》曰：鼎，象也。以木巽火，亨任也。圣人亨以享上帝，而大亨以养圣贤。

亨，普庚反。任，人甚反。
以卦体二象释卦名义，因极其大而言之。享帝贵诚，用犊而已。养贤则饔飧牢礼，当极其盛，故曰"大亨"。

巽而耳目聪明，柔进而上行，得中而应乎刚，是以元亨。

上，时掌反。
以卦象卦变卦体释卦辞。

《象》曰：木上有火，鼎。君子以正位凝命。

鼎，重器也，故有"正位凝命"之意。"凝"，犹至道不凝之凝，传所谓"协于上下以承天休"者也。

初六：鼎颠趾，利出否。得妾以其子，无咎。

出，尺遂反，又如字。否，音鄙。

居鼎之下，鼎趾之象也。上应九四则"颠"矣。然当卦初，鼎未有实，而旧有否恶之积焉。因其颠而出之，则为利矣。得妾而因得其子，亦犹是也。此爻之象如此，而其占"无咎"。盖因败以为功，因贱以致贵也。

《象》曰："鼎颠趾"，未悖也。"利出否"，以从贵也。

悖，必内反。

鼎而"颠趾"，悖道也。而因可"出否以从贵"，则未为悖也。"从贵"，谓应四，亦为取新之意。

九二：鼎有实。我仇有疾，不我能即，吉。

仇，音求。

以刚居中，"鼎有实"之象也。"我仇"，谓初。阴阳相求而非正，则相陷于恶而为仇矣。二能以刚中自守，则初虽近，不能以就之矣。是以其象如此，而其占为如是则"吉"也。

《象》曰："鼎有实"，慎所之也。"我仇有疾"，终无尤也。

有实而不慎其所往，则为仇所即而陷于恶矣。

九三：鼎耳革，其行塞。雉膏不食，方雨亏悔，终吉。

行，下孟反。塞，悉则反。

以阳居鼎腹之中，本有美实者也。然以过刚失中，越五应上，又居下之极，为变革之时，故为鼎耳方革而不可举移。虽承上卦文明之腴，有"雉膏"之美，而不得以为人之食。然以阳居阳，为得其正，苟能自守，则阴阳将和，而失其悔矣。占者如是，则初虽不利，而"终"得"吉"也。

《象》曰："鼎耳革"，失其义也。

九四：鼎折足，覆公餗，其形渥，凶。

折，之舌反。覆，方服反。餗，送六反。渥，乙角反。

晁氏曰："形渥"，诸本作"刑剭"，谓重刑也。今从之。九四居上，任重者也，而下应初六之阴，则不胜其任矣。故其象如此，而其占凶也。

《象》曰："覆公餗"，信如何也？

言失信也。

六五：鼎黄耳，金铉，利贞。

铉，玄典反。

五于象为耳，而有中德，故云"黄耳"。"金"，坚刚之物。"铉"，贯耳以举鼎者也。五虚中以应九二之坚刚，故其象如此，而其占则利在贞固而已。或曰"金铉"以上九而言，更详之。

《象》曰："鼎黄耳"，中以为实也。

上九：鼎玉铉，大吉，无不利。

上于象为"铉"，而以阳居阴，刚而能温，故有"玉铉"之象，而其占为"大吉无不利"。盖有是德，则如其占也。

《象》曰："玉铉"在上，刚柔节也。

震 ䷲ 震上
震下

震：亨。震来虩虩，笑言哑哑。震惊百里，不丧匕鬯。

虩，许逆反。哑，乙革反。初爻同。丧，息浪反。卦内并同。匕，必以反。鬯，勅亮反。

"震"，动也。一阳始生于二阴之下，震而动也。其象为雷，其属为长子。震有亨道，"震来"，当震之来时也。"虩虩"，恐惧惊顾之貌。"震惊百里"，以雷言。"匕"，所以举鼎实；"鬯"，以秬黍酒和郁金，所以灌地降神者也。"不丧匕鬯"，以长子言也。此卦之占，为能恐惧则致福，而不失其所主之重。

《象》曰：震，亨。

震有亨道，不待言也。

"震来虩虩"，恐致福也。"笑言哑哑"，后有则也。

"恐致福"，恐惧以致福也。"则"，法也。

"震惊百里"，惊远而惧迩也。出可以守宗庙社稷，以为祭主也。

程子以为迩也下，脱"不丧匕鬯"四字，今从之。"出"，谓继世而主祭也。或云"出"，即"鬯"字之误。

《象》曰：洊雷，震。君子以恐惧修省。

洊，在荐反。省，悉井反。

初九：震来虩虩，后笑言哑哑，吉。

成震之主，处震之初，故其占如此。

《象》曰："震来虩虩"，恐致福也。"笑言哑哑"，后有则也。

六二：震来厉，亿丧贝，跻于九陵，勿逐，七日得。

跻，子西反。

六二乘初九之刚，故当震之来而危厉也。"亿"字未详，又当丧其货贝，而升于九陵之上。然柔顺中正，足以自守，故不求而自获也。此爻占具象中，但"九陵""七日"之象，则未详耳。

《象》曰："震来厉"，乘刚也。

六三：震苏苏，震行无眚。

"苏苏"，缓散自失之状。以阴居阳，当震时而居不正，是以如此。占者若因惧而能行，以去其不正，则可以"无眚"矣。

《象》曰："震苏苏"，位不当也。

九四：震遂泥。

泥，乃计反。

以刚处柔，不中不正，陷于二阴之间，不能自震也。"遂"者，无反之意。"泥"，滞溺也。

《象》曰："震遂泥"，未光也。

六五：震往来厉。亿无丧，有事。

以六居五而处震时，无时而不危也。以其得中，故无所丧而能"有事"也。占者不失其中，则虽危"无丧"矣。

《象》曰："震往来厉"，危行也。其事在中，大无丧也。

上六：震索索，视矍矍，征凶。震不于其躬，于其邻，无咎。婚媾有言。

索，桑落反。矍，俱缚反。

以阴柔处震极，故为"索索""矍矍"之象。以是而行，其凶必矣。然能及其震未及其身之时，恐惧修省，则可以"无咎"，而亦不能免于"婚媾"之"有言"。戒占者当如是也。

《象》曰："震索索"，中未得也。虽凶无咎，畏邻戒也。

"中"，谓中心。

艮 ䷳ 艮上
　　　　　　艮下

艮其背，不获其身。行其庭，不见其人，无咎。

背，必丙反。

"艮"，止也。一阳止于二阴之上，阳自下升，极上而止也。其象为山，取坤地而隆其上之状，亦止于极而不进之意也。其占则必能止于背而不有"其身"，"行其庭而不见其人"，乃"无咎"也。盖身，动物也，唯背为止，"艮其背"，则止于所当止也，止于所当止，则不随身而动矣，是不有其身也。如是则虽行于庭除有人之地，而亦不见其人矣。盖"艮其背"而"不获其身"者，止而止也。"行其庭"而"不见其人"者，行而止也。动静各止其所，而皆主夫静焉，所以得"无咎"也。

《彖》曰：艮，止也。时止则止，时行则行。动静不失其时，其道光明。

此释卦名，艮之义则止也。然行止各有其时，故"时止而止"，止也。"时行而行"，亦止也。艮体笃实，故又有"光明"之义。大畜于艮，亦以"辉光"言之。

艮其止，止其所也。上下敌应，不相与也。是以"不获其身，行其庭，不见其人，无咎也"。

此释卦辞。易"背"为"止"，以明背即止也。"背"者，止之所也。以卦体言，内外之卦，阴阳敌应而"不相与"也。"不相"与，则内不见己，外不见人，而"无咎"矣。晁氏云："艮其止"，当依卦辞作"背"。

《象》曰：兼山，艮。君子以思不出其位。

初六：艮其趾，无咎，利永贞。

以阴柔居艮初，为艮趾之象。占者如之则"无咎"，而又以其阴柔，故又戒其"利永贞"也。

《象》曰："艮其趾"，未失正也。

六二：艮其腓，不拯其随，其心不快。

拯，之凌反。

六二居中得正，既止其腓矣。三为限，则腓所随也。而过刚不中，以止乎上，二虽中正，而体柔弱，不能往而拯之，是以其心不快也。此爻占在象中，下爻放此。

《象》曰："不拯其随"，未退听也。

三止乎上，亦不肯退而听乎二也。

九三：艮其限，列其夤，厉熏心。

夤，引真反。

"限"，身上下之际，即腰胯也。"夤"，膂也。止于腓，则不进而已。九三以过刚不中，当限之处，而艮其限，则不得屈伸，而上下判隔，如"列其夤"矣。危厉"熏心"，不安之甚也。

《象》曰："艮其限"，危"熏心"也。

六四：艮其身，无咎。

以阴居阴，时止而止，故为"艮其身"之象，而占得"无咎"也。

《象》曰："艮其身"，止诸躬也。

六五：艮其辅，言有序，悔亡。

六五当辅之处，故其象如此，而其占"悔亡"也。"悔"，谓以阴居阳。

《象》曰："艮其辅"，以中正也。

"正"字羡文，叶韵可见。

上九：敦艮，吉。

以阳刚居止之极，敦厚于止者也。

《象》曰："敦艮"之吉，以厚终也。

渐 ䷴ 巽上
艮下

渐：女归吉，利贞。

"渐"，渐进也。为卦止于下而巽于上，为不遽进之义，有"女归"之象焉。又自二至五，位皆得正，故其占为"女归吉"，而又戒以"利贞"也。

《象》曰：渐之进也，"女归吉"也。

之字疑衍，或是渐字。

进得位，往有功也。进以正，可以正邦也。

以卦变释"利贞"之意，盖此卦之变，自涣而来。九进居三，自旅而来，九进居五，皆为得位之正。

其位，刚得中也。

以卦体言，谓九五也。

止而巽，动不穷也。

以卦德言，渐进之义。

《象》曰：山上有木，渐。君子以居贤德善俗。

二者皆当以"渐"而进。疑"贤"字衍，或"善"下有脱字。

初六：鸿渐于干。小子厉，有言，无咎。

鸿之行有序，而进有渐。干，水涯也。始进于下，未得所安，而上复无应，故其象如此。而其占则为"小子厉"，虽有言，而于义则无咎也。

《象》曰："小子"之厉，义"无咎"也。

六二：鸿渐于磐，饮食衎衎，吉。

衎，音看。
磐，大石也。渐远于水，进于磐而益安矣。衎衎，和乐意。六二柔顺中正，进以其渐，而上有九五之应，故其象如此，而占则吉也。

《象》曰："饮食衎衎"，不素饱也。

"素饱"，如《诗》言"素餐"。得之以道，则不为徒饱而处之安矣。

九三：鸿渐于陆。夫征不复，妇孕不育，凶。利御寇。

复，房六反。
鸿，水鸟，陆非所安也。九三过刚不中而无应，故其象如此。而其占"夫征"则"不复"，"妇孕"则"不育"，凶莫甚焉，然以其过刚也，故"利御寇"。

《象》曰："夫征不复"，离群丑也。"妇孕不育"，失其道也。"利"用"御寇"，顺相保也。

离，力智反。

六四：鸿渐于木，或得其桷，无咎。

桷，音角。
鸿不木棲，桷，平柯也，或得平柯，则可以安矣。六四乘刚而顺巽，故其象如此。占者如之，则无咎也。

《象》曰："或得其桷"，顺以巽也。

九五：鸿渐于陵，妇三岁不孕。终莫之胜，吉。

陵，高阜也。九五居尊，六二正应在下，而为三、四所隔。然终不能夺其正也，故其象如此。而占者如是则吉也。

《象》曰："终莫之胜，吉"，得所愿也。

上九：鸿渐于陆，其羽可用为仪，吉。

胡氏程氏皆云："陆"当作"逵"，谓云路也。今以韵读之，良是。仪，羽旄旌纛之饰也。上九至高，出乎人位之外，而其羽毛可用以为仪饰，位虽极高而不为无用之象，故其占为如是，则吉也。

《象》曰："其羽可用为仪，吉"，不可乱也。

渐进愈高，而不为无用。其志卓然，岂可得而乱哉！

归妹 ䷵ 震上 兑下

归妹：征凶，无攸利。

妇人谓嫁曰归。妹，少女也。兑以少女而从震之长男，而其情又为以说而动，皆非正也，故卦为归妹。而卦之诸爻，自二至五，皆不得正。三五又皆以柔乘刚，故其占"征凶"而无所利也。

《象》曰：归妹，天地之大义也。天地不交而万物不兴。归妹，人之终始也。

释卦名义也。归者，女之终。生育者，人之始。

说以动，所归妹也。

说，音悦。
又以卦德言之。

"征凶"，位不当也。"无攸利"，柔乘刚也。

又以卦体释卦辞。男女之交，本皆正理。唯若此卦，则不得其正也。

《象》曰：泽上有雷，归妹。君子以永终知敝。

雷动泽随，归妹之象。君子观其合之不正，知其终之有敝也。推之事物，莫不皆然。

初九：归妹以娣，跛能履，征吉。

娣，音弟。跛，波我反。
初九居下而无正应，故为"娣"象。然阳刚在女子为贤正之德，但为娣之贱，仅能承助其君而已，故又为"跛能履"之象。而其占则"征吉"也。

《象》曰："归妹以娣"，以恒也。"跛能履""吉"，相承也。

恒，谓有常久之德。

九二：眇能视，利幽人之贞。

眇能视，承上爻而言。九二阳刚得中，女之贤也。上有正应，而反阴柔不正，乃女贤而配不良，不能大成内助之功。故为"眇能视"之象，而其占则"利幽人之贞"也。"幽人"，亦抱道守正而不偶者也。

《象》曰："利幽人之贞"，未变常也。

六三：归妹以须，反归以娣。

六三阴柔而不中正，又为说之主。女之不正，人莫之取者也。故为未得所适，而反归为娣之象。或曰：须，女之贱者。

《象》曰："归妹以须"，未当也。

九四：归妹愆期，迟归有时。

九四以阳居上体而无正应，贤女不轻从人，而"愆期"以待所归之象，正与六三相反。

《象》曰："愆期"之志，有待而行也。

六五：帝乙归妹，其君之袂，不如其娣之袂良。月几望，吉。

袂，弥计反。

六五柔中居尊，下应九二，尚德而不贵饰，故为帝女下嫁而服不盛之象。然女德之盛，无以加此，故又为"月几望"之象，而占者如之则"吉"也。

《象》曰："帝乙归妹"，"不如其娣之袂良"也，其位在中，以贵行也。

以其有中德之贵而行，故不尚饰。

上六：女承筐，无实。士刲羊，无血。无攸利。

刲，苦圭反。

上六以阴柔居归妹之终而无应，约婚而不终者也。故其象如此，而于占为无所利也。

《象》曰：上六"无实"，"承"虚"筐"也。

丰 ䷶ 震上
离下

丰：亨，王假之。勿忧，宜日中。

假，更自反。

"丰"，大也。以明而动，盛大之势也，故其占有"亨"道焉。然王者至此，盛极当衰，则又有忧道焉。圣人以为徒忧无益，但能守常，不至于过盛则可矣，故戒以"勿忧宜日中"也。

《彖》曰：丰，大也。明以动，故丰。

以卦德释卦名义。

"王假之"，尚大也。"勿忧，宜日中"，宜照天下也。

释卦辞。

日中则昃，月盈则食，天地盈虚，与时消息，而况于人乎？况于鬼神乎？

此又发明卦辞外意，言不可过中也。

《象》曰：雷电皆至，丰。君子以折狱致刑。

折，之舌反。
取其威照并行之象。

初九：遇其配主，虽旬无咎，往有尚。

"配主"，谓四。"旬"，均也，谓皆阳也。当丰之时，明动相资，故初九之遇九四，虽皆阳刚，而其占如此也。

《象》曰："虽旬无咎"，过旬灾也。

戒占者不可求胜其配，亦爻辞外意。

六二：丰其蔀，日中见斗。往得疑疾，有孚发若，吉。

蔀，音部。
六二居丰之时，为离之主，至明者也。而上应六五之柔暗，故为丰蔀"见斗"之象。"蔀"，障蔽也，大其障蔽，故日中而昏也。往而从之，则昏暗之主，必反见疑。唯在积其诚意以感发之则吉，戒占者宜如是也。虚中，有孚之象。

《象》曰："有孚发若"，信以发志也。

九三：丰其沛，日中见沫。折其右肱，无咎。

"沫""昧"同，莫佩反。折，食列反。
"沛"，一作旆，谓幡幔也，其蔽甚于蔀矣。"沫"，小星也。三处明极，而应上六，虽不可用，而非咎也，故其象占如此。

《象》曰："丰其沛"，不可大事也。"折其右肱"，终不可用也。

九四：丰其蔀，日中见斗。遇其夷主，吉。

象与六二同。"夷",等夷也,谓初九也。其占为当丰而遇暗主,下就同德则"吉"也。

《象》曰:"丰其蔀",位不当也。"日中见斗",幽不明也。"遇其夷主","吉"行也。

六五:来章,有庆誉,吉。

质虽柔暗,若能来致天下之明,则有"庆誉"而"吉"矣。盖因其柔暗,而设此以开之。占者能如是,则如其占矣。

《象》曰:六五之"吉","有庆"也。

上六:丰其屋,蔀其家,窥其户,阒其无人,三岁不觌,凶。

阒,居缺反,音阄。

以阴柔居丰极,处动终,明极而反暗者也,故为丰大其屋,而反以自蔽之象。"无人""不觌",亦言障蔽之深,其"凶"甚矣。

《象》曰:"丰其屋",天际翔也。"窥其户,阒其无人",自藏也。

"藏",谓障蔽。

旅 ䷷ 离上 艮下

旅:小亨,旅贞吉。

"旅",羁旅也。山止于下,火炎于上,为去其所止而不处之象,故为"旅"。以六五得中于外,而顺乎上下之二阳,艮止而离丽于明,故其占可以"小亨"。而能守其旅之贞,则"吉"。旅非常居,若可苟者,然道无不在,故自有其正,不可须臾离也。

《象》曰:旅,小亨。柔得中乎外而顺乎刚,止而丽乎明,是以"小亨,旅贞吉"也。

以卦体卦德释卦辞。

旅之时义大矣哉!

旅之时为难处。

《象》曰:山上有火,旅。君子以明慎用刑而不留狱。

慎刑如山,不留如火。

初六:旅琐琐,斯其所取灾。

当旅之时,以阴柔居下位,故其象占如此。

《象》曰:"旅琐琐",志穷灾也。

六二：旅即次，怀其资，得童仆贞。

"即次"则安，"怀""资"则裕，得其"童仆"之贞信，则无欺而有赖，旅之最吉者也。二有柔顺中正之德，故其象占如此。

《象》曰："得童仆贞"，终无尤也。

九三：旅焚其次，丧其童仆，贞厉。

丧，息浪反。《象》同。

过刚不中，居下之上，故其象占如此。"丧其童仆"，则不止于失其心矣，故"贞"字连下句为义。

《象》曰："旅焚其次"，亦以伤矣。以旅与下，其义丧也。

以旅之时，而与下之道如此，义当丧也。

九四：旅于处，得其资斧，我心不快。

以阳居阴，处上之下，用柔能下，故其象占如此。然非其正位，又上无刚阳之与，下唯阴柔之应，故其心有所不快也。

《象》曰："旅于处"，未得位也。"得其资斧"，心未快也。

六五：射雉，一矢亡，终以誉命。

射，石亦反。

"雉"，文明之物，离之象也。六五柔顺文明，又得中道，为离之主。故得此爻者，为"射雉"之象。虽不无"亡矢"之费，而所丧不多，终有"誉命"也。

《象》曰："终以誉命"，上逮也。

"上逮"，言其誉命闻于上也。

上九：鸟焚其巢，旅人先笑后号咷。丧牛于易，凶。

"丧"、"易"并去声。

上九过刚，处旅之上，离之极，骄而不顺，凶之道也。故其象占如此。

《象》曰：以旅在上，其义"焚"也。"丧牛于易"，终莫之闻也。

巽 ䷸ 巽上
　　　　巽下

巽：小亨，利有攸往，利见大人。

巽，苏困反。

"巽"，入也。一阴伏于二阳之下，其性能巽以入也。其象为风，亦取入义。阴为主，故其占为"小亨"。以阴从阳，故又利有所往。然必知所从乃得其正，故又曰"利见大人"也。

《彖》曰：重巽以申命。

重，平声。

释卦义也，巽顺而入，必究乎下，命令之象。"重巽"，故为"申命"也。

刚巽乎中正而志行，柔皆顺乎刚，是以"小亨，利有攸往，利见大人"。

以卦体释卦辞。"刚巽乎中正而志行"，指九五。"柔"，谓初四。

《象》曰：随风，巽。君子以申命行事。

"随"，相继之义。

初六：进退，利武人之贞。

初以阴居下，为巽之主，卑巽之过，故为"进退"不果之象。若以"武人之贞"处之，则有以济其所不及，而得所宜矣。

《象》曰："进退"，志疑也。"利武人之贞"，志治也。

九二：巽在床下，用史巫纷若，吉，无咎。

二以阳处阴而居下，有不安之意。然当巽之时，不厌其卑。而二又居中，不至已甚。故其占为能过于巽，而丁宁烦悉其辞以自道达，则可以"吉"而"无咎"。亦竭诚意以祭祀之吉占也。

《象》曰："纷若"之吉，得中也。

九三：频巽，吝。

过刚不中，居下之上，非能巽者，勉为屡失，"吝"之道也。故其象占如此。

《象》曰："频巽"之吝，志穷也。

六四：悔亡，田获三品。

阴柔无应，承乘皆刚，宜有"悔"也。而以阴居阴，处上之下，故得"悔亡"，而又为卜田之吉占也。"三品"者，一为乾豆，一为宾客，一以充庖。

《象》曰："田获三品"，有功也。

九五：贞吉，悔亡，无不利。无初有终。先庚三日，后庚三日，吉。

先，所荐反。后，胡豆反。

九五刚健中正，而居巽体，故有"悔"，以有"贞"而"吉"也，故得亡其悔而"无不利"。有"悔",是"无初"也。"亡"之,是"有终"也。"庚",更也,事之变也。"先庚三日",丁也。"后庚三日",癸也。"丁",所以丁宁于其变之前。"癸",所以揆度于其变之后。有所变更而得此占者,如是则"吉"也。

《象》曰:九五之"吉",位正中也。

上九:巽在床下,丧其资斧,贞凶。

丧,息浪反。下同。
"巽在床下",过于巽者也。"丧其资斧",失所以断也。如是则虽"贞"亦"凶"矣。居巽之极,失其阳刚之德,故其象占如此。

《象》曰:"巽在床下",上穷也。"丧其资斧",正乎"凶"也。

正乎凶,言必凶。

兑 ䷹ 兑上
兑下

兑:亨,利贞。

"兑",说也。一阴进乎二阳之上,喜之见乎外也。其象为"泽",取其说万物,又取坎水而塞其下流之象。卦体刚中而柔外。刚中,故"说"而"亨"。柔外,故"利"于"贞"。盖说有亨道,而其妄说不可以不戒,故其占如此。又柔外故为"说亨",刚中故"利"于"贞",亦一义也。

《象》曰:兑,说也。

释卦名义。

刚中而柔外,说以"利贞",是以顺乎天而应乎人。说以先民,民忘其劳。说以犯难,民忘其死。说之大,民劝矣哉!

先,西荐反,又如字。难,乃旦反。
以卦体释卦辞而极言之。

《象》曰:丽泽,兑。君子以朋友讲习。

两泽相丽,互相滋益。"朋友讲习",其象如此。

初九:和兑,吉。

以阳爻居说体,而处最下,又无系应,故其象占如此。

《象》曰:"和兑"之吉,行未疑也。

居卦之初,其说也正,未有所疑也。

九二：孚兑，吉，悔亡。

刚中为"孚"，居阴为"悔"。占者以"孚"而"说"，则"吉"而"悔亡"矣。

《象》曰："孚兑"之吉，信志也。

六三：来兑，凶。

阴柔不中正，为兑之主。上无所应，而反来就二阳以求说，"凶"之道也。

《象》曰："来兑"之凶，位不当也。

九四：商兑未宁，介疾有喜。

四上承九五之中正，而下比六三之柔邪，故不能决。而商度所说，未能有定，然质本阳刚，故能介然守正，而疾恶柔邪也。如此则"有喜"矣。象占如此，为戒深矣。

《象》曰：九四之"喜"，有庆也。

九五：孚于剥，有厉。

"剥"，谓阴能剥阳者也。九五阳刚中正，然当说之时而居尊位，密近上六。上六阴柔，为说之主，处说之极，能妄说以剥阳者也。故其占但戒以信，于上六则有危也。

《象》曰："孚于剥"，位正当也。

与履九五同。

上六：引兑。

上六成说之主，以阴居说之极，"引"下二阳相与为说，而不能必其从也。故九五当戒，而此爻不言其吉凶。

《象》曰：上六"引兑"，未光也。

涣 ䷺ 巽上
坎下

涣：亨。王假有庙，利涉大川，利贞。

"涣"，散也。为卦下坎上巽，风行水上，离披解散之象，故为"涣"。其变则本自渐卦，九来居二而得中，六往居三，得九之位，而上同于四，故其占可"亨"。又以祖考之精神既散，故"王"者当至于"庙"以聚之。又以巽木坎水，舟楫之象，故"利涉大川"。其曰"利贞"，则占者之深戒也。

《象》曰：涣，亨。刚来而不穷，柔得位乎外而上同。

上，如字，又时掌反。

以卦变释卦辞。

"王假有庙"，王乃在中也。

"中"，谓庙中。

"利涉大川"，乘木有功也。

《象》曰：风行水上，涣。先王以享于帝立庙。

皆所以合其散。

初六：用拯，马壮，吉。

居卦之初，涣之始也。始涣而拯之，为力既易，又有壮马，其吉可知。初六非有济涣之才，但能顺乎九二，故其象占如此。

《象》曰：初六之"吉"，顺也。

九二：涣奔其机，悔亡。

九而居二，宜有"悔"也。然当涣之时，来而不穷，能"亡"其"悔"者也，故其象占如此。盖九奔而二机也。

《象》曰："涣奔其机"，得愿也。

六三：涣其躬，无悔。

阴柔而不中正，有私于己之象也。然居得阳位，志在济时，能散其私以得"无悔"，故其象占如此。大率此上四爻，皆因涣以济涣者也。

《象》曰："涣其躬"，志在外也。

六四：涣其群，元吉。涣其丘，匪夷所思。

居阴得正，上承九五，当济涣之任者也。下无应与，为能散其朋党之象。占者如是，则大善而"吉"。又言能散其小群以成大群，使所散者聚而若丘，则非常人思虑之所及也。

《象》曰："涣其群，元吉"，光大也。

九五：涣汗其大号，涣王居，无咎。

阳刚中正，以居尊位，当涣之时，能散其号令，与其居积，则可以济涣而"无咎"矣。故其象占如此。九五巽体，有号令之象。"汗"，谓如汗之出而不反也。"涣王居"，如陆贽所谓散小储而成大储之意。

《象》曰："王居""无咎"，正位也。

上九：涣其血，去，逖出，无咎。

去，起吕反。

上九以阳居涣极，能出乎涣，故其象占如此。"血"，谓伤害。"逖"，当作惕，与小畜六四同。言"涣其血"则"去"，涣其惕则出也。

《象》曰："涣其血"，远害也。

远，袁万反。

节 ䷻ 坎上 兑下

节：亨。苦节不可贞。

"节"，有限而止也。为卦下兑上坎，泽上有水，其容有限，故为"节"。节固，自有亨道矣。又其体阴阳各半，而二五皆阳，故其占得"亨"。然至于太甚则苦矣，故又戒以不可守以为贞也。

《象》曰：节，亨。刚柔分而刚得中。

以卦体释卦辞。

"苦节不可贞"，其道穷也。

又以理言。

说以行险，当位以节，中正以通。

说，音悦。
又以卦德卦体言之。"当位"、"中正"，指五。又坎为通。

天地节而四时成。节以制度，不伤财，不害民。

极言节道。

《象》曰：泽上有水，节。君子以制数度，议德行。

行，下孟反。

初九：不出户庭，无咎。

"户庭"，户外之庭也。阳刚得正，居节之初，未可以行，能节而止者也。故其象占如此。

《象》曰："不出户庭"，知通塞也。

塞，悉则反。

九二：不出门庭，凶。

"门庭"，门内之庭也。九二当可行之时，而失刚不正。上无应与，知节而不知通，故其象占如此。

《象》曰："不出门庭，凶"，失时极也。

六三：不节若，则嗟若，无咎。

阴柔而不中正，以当节时，非能节者，故其象占如此。

《象》曰："不节"之嗟，又谁咎也？

此无咎与诸爻异，言无所归咎也。

六四：安节，亨。

柔顺得正，上承九五，自然有节者也。故其象占如此。

《象》曰："安节"之亨，承上道也。

九五：甘节，吉，往有尚。

所谓当位以节，中正以通者也。故其象占如此。

《象》曰："甘节"之吉，居位中也。

上六：苦节，贞凶，悔亡。

居节之极，故为"苦节"。既处过极，故虽得正而不免于"凶"。然礼奢宁俭，故虽有"悔"而终得"亡"之也。

《象》曰："苦节，贞凶"，其道穷也。

中孚 ䷼ 巽上 兑下

中孚：豚鱼吉，利涉大川，利贞。

"孚"，信也。为卦二阴在内，四阳在外，而二五之阳，皆得其中。以一卦言之为中虚，以二体言之为中实，皆孚信之象也。又下说以应上，上巽以顺下，亦为孚义。"豚鱼"，无知之物。又木在泽上，外实内虚，皆舟楫之象。至信可感豚鱼，涉险难，而不可以失其贞。故占者能致豚鱼之应则吉。而"利涉大川"，又必利于贞也。

《象》曰：中孚，柔在内而刚得中。说而巽，孚，乃化邦也。

说，音悦。

以卦体卦德释卦名义。

"豚鱼吉"，信及豚鱼也。"利涉大川"，乘木舟虚也。

以卦象言。

中孚以"利贞"，乃应乎天也。

信而正，则"应乎天"矣。

《象》曰：泽上有风，中孚。君子以议狱缓死。

风感水受，中孚之象。"议狱缓死"，中孚之意。

初九：虞吉，有它不燕。

它，汤何反。

当中孚之初，上应六四，能度其可信而信之，则吉。复有他焉，则失其所以度之之正，而不得其所安矣。戒占者之辞也。

《象》曰：初九"虞吉"，志未变也。

九二：鸣鹤在阴，其子和之。我有好爵，吾与尔靡之。

和，胡卧反。靡，亡施反。

九二中孚之实，而九五亦以中孚之实应之，故有鹤鸣子和，我爵尔靡之象。鹤在阴，谓九居二。"好爵"，谓得中。"靡"，与縻同，言懿德人之所好。故"好爵"虽我之所独有，而彼亦系恋之也。

《象》曰："其子和之"，中心愿也。

六三：得敌，或鼓或罢，或泣或歌。

"敌"，谓上九，信之穷者。六三阴柔不中正，以居说极，而与之为应，故不能自主，而其象如此。

《象》曰："或鼓或罢"，位不当也。

六四：月几望，马匹亡，无咎。

六四居阴得正，位近于君，为"月几望"之象。"马匹"，谓初与己为匹。四乃绝之，而上以信于五，故为"马匹亡"之象。占者如是则"无咎"也。

《象》曰："马匹亡"，绝类上也。

上，时掌反。

九五：有孚挛如，无咎。

挛，力圆反。

九五刚健中正，中孚之实而居尊位，为孚之主者也。下应九二与之同德，故其象占如此。

《象》曰："有孚挛如"，位正当也。

上九：翰音登于天，贞凶。

翰，胡旦反。

居信之极而不知变，虽得其贞，亦凶道也，故其象占如此。鸡曰"翰音"，乃巽之象。居巽之极，为"登于天"。鸡非登天之物，而欲登天，信非所信，而不知变，亦犹是也。

《象》曰："翰音登于天"，何可长也！

小过 ䷽ 震上
艮下

小过：亨，利贞。可小事，不可大事。飞鸟遗之音，不宜上，宜下，大吉。

"小"，谓阴也。为卦四阴在外，二阳在内，阴多于阳，小者过也。既过于阳，可以"亨"矣。然必利于守贞，则又不可以不戒也。卦之二五，皆以柔而得中，故"可小事"。三四皆以刚失位而不中，故"不可大事"。卦体内实外虚，如鸟之飞，其声下而不上，故能致"飞鸟遗音"之应，则"宜下"而"大吉"，亦"不可大事"之类也。

《象》曰：小过，小者过而"亨"也。

以卦体释卦名义与其辞。

过以"利贞"，与时行也。柔得中，是以小事吉也。

以二五言。

刚失位而不中，是以"不可大事"也。

以三四言。

有飞鸟之象焉。"飞鸟遗之音，不宜上，宜下，大吉"，上逆而下顺也。

以卦体言。

《象》曰：山上有雷，小过。君子以行过乎恭，丧过乎哀，用过乎俭。

"山上有雷"，其声小过。三者之过，皆小者之过，可过于小而不可过于大。可以小过而不可甚过，《象》所谓"可小事而宜下"者也。

初六：飞鸟以凶。

初六阴柔，上应九四，又居过时，上而不下者也。飞鸟遗音，"不宜上宜下"，故其象占如此。郭璞《洞林》：占得此者，或致羽虫之孽。

《象》曰："飞鸟以凶"，不可如何也！

六二：过其祖，遇其妣。不及其君，遇其臣。无咎。

六二柔顺中正，进则过三四而遇六五，是过阳而反遇阴也。如此则不及六五而自得其分，是不及君，而适遇其臣也。皆过而不过，守正得中之意，"无咎"之道也，故其象占如此。

《象》曰："不及其君"，臣不可过也。

所以不及君而还遇臣者，以"臣不可过"故也。

九三：弗过防之，从或戕之，凶。

小过之时，事每当过，然后得中。九三以刚居正，众阴所欲害者也。而自恃其刚，不肯过为之备，故其象占如此。若占者能过防之，则可以免矣。

《象》曰："从或戕之"，"凶"如何也！

九四：无咎，弗过遇之。往厉必戒，勿用永贞。

当过之时，以刚处柔，"过乎恭"矣，"无咎"之道也。"弗过遇之"，言弗过于刚，而适合其宜也。"往"则过矣，故有"厉"而当戒。阳性坚刚，故又戒以"勿用永贞"，言当随时之宜，不可固守也。或曰"弗过遇之"，若以六二爻例，则当如此说。若依九三爻例，则过遇当如过防之义。未详孰是，当阙以俟知者。

《象》曰："弗过遇之"，位不当也。"往厉必戒"，终不可长也。

爻义未明，此亦当阙。

六五：密云不雨，自我西郊。公弋取彼在穴。

以阴居尊，又当阴过之时，不能有为。而弋取六二以为助，故有此象。"在穴"，阴物也。两阴相得，其不能济，大事可知。

《象》曰："密云不雨"，已上也。

"已上"，太高也。

上六：弗遇过之，飞鸟离之，凶，是谓灾眚。

眚，所景反。

六以阴居动体之上，处阴过之极，过之已高而甚远者也，故其象占如此。或曰："遇过"恐亦只当作"过遇"，义同九四。未知是否。

《象》曰："弗遇过之"，已亢也。

既济 ䷾ 坎上
　　　　离下

既济：亨小，利贞。初吉，终乱。

"既济"，事之既成也。为卦水火相交，各得其用，六爻之位，各得其正，故为既济。"亨小"当为"小亨"，大抵此卦及六爻占辞，皆有警戒之意，时当然也。

《彖》曰：既济，亨，小者亨也。

"济"下疑脱"小"字。

"利贞"，刚柔正而位当也。

以卦体言。

初吉，柔得中也。

指六二。

"终止"则"乱"，其道穷也。

《象》曰：水在火上，既济。君子以思患而豫防之。

初九：曳其轮，濡其尾，无咎。

曳，以制反。濡，音需。上爻同。
轮在下，尾在后，初之象也。曳轮则车不前，濡尾则狐不济。既济之初，谨戒如是，无咎之道。占者如是，则"无咎"矣。

《象》曰："曳其轮"，义无咎也。

六二：妇丧其茀，勿逐，七日得。

丧，息浪反。茀，力佛反。
二以文明中正之德，上应九五刚阳中正之君，宜得行其志。而九五居既济之时，不能下贤以行其道，故二有"妇丧其茀"之象。"茀"，妇车之蔽，言失其所以行也。然中正之道，不可终废，时过则行矣，故又有"勿逐"而自得之戒。

《象》曰："七日得"，以中道也。

九三：高宗伐鬼方，三年克之。小人勿用。

既济之时，以刚居刚，"高宗伐鬼方"之象也。"三年克之"，言其久而后克，戒占者不可轻动之意。"小人勿用"，占法与师上六同。

《象》曰："三年克之"，惫也。

惫，蒲拜反。

六四：繻有衣袽，终日戒。

繻，而朱反。袽，女居反。

既济之时，以柔居柔，能豫备而戒惧者也，故其象如此。程子曰："繻"当作濡，"衣袽"所以塞舟之罅漏。

《象》曰："终日戒"，有所疑也。

九五：东邻杀牛，不如西邻之禴祭，实受其福。

东阳西阴，言九五居尊而时已过，不如六二之在下而始得时也。又当文王与纣之事，故其象占如此。彖辞"初吉终乱"，亦此意也。

《象》曰："东邻杀牛"，"不如西邻"之时也。"实受其福"，吉大来也。

上六：濡其首，厉。

既济之极，险体之上，而以阴柔处之，为狐涉水而"濡其首"之象。占者不戒，"危"之道也。

《象》曰："濡其首，厉"，何可久也！

未济 ䷿ 离上
坎下

未济：亨。小狐汔济，濡其尾。无攸利。

汔，许讫反。

"未济"，事未成之时也。水火不交，不相为用。卦之六爻，皆失其位，故为"未济"。"汔"，几也。几济而濡尾，犹未济也。占者如此，何所利哉！

《象》曰：未济，亨，柔得中也。

指六五言。

"小狐汔济"，未出中也。"濡其尾，无攸利"，不续终也。虽不当位，刚柔应也。

《象》曰：火在水上，未济。君子以慎辨物居方。

水火异物，各居其所，故君子观象而审辨之。

初六：濡其尾，吝。

以阴居下，当未济之初，未能自进，故其象占如此。

《象》曰："濡其尾"，亦不知极也。

"极"字未详。考上下韵亦不叶，或恐是"敬"字，今且阙之。

九二：曳其轮，贞吉。

以九二应六五，而居柔得中，为能自止而不进，得为下之正也。故其象占如此。

《象》曰：九二"贞吉"，中以行正也。

九居二，本非正，以中故得正也。

六三：未济，征凶，利涉大川。

阴柔不中正，居未济之时，以"征"则"凶"。然以柔乘刚，将出乎坎，有"利涉"之象，故其占如此。盖行者可以水浮，而不可以陆走也。或疑"利"字上当有"不"字。

《象》曰："未济，征凶"，位不当也。

九四：贞吉，悔亡。震用伐鬼方，三年有赏于大国。

以九居四，不正而有"悔"也。能勉而贞，则"悔亡"矣。然以不贞之资，欲勉而贞，非极其阳刚用力之久不能也，故为"伐鬼方"，三年而受赏之象。

《象》曰："贞吉，悔亡"，志行也。

六五：贞吉，无悔。君子之光，有孚，吉。

以六六居五，亦非正也。然文明之主，居中应刚，虚心以求下之助，故得"贞"而"吉"，且"无悔"。又有光辉之盛，信实而不妄，吉而又吉也。

《象》曰："君子之光"，其晖吉也。

"晖"者，光之散也。

上九：有孚于饮酒，无咎。濡其首，有孚，失是。

以刚明居未济之极，时将可以有为，而自信自养以俟命，"无咎"之道也。若纵而不反，如狐之涉水而"濡其首"，则过于自信而失其义矣。

《象》曰："饮酒"濡首，亦不知节也。

周易本义卷之三

朱熹本义

系 辞 上 传

传，去声，后同。

"系辞"，本谓文王周公所作之辞，系于卦爻之下者，即今经文。此篇乃孔子所述《系辞》之传也，以其通论一经之大体凡例，故无经可附，而自分上下云。

天尊地卑，乾坤定矣。卑高以陈，贵贱位矣。动静有常，刚柔断矣。方以类聚，物以群分，吉凶生矣。在天成象，在地成形，变化见矣。

断，于乱反。见，贤遍反。

"天地"者，阴阳形气之实体。"乾坤"者，《易》中纯阴纯阳之卦名也。"卑高"者，天地万物上下之位。"贵贱"者，《易》中卦爻上下之位也。"动"者，阳之常。"静"者，阴之常。"刚柔"者，《易》中卦爻阴阳之称也。"方"，谓事情所向，言事物善恶，各以"类"分。而"吉凶"者，《易》中卦爻占决之辞也。"象"者，日月星辰之属。"形"者，山川动植之属。"变化"者，《易》中蓍策卦爻，阴变为阳，阳化为阴者也。此言圣人作《易》，因阴阳之实体，为卦爻之法象。庄周所谓《易》以道阴阳，此之谓也。

是故刚柔相摩，八卦相荡。

荡，徒浪反。

此言《易》卦之变化也。六十四卦之初，刚柔两画而已。两相摩而为四，四相摩而为八，八相荡而为六十四。

鼓之以雷霆，润之以风雨。日月运行，一寒一暑。

此变化之成象者。

乾道成男，坤道成女。

此变化之"成形"者，此两节又明《易》之见于实体者，与上文相发明也。

乾知大始，坤作成物。

"知"，犹主也。乾主始物，而坤作成之，承上文男女而言乾坤之理。盖凡物之属乎阴阳者，莫不如此。大抵阳先阴后，阳施阴受，阳之轻清未形，而阴之重浊有迹也。

乾以易知，坤以简能。

易，以豉反。

乾健而动，即其所知，便能始物而无所难，故为以易而知"大始"。坤顺而静，凡其所能，皆从乎阳而不自作，故又为以简而能"成物"。

易则易知，简则易从。易知则有亲，易从别有功。有亲则可久，有功则可大。可久则贤人之德，可大则贤人之业。

人之所为，如乾之易，则其心明白而人易知，如坤之简，则其事要约而人易从。"易知"，则与之同心者多，故"有亲"。"易从"，则与之协力者众，故"有功"。有亲则一于内，故"可久"。有功则兼于外，故"可大"。"德"，谓得于己者。"业"，谓成于事者。上言乾坤之德不同，此言人法乾坤之道，至此，则可以为贤矣。

易简，而天下之理得矣。天下之理得，而成位乎其中矣。

"成位"，谓成人之位。"其中"，谓天地之中。至此则体道之极功，圣人之能事，可以与天地参矣。

上第一章。

此章以造化之实，明作经之理。又言乾坤之理，分见于天地，而人兼体之也。

圣人设卦观象，系辞焉而明吉凶。

象者，物之似也。此言圣人作《易》，观卦爻之象，而系以辞也。

刚柔相推，而生变化。

言卦爻阴阳迭相推荡，而阴或变阳，阳或化阴。圣人所以观象而系辞，众人所以因蓍而求卦者也。

是故吉凶者，失得之象也。悔吝者，忧虞之象也。

"吉凶""悔吝"者，《易》之辞也。"失得""忧虞"者，事之变也。得则吉，失则凶，忧虞虽未至凶，然已足以致悔而取羞矣。盖"吉凶"相对，而"悔吝"居其中间，"悔"自凶而趋吉，"吝"自吉而向凶也。故圣人观卦爻之中，或有此象，则系之以此辞也。

变化者，进退之象也。刚柔者，昼夜之象也。六爻之动，三极之道也。

柔变而趋于刚者，退极而进也。刚化而趋于柔者，进极而退也。既变而刚，则昼而阳矣。既化而柔，则夜而阴矣。六爻初二为地，三四为人，五上为天。"动"，即变化也。"极"，至也。"三极"，天地人之至理，三才各一太极也。此明刚柔相推以生变化，而变化之极，复为刚柔。流行于一卦六爻之间，而占者得因所值以断吉凶也。

是故君子，所居而安者，《易》之序也；所乐而玩者，爻之辞也。

乐，音洛。

"《易》之序"，谓卦爻所著事理当然之次第。"玩"者，观之详。

是故君子，居则观其象而玩其辞，动则观其变而玩其占。是以自天佑之，吉无不利。

象辞变已见上，凡单言"变"者，化在其中。"占"，谓其所值吉凶之决也。

上第二章。

此章言圣人作《易》，君子学《易》之事。

象者，言乎象者也。爻者，言乎变者也。

"象"，谓卦辞，文王所作者。"爻"，谓爻辞，周公所作者。"象"，指全体而言，"变"，指一节而言。

吉凶者，言乎其失得也；悔吝者，言乎其小疵也；无咎者，善补过也。

此卦爻辞之通例。

是故列贵贱者存乎位，齐大小者存乎卦，辨吉凶者存乎辞。

"位"，谓六爻之位。"齐"，犹定也。"小"谓阴，"大"谓阳。

忧悔吝者存乎介，震无咎者存乎悔。

上"悔"，平罪反。下"悔"，呼对反。
"介"，谓辨别之端，盖善恶已动而未形之时也。于此忧之，则不至于"悔吝"矣。震，动也。知悔则有以动其补过之心，而可以无咎矣。

是故卦有小大，辞有险易。辞也者，各指其所之。

易，以豉反。
"小"险"大"易，各随所向。

上第三章。

此章释卦爻辞之通例。

《易》与天地准，故能弥纶天地之道。

《易》书卦爻，具有天地之道，与之齐准。"弥"，如弥缝之弥，有终竟联合之意。"纶"，有选择条理之意。

仰以观于天文，俯以察于地理，是故知幽明之故。原始反终，故知死生之说。精气为物，游魂为变，是故知鬼神之情状。

此穷理之事。"以"者，圣人以《易》之书也。"易"者，阴阳而已。"幽明""死生""鬼神"，皆阴阳之变，天地之道也。"天文"则有昼夜上下，"地理"则有南北高深。"原"者，推之于前。"反"者，要之于后。阴精阳气，聚而成物，"神"之伸也。魂游魄降，散而为变，"鬼"之归也。

与天地相似，故不违。知周乎万物而道济天下，故不过。旁行而不流，乐天知命，故不忧。安土敦乎仁，故能爱。

知，音智。乐，音洛。"知命"之"知"，如字。

此圣人尽性之事也。天地之道，知仁而已。知周万物者，天也。道济天下者，地也。"知"且"仁"，则知而不过矣。"旁行"者，行权之知也。"不流"者，守正之仁也。既乐天理而又知天命，故能无忧而其知益深。随处皆安而无一息之不仁，故能不忘其济物之心而仁益笃。盖仁者爱之理，爱者仁之用，故其相为表里如此。

范围天地之化而不过，曲成万物而不遗，通乎昼夜之道而知，故神无方而《易》无体。

此圣人至命之事也。"范"，如铸金之有模范。"围"，匡郭也。天地之化无穷，而圣人为之"范围"，不使过于中道，所谓"裁成"者也。"通"，犹兼也。"昼夜"，即幽明死生鬼神之谓，如此然后可见至神之妙，无有方所。《易》之变化，无有形体也。

上第四章。

此章言《易》道之大，圣人用之如此。

一阴一阳之谓道。

阴阳迭运者，气也。其理则所谓道。

继之者善也，成之者性也。

道具于阴而行乎阳。"继"，言其发也。"善"，谓化育之功，阳之事也。"成"，言其具也。"性"，谓物之所受，言物生则有性，而各具是道也，阴之事也。周子程子之书，言之备矣。

仁者见之谓之仁，知者见之谓之知，百姓日用而不知，故君子之道鲜矣。

知，音智。"不知"之"知"，如字。鲜，息浅反。

"仁"阳"知"阴，各得是道之一隅，故随其所见而目为全体也。"日用不知"，则莫不饮食，鲜能知味者，又其每下者也。然亦莫不有是道焉。或曰：上章以知属乎天，仁属乎地，与此不同，何也？曰：彼以清浊言，此以动静言。

显诸仁，藏诸用，鼓万物而不与圣人同忧，盛德大业至矣哉！

"显"，自内而外也。"仁"，谓造化之功，德之发也。"藏"，自外而内也。"用"，谓机缄之妙，业之本也。程子曰：天地无心而成化，圣人有心而无为。

富有之谓大业，日新之谓盛德。

张子曰：富有者，大而无外。日新者，久而无穷。

生生之谓易。

阴生阳，阳生阴，其变无穷，理与书皆然也。

成象之谓乾，效法之谓坤。

"效"，呈也。"法"，谓造化之详密而可见者。

极数知来之谓占，通变之谓事。

"占"，筮也。事之未定者，属乎阳也。"事"，行事也。占之已决者，属乎阴也。"极数知来"，所以通事之变。张忠定公言"公事有阴阳"，意盖如此。

阴阳不测之谓神。

张子曰：两在故"不测"。

上第五章。

此章言道之体用，不外乎阴阳，而其所以然者，则未尝倚于阴阳也。

夫《易》，广矣大矣。以言乎远则不御，以言乎迩则静而正，以言乎天地之间则备矣。

夫，音扶。下同。

"不御"，言无尽，"静而正"，言即物而理存。"备"，言无所不有。

夫乾，其静也专，其动也直，是以大生焉。夫坤，其静也翕，其动也辟，是以广生焉。

翕，虚级反。辟，婢亦反。

乾坤各有动静，于其四德见之。静体而动用，静别而动交也。乾一而实，故以质言而曰"大"，坤二而虚，故以量言而曰"广"。盖天之形，虽包于地之外，而其气常行乎地之中也。《易》之所以广大者以此。

广大配天地，变通配四时，阴阳之义配日月，易简之善配至德。

易，以豉反。

《易》之广大变通，与其所言阴阳之说，易简之德，配之天道人事则如此。

上第六章。

子曰："《易》其至矣乎！夫《易》，圣人所以崇德而广业也。知崇礼卑，崇效天，卑法地。

知，音智。

"十翼"皆夫子所作，不应自著"子曰"字，疑皆后人所加也。穷理，则知崇如天而德崇。循理，则礼卑如地而业广。此其取类，又以清浊言也。

"天地设位，而易行乎其中矣。成性存存，道义之门。"

天地设位而变化行，犹知礼存性而道义出也。成性，本成之性也。存存，谓存而又存，不已之意也。

上第七章。

圣人有以见天下之赜，而拟诸其形容，象其物宜，是故谓之象。

"赜"，杂乱也。"象"，卦之象，如说卦所列者。

圣人有以见天下之动，而观其会通，以行其典礼，系辞焉以断其吉凶，是故谓之**"爻"**。

断，丁玩反。

"会"，谓理之所聚而不可遗处。"通"，谓理之可行而无所碍处。如庖丁解牛，会则其族，而通则其虚也。

言天下之至赜而不可恶也，言天下之至动而不可乱也。

恶，乌路反。

"恶"，犹厌也。

拟之而后言，议之而后动，拟议以成其变化。

观象玩辞，观变玩占，而法行之。此下七爻，则其例也。

"鸣鹤在阴，其子和之。我有好爵，吾与尔靡之。"子曰："君子居其室，出其言善，则千里之外应之，况其迩者乎？居其室，出其言不善，则千里之外违之，况其迩者乎？言出乎身，加乎民；行发乎迩，见乎远。言行，君子之枢机。枢机之发，荣辱之主也。言行，君子之所以动天地也，可不慎乎！"

和，胡卧反。靡，音縻。行，下孟反。见，贤遍反。
释《中孚·九二》爻义。

"同人先号咷而后笑。"子曰："君子之道．或出或处，或默或语。二人同心，其利断金。同心之言，其臭如兰。"

断，丁管反。臭，昌又反。

释《同人·九五》爻义。言君子之道，初若不同，而后实无间，断金如兰，言物莫能间，而其言有味也。

"初六：藉用白茅，无咎。"子曰："苟错诸地而可矣，藉之用茅，何咎之有？慎之至也。夫茅之为物薄，而用可重也。慎斯术也以往，其无所失矣。"

藉，在夜反。错，音措。夫，音扶。

释《大过·初六》爻义。

"劳谦，君子有终，吉。"子曰："劳而不伐，有功而不德，厚之至也。语以其功下人者也。德言盛，礼言恭。谦也者，致恭以存其位者也。"

释《谦·九三》爻义。"德言盛，礼言恭"。言德欲其盛，礼欲其恭也。

"亢龙有悔"。子曰："贵而无位，高而无民，贤人在下位而无辅，是以动而有悔也。"

释《乾·上九》爻义。当属《文言》，此盖重出。

"不出户庭，无咎。"子曰："乱之所生也，则言语以为阶。君不密则失臣，臣不密则失身，几事不密则害成，是以君子慎密而不出也。"

几，音机。

释《节·初九》爻义。

子曰："作《易》者，其知盗乎？《易》曰：'负且乘，致寇至。'负也者，小人之事也。乘也者，君子之器也。小人而乘君子之器，盗思夺之矣。上慢下暴，盗思伐之矣。慢藏诲盗，冶容诲淫。《易》曰：'负且乘，致寇至。'盗之招也。"

藏，才浪反。

释《解·六三》爻义。

上第八章。

此章言卦爻之用。

天一，地二；天三，地四；天五，地六；天七，地八；天九，地十。

此简本在第十章之首。程子曰：宜在此。今从之。此言天地之数，阳奇阴偶，即所谓河图者也。其位一六居下，二七居上，三八居左，四九居右，五十居中。就此章而言之，则中五为衍母，次十为衍子，次一二三四为四象之位，次六七八九为四象之数。二老位于西北，二少位于东南，其数则各以其类交错于外也。

天数五，地数五，五位相得而各有合。天数二十有五，地数三十。凡天地之数五十有五，此所以成变化而行鬼神也。

此简本在"大衍"之后，今按宜在此。"天数五"者，一三五七九皆奇也。"地数五"者，二四六八十皆偶也。相得，谓一与二，三与四，五与六，七与八，九与十，各以奇偶为类而自相得。"有合"，谓一与六，二与七，三与八，四与九，五与十，皆两相合。"二十有五"者，五奇之积也。"三十"者，五偶之积也。"变化"，谓一变生水，而六化成之；二化生火，而七变成之；三变生木，而八化成之；四化生金，而九变成之；五变生土，而十化成之。"鬼神"，谓凡奇偶生成之屈伸往来者。

大衍之数五十，其用四十有九。分而为二以象两，挂一以象三，揲之以四以象四时，归奇于扐以象闰。五岁再闰，故再扐而后挂。

揲，时设反。奇，纪宜反。扐，郎得反。

"大衍之数五十"，盖以河图中宫，天五乘地十而得之。至用以筮，则又止用"四十有九"，盖皆出于理势之自然，而非人之知力所能损益也。"两"，谓天地也。"挂"，悬其一于左手小指之间也。"三"，三才也。"揲"，间而数之也。"奇"，所揲四数之余也。"扐"，勒于左手中三指之两间也。闰，积月之余日而成月者也。五岁之间，再积日而再成月。故五岁之中，凡有"再闰"，然后别起积分。如一挂之后，左右各一揲而一扐。故五者之中，凡有"再扐"，然后别起一挂也。

乾之策二百一十有六，坤之策百四十有四，凡三百有六十，当期之日。

期，音基。

凡此策数，生于四象。盖河图四面，太阳居一而连九，少阴居二而连八，少阳居三而连七，太阴居四而连六。揲蓍之法，则通计三变之余，去其初挂之一。凡四为奇，凡八为偶。奇圆围三，偶方围四。三用其全，四用其半，积而数之，则为六七八九。而第三变揲数策数，亦皆符会。盖余三奇则九，而其揲亦九，策亦四九三十六，是为居一之太阳。余二奇一偶则八，而其揲亦八，策亦四八三十二，是为居二之少阴。二偶一奇则七，而其揲亦七，策亦四七二十八，是为居三之少阳。三偶则六，而其揲亦六，策亦四六二十四，是为居四之老阴。是其变化往来进退离合之妙，皆出自然，非人之所能为也。少阴退而未极乎虚，少阳进而未极乎盈，故此独以老阳老阴计乾坤六爻之策数，余可推而知也。"期"，周一岁也。凡三百六十五日四分日之一，此特举成数而概言之耳。

二篇之策，万有一千五百二十，当万物之数也。

二篇，谓上下经。凡阳爻百九十二，得六千九百一十二策；阴爻百九十二，得四千六百八策，合之得此数。

是故四营而成易，十有八变而成卦。

"四营"，谓分二挂一揲四，归奇也。"易"，变易也，谓一变也。三变成爻，十八变则成六爻也。

八卦而小成。

谓九变而成三画，得内卦也。

引而伸之，触类而长之，天下之能事毕矣。

长，丁丈反。

谓已成六爻，而视其爻之变与不变，以为动静。则一卦可变而为六十四卦，以定吉凶。凡四千九十六卦也。

显道神德行，是故可与酬酢，可与佑神矣。

行，下孟反。

道因辞显，行以数神。"酬酢"，谓应对。"佑神"，谓助神化之功。

子曰："知变化之道者，其知神之所为乎？"

"变化之道"，即上文数法是也，皆非人之所能为。故夫子叹之，而门人加"子曰"以别上文也。

上第九章。

此章言天地大衍之数，揲蓍求卦之法，然亦略矣。意其详具于大卜筮人之官，而今不可考耳。其可推者，《启蒙》备言之。

《易》有圣人之道四焉：以言者尚其辞，以动者尚其变，以制器者尚其象，以卜筮者尚其占。

四者皆变化之道，神之所为者也。

是以君子将有为也，将有行也，问焉而以言，其受命也如嚮，无有远近幽深，遂知来物。非天下之至精，其孰能与于此？

嚮，许两反。古文響字。与，音预。下同。

此尚辞尚占之事，言人以蓍问《易》，求其卦爻之辞，而以之发言处事，则《易》受人之命而有以告之，如响之应声，以决其未来之吉凶也。"以言"，与"以言者尚其辞"之以言义同。"命"，则将筮而告蓍之语，《冠礼》"筮日，宰自右赞命"是也。

参伍以变，错综其数。通其变，遂成天地之文。极其数，遂定天下之象。非天下之至变，其孰能与于此？

参，七南反。错，七各反。综作弄反。

此尚象之事。"变"则象之未定者也，"参"者三数之也，"伍"者五数之也。既参以变，又伍以变一先一后，更相考核，以审其多寡之实也。"错"者，交而互之，一左一右之谓也。"综"者，总而挈之，一低一昂之谓也。此亦皆谓揲蓍求卦之事。盖通三揲两手之策，以成阴阳老少之画；究七八九六之数，以定卦爻动静之象也。"参伍错综"皆古语，而"参伍"尤难晓。按《荀子》云："窥敌制变，欲伍以参。"韩非曰："省同异之言，以知朋党之分，偶参伍之验，以责陈言之实。"又曰："参之以比物，伍之以合参。"《史记》曰："必参而伍之。"又曰："参伍不失。"《汉书》曰："参伍其贾，以类相准。"此足以相发明矣。

易，无思也，无为也，寂然不动，感而遂通天下之故。非天下之至神，其孰能与于此？

此四者，易之体所以立，而用所以行者也。易指蓍卦，无思无为，言其无心也。"寂然"者，感之体。"感""通"者，寂之用。人心之妙，其动静亦如此。

夫易，圣人所以极深而研几也。

几，音机。下同。

"研"，犹审也。"几"，微也。所以"极深"者，至精也。所以"研几"者，至变也。

唯深也，故能通天下之志；唯几也，故能成天下之务；唯神也，故不疾而速，不行而至。

所以通志而成务者，神之所为也。

子曰"《易》有圣人之道四焉"者，此之谓也。

上第十章。

此章承上章之意，言《易》之用有此四者。
子曰："夫《易》，何为者也？夫《易》，开物成务，冒天下之道，如斯而已者也。"是故圣人以通天下之志，以定天下之业，以断天下之疑。

夫，音扶。冒，莫报反。断，丁乱反。

"开物成务"，谓使人卜筮，以知吉凶而成事业。"冒天下之道"，谓卦爻既设，而天下之道皆在其中。

是故蓍之德圆而神，卦之德方以知，六爻之义易以贡。圣人以此洗心，退藏于密，吉凶与民同患。神以知来，知以藏往，其孰能与于此哉？古之聪明睿知，神武而不杀者夫！

"方以知"之"知"，音智。下"知以"，"睿知"并同。易，音亦。与，音预。夫，音扶。

"圆"神，谓变化无方。"方"知，谓事有定理。"易以贡"，谓变易以告人。圣人体具三者之德，而无一尘之累，无事则其心寂然，人莫能窥。有事则神知之用，随感而应，所谓无卜筮而知吉凶也。"神武不杀"，得其理而不假其物之谓。

是以明于天之道，而察于民之故，是兴神物以前民用。圣人以此斋戒，以神明其德夫！

夫，音扶。

"神物"，谓蓍龟。湛然纯一之谓"齐"，肃然警惕之谓"戒"。明天道，故知神物之可兴。察民故，故知其用之不可不有以开其先。是以作为卜筮以教人，而于此焉斋戒以考其占，使其心神明不测，如鬼神之能知来也。

是故阖户谓之坤，辟户谓之乾，一阖一辟谓之变，往来不穷谓之通。见乃谓之象，形乃谓之器，制而用之谓之法，利用出入，民咸用之谓之神。

见，贤遍反。

"阖""辟"，动静之机也。先言坤者，由静而动也。乾坤变通者，化育之功也。见象形器者，生物之序也。"法"者，圣人修道之所为。而"神"者，百姓自然之日用也。

是故易有太极，是生两仪，两仪生四象，四象生八卦。

太，音泰。

一每生二，自然之理也。"易"者，阴阳之变。"太极"者，其理也。"两仪"者，始为一画以分阴阳。"四象"者，次为二画以分太少。"八卦"者，次为三画而三才之象始备。此数言者，实圣人作《易》自然之次第，有不假丝毫智力而成者。画卦揲蓍，其序皆然，详见《序例》《启蒙》。

八卦定吉凶，吉凶生大业。

有"吉"有"凶"，是生"大业"。

是故法象，莫大乎天地；变通，莫大乎四时；悬象，著明莫大乎日月；崇高，莫大乎富贵；备物致用，立成器以为天下利，莫大乎圣人；探赜索隐，钩深致远，以定天下之吉凶，成天下之亹亹者，莫大乎蓍龟。

悬，音玄。探，吐南反。索，色白反。亹，亡伟反。

"富贵"，谓有天下，履帝位。"立"下疑有阙文。"亹亹"，犹勉勉也。疑则怠，决故勉。

是故天生神物，圣人则之；天地变化，圣人效之；天垂象，见吉凶，圣人象之；河出图，洛出书，圣人则之。

见，贤遍反。

此四者，圣人作《易》之所由也。河图洛书，详见《启蒙》。

易有四象，所以示也。系辞焉，所以告也。定之以吉凶，所以断也。

断，于乱反。

"四象"，谓阴阳老少。"示"，谓示人以所值之卦爻。

上第十一章。

此章专言卜筮。

《易》曰："自天佑之，吉无不利。"子曰："佑者，助也。天之所助者顺也，人之所助者信也。履信思乎顺，又以尚贤也，是以'自天佑之，吉无不利'也。"

释《大有·上九》爻义。然在此无所属，或恐是错简，宜在第八章之末。

子曰："书不尽言，言不尽意。"然则圣人之意，其不可见乎？子曰："圣人立象以尽意，设卦以尽情伪，系辞焉以尽其言，变而通之以尽利，鼓之舞之以尽神。"

"言"之所传者浅，"象"之所示者深。观奇偶二画，包含变化，无有穷尽，则可见矣，变通鼓舞以事而言。两"子曰"字，疑衍其一，盖"子曰"字皆后人所加，故有此误。

如近世《通书》，乃周子所自作，亦为后人每章加以"周子曰"字。其设问答处，正如此也。

乾坤，其易之缊邪？乾坤成列，而易立乎其中矣。乾坤毁，则无以见易。易不可见，则乾坤或几乎息矣。

缊与蕴同。邪，于遮反。几，音机。

"缊"，所包蓄者，犹衣之著也。易之所有，阴阳而已。凡阳皆乾，凡阴皆坤。画卦定位，则二者成列，而易之体立矣。乾坤毁，谓卦画不立。乾坤息，谓变化不行。

是故形而上者谓之道，形而下者谓之器，化而裁之谓之变，推而行之谓之通，举而错之天下之民谓之事业。

卦爻阴阳皆"形而下者"，其理则道也。因其自然之化而裁制之，变化之义也。"变"、"通"二字，上章以天言，此章以人言。

是故夫象，圣人有以见天下之赜，而拟以诸其形容，象其物宜，是故谓之象。圣人有以见天下之动，而观其会通，以行其典礼，系辞焉以断其吉凶，是故谓之爻。

重出以起下文。

极天下之赜者存乎卦。鼓天下之动者存乎辞。

卦即象也，辞即爻也。

化而裁之存乎变。推而行之存乎通。神而明之存乎其人。默而成之，不言而信，存乎德行。

行，下孟反。
卦爻所以变通者在人，人之所以能神而明之者在德。

上第十二章。

系 辞 下 传

八卦成列，象在其中矣。因而重之，爻在其中矣。

重，直龙反。

"成列"，谓乾一兑二，离三震四，巽五坎六，艮七坤八之类。"象"，谓卦之形体也，因而重之，谓各因一卦而以八卦次第加之为六十四也。"爻"，六爻也，既重而后卦有六爻也。

刚柔相推，变在其中矣。系辞焉而命之，动在其中矣。

"刚柔相推"，而卦爻之变，往来交错，无不可见。圣人因其如此，而皆系之辞以命其吉凶，则占者所值当动之爻象，亦不出乎此矣。

吉凶悔吝者，生乎动者也。

"吉凶悔吝"，皆辞之所命也，然必因卦爻之动而后见。

刚柔者，立本者也。变通者，趣时者也。

趣，七树反。
一刚一柔，各有定位。自此而彼，变以从时。

吉凶者，贞胜者也。

"贞"，正也，"常"也。物以其所正为常者也，天下之事，非吉则凶，非凶则吉，常相胜而不已也。

天地之道，贞观者也。日月之道，贞明者也。天下之动，贞夫一者也。

观，官换反。夫，音扶。
"观"，示也。天下之动，其变无穷，然顺理则吉，逆理则凶。则其所正而常者，亦一理而已矣。

夫乾，确然示人易矣；夫坤，隤然示人简矣。

确，苦角反。易，音巽。隤，音颓。
"确然"，健貌。"隤然"，顺貌。所谓贞观者也。

爻也者，效此者也。象也者，像此者也。

"此"，谓上文乾坤所示之理，爻之奇偶，卦之消息，所以效而像之。

爻象动乎内，吉凶见乎外。功业见乎变，圣人之情见乎辞。

"内"，谓蓍卦之中。"外"，谓蓍卦之外。"变"，即动乎内之变。"辞"，即见乎外之辞。

天地之大德曰生，圣人之大宝曰位。何以守位？曰仁。何以聚人？曰财。理财正辞，禁民为非曰义。

"曰人"之"人"，今本作"仁"。吕氏从古，盖所谓非众罔与守邦。

上第一章。

此章言卦爻吉凶，造化功业。

古者包羲氏之王天下也，仰则观象于天，俯则观法于地，观鸟兽之文，与地之宜，近取诸身，远取诸物，于是始作八卦，以通神明之德，以类万物之情。

包，蒲交反。王，于况反。

王昭素曰：与地之间，诸本多有"天"字，俯仰远近，所取不一，然不过以验阴阳消息两端而已。神明之德，如健顺动止之性。万物之情，如雷风山泽之象。

作结绳而为网罟，以佃以渔，盖取诸离。

罔与网同。罟，音占。佃，音田。
两目相承而物丽焉。

包羲氏没，神农氏作。斫木为耜，揉木为耒，耒耨之利，以教天下，盖取诸益。

斫，涉角反。耜，音似。耒，力对反。耨，奴豆反。
二体皆木，上入下动，天下之益，莫大于此。

日中为市，致天下之民，聚天下之货，交易而退，各得其所，盖取诸噬嗑。

日中为市，上明而下动。又借噬为市，嗑为合也。

神农氏没，黄帝、尧、舜氏作。通其变，使民不倦，神而化之，使民宜之。《易》穷则变，变则通，通则久。是以"自天佑之，吉无不利"。黄帝、尧、舜垂衣裳而天下治，盖取诸乾、坤。

乾坤变化而无为。

刳木为舟，剡木为楫。舟楫之利，以济不通，致远以利天下，盖取诸涣。

刳，口姑反。剡，以冉反。
木在水上也。"致远以利天下"，疑衍。

服牛乘马，引重致远，以利天下，盖取诸随。

下动上说。

重门击柝，以待暴客，盖取诸豫。

重，直龙反。柝，他各反。
"豫"，备之意。

断木为杵，掘地为臼，臼杵之利，万民以济，盖取诸小过。

断，丁缓反。杵，昌吕反。掘，其月反。
下止上动。

弦木为弧，剡木为矢，弧矢之利，以威天下，盖取诸睽。

睽乖然后威以服之。

上古穴居而野处，后世圣人易之以宫室，上栋下宇，以待风雨，盖取诸大壮。

处，上声。

壮固之意。

古之葬者，厚衣之以薪，葬之中野，不封不树，丧期无数，后世圣人易之以棺椁，盖取诸大过。

衣，去声。

送死大事，而过于厚。

上古结绳而治，后世圣人易之以书契，百官以治，万民以察，盖取诸夬。

明决之意。

上第二章。

此章言圣人制器尚象之事。

是故《易》者，象也。象也者，像也。

"易"，卦之形，理之似也。

彖者，材也。

"彖"，言一卦之材。

爻也者，效天下之动者也。

"效"，放也。

是故吉凶生而悔吝著也。

"悔吝"本微，因此而"著"。

上第三章。

阳卦多阴，阴卦多阳。

震、坎、艮为阳卦，皆一阳二阴。巽、离、兑为阴卦，皆一阴二阳。

其故何也？阳卦奇，阴卦偶。

奇，纪宜反。

凡阳卦皆五画，凡阴卦皆四画。

其德行何也？阳一君而二民，君子之道也。阴二君一民，小人之道也。

行，下孟反。

"君"，谓阳。"民"，谓阴。

上第四章。

《易》曰："憧憧往来，朋从尔思。"子曰："天下何思何虑？天下同归而殊途，一致而百虑，天下何思何虑？

此引《咸·九四》爻辞而释之。言理本无二，而殊涂百虑，莫非自然，何以思虑为哉？必思而从，则所从者亦狭矣。

"日往则月来，月往则日来，日月相推而明生焉。寒往则暑来，暑往则寒来，寒暑相推而岁成焉。往者屈也，来者信也，屈信相感，而利生焉。

信，音申。
言"往来屈信"，皆感应自然之常理，加憧憧焉则入于私矣，所以必思而后有从也。

"尺蠖之屈，以求信也。龙蛇之蛰，以存身也。精义入神，以致用也，利用安身，以崇德也。

蠖，纡缚反。蛰，真立反。
因言屈信往来之理，而又推以言学亦有自然之机也。精研其义，至于入神，屈之至也。然乃所以为出而致用之本，利其施用，无适不安，信之极也。然乃所以为人而崇德之资，内外交相养，互相发也。

"过此以往，未之或知也。穷神知化，德之盛也。"

下学之事，尽力于精义利用，而交养互发之机，身不能已，自是以上，则亦无所用其力矣。至于"穷神知化"，乃德盛仁熟而自致耳。然不知者往而屈也，自致者来而信也，是亦感应自然之理而已。张子曰：气有阴阳，推行有渐为化，合一不测为神。此上四节，皆以释《咸·九四》爻义。

《易》曰："困于石，据于蒺藜，入于其宫，不见其妻，凶。"子曰："非所困而困焉，名必辱；非所据而据焉，身必危。既辱且危，死期将至，妻其可得见邪？"

释《困·六三》爻义。

《易》曰："公用射隼于高墉之上，获之，无不利。"子曰："隼者禽也，弓矢者器也，射之者人也。君子藏器于身，待时而动，何不利之有？动而不括，是以出而有获，语成器而动者也。"

射，石亦反。隼，恤允反。括，古活反。
括，结碍也。此释《解·上六》爻义。

子曰："小人不耻不仁，不畏不义，不见利不劝，不威不惩。小惩而大诫，此小人之福也。《易》曰：'屦校灭趾，无咎'，此之谓也。

校，音教。
此释《噬嗑·初九》爻义。

"善不积不足以成名，恶不积不足以灭身。小人以小善为无益而弗为也，以小恶为无伤而弗去也。故恶积而不可掩，罪大而不可解。《易》曰：'何校灭耳，凶。'"

何，河可反。去，羌吕反。
此释《噬嗑·上九》爻义。

子曰："危者安其位者也，亡者保其存者也，乱者有其治者也。是故君子安而不忘危，存而不忘亡，治而不忘乱，是以身安而国家可保也。《易》曰：'其亡其亡，系于苞桑。'"

此释《否·九五》爻义。

子曰："德薄而位尊，知小而谋大，力小而任重，鲜不及矣。《易》曰：'鼎折足，覆公𫗧，其形渥，凶。'言不胜其任也。"

知，音智。鲜，仙善反。折，之设反。𫗧，音速。渥，乌角反。胜，音升。
此释《鼎·九四》爻义。

子曰："知几其神乎？君子上交不谄，下交不渎，其知几乎？几者动之微，吉之先见者也。君子见几而作，不俟终日。《易》曰：'介于石，不终日，贞吉。'介如石焉，宁用终日？断可识矣！君子知微知彰，知柔知刚，万夫之望。"

几，音机。"先见"之"见"，音现。断，丁玩反。望，无方反。
此释《豫·六二》爻义。《汉书》"吉之"之间有"凶"字。

子曰："颜氏之子，其殆庶几乎？有不善未尝不知，知之未尝复行也。《易》曰：'不远复，无祇悔，元吉。'"

几，音机。"复行"之"复"，芳服反。祇，音其。
殆，危也。庶几，近意，言近道也。此释《复·初九》爻义。

天地𬘡缊，万物化醇；男女构精，万物化生。《易》曰："三人行则损一人，一人行则得其友。"言致一也。

𬘡，音因。缊，纤云反。
"𬘡缊"，交密之状。"醇"，谓厚而凝也，言气化者也。化生，形化者也。此释《损·六三》爻义。

子曰："君子安其身而后动，易其心而后语，定其交而后求。君子修此三者，故全也。危以动则民不与也，惧以语则民不应也，无交而求则民不与也，莫之与则伤之者至矣。《易》曰：'莫益之，或击之，立心勿恒，凶。'"

"易其"之"易"，去声。
此释《益·上九》爻义。

上第五章。

子曰："乾坤，其易之门邪？乾，阳物也；坤，阴物也。阴阳合德而刚柔有体，以体天地之撰，以通神明之德。"

邪，于遮反。撰，仕免反。

诸卦刚柔之体，皆以乾坤合德而成，故曰"乾坤《易》之门"。"撰"，犹事也。

"其称名也，杂而不越，于稽其类，其衰世之意邪？"

万物虽多，无不出于阴阳之变，故卦爻之义，虽杂出而不差谬，然非上古淳质之时，思虑所及也。故以为衰世之意。盖指文王与纣之时也。

"夫《易》，彰往而察来，而微显阐幽。开而当名辨物，正言断辞则备矣。"

夫，音扶。当，去声。断，丁玩反。

"而微显"，恐当作"微显而"，"开而"之"而"，亦疑有误。

"其称名也小，其取类也大。其旨远，其辞文。其言曲而中，其事肆而隐。因贰以济民行，以明失得之报。"

中，丁仲反。行，下孟反。

"肆"，陈也。"贰"，疑也。

上第六章。

此章多阙文疑字，不可尽通，后皆放此。

《易》之兴也，其于中古乎？作《易》者，其有忧患乎？

夏商之末，《易》道中微。文王拘于羑里而系彖辞，《易》道复兴。

是故履，德之基也。谦，德之柄也。复，德之本也。恒，德之固也。损，德之修也。益，德之裕也。困，德之辨也。井，德之地也。巽，德之制也。

"履"，礼也。上天下泽，定分不易，必谨乎此，然后其德有以为基而立也。"谦"者，自卑而尊人，又为礼者之所当执持而不可失者也。九卦皆反身修德以处忧患之事也，而有序焉。"基"所以立，"柄"所以持，"复"者心不外而善端存，"恒"者守不变而常且久，"惩忿窒欲"以修身，"迁善改过"以长善。"困"以自验其力，"井"以不变其所，然后能巽顺于理以制事变也。

履，和而至。谦，尊而光。复，小而辨于物。恒，杂而不厌。损，先难而后易。益，长裕而不设。困，穷而通。井，居其所而迁。巽，称而隐。

易，以豉反。长，丁丈反。称，尺证反。

此如《书》之九德，礼非强世，然事皆至极。"谦以自卑"，而尊且光，复阳微而不乱于群阴，恒处杂而常德不厌。损欲先难，习熟则易。益但充长，而不造作。困，身困而道亨，井不动而及物，巽称物之宜而潜隐不露。

履以和行，谦以制礼，复以自知，恒以一德，损以远害，益以兴利，困以寡怨，井以辨义，巽以行权。

"和行"之"行"，下孟反。远，袁万反。

"寡怨"，谓少所怨尤。"辨义"，谓安而能虑。

上第七章。

此章三陈九卦，以明处忧患之道。

《易》之为书也不可远，为道也屡迁。变动不居，周流六虚，上下无常，刚柔相易，不可为典要，惟变所适。

远，袁万反。上，上声。下，去声。

"远"，犹忘也。"周流六虚"，谓阴阳流行于卦之六位。

其出入以度，外内使知惧。

此句未详，疑有脱误。

又明于忧患与故，无有师保，如临父母。

"虽无师保"，而常若"父母"临之，戒惧之至。

初率其辞，而揆其方，既有典常。苟非其人，道不虚行。

揆，葵癸反。

"方"，道也。始由辞以度其理，则见其有典常矣。然神而明之，则存乎其人也。

上第八章。

《易》之为书也，原始要终以为质也。六爻相杂，惟其时物也。

要，一遥反。下同。

质谓卦体，卦必举其始终而后成体，爻则唯其时物而已。

其初难知，其上易知，本末也。初辞拟之，卒成之终。

易，去声。

此言初上二爻。

若夫杂物撰德，辨是与非，则非其中爻不备。

夫，音扶。

此谓卦中四爻。

噫！亦要存亡吉凶，则居可知矣。知者观其彖辞，则思过半矣。

"知者"之"知"，音智。

《象》统论一卦六爻之体。

二与四同功而异位，其善不同：二多誉，四多惧，近也。柔之为道，不利远者。其要无咎，其用柔中也。

要，如字。又，一遥反。下章同。

此以下论中爻。"同功"，谓皆阴位。"异位"，谓远近不同。四近君，故"多惧"。柔不利远，而"二多誉"者，以其"柔中"也。

三与五同功而异位：三多凶，五多功，贵贱之等也。其柔危，其刚胜邪？

胜，音升。

三五同阳位，而贵贱不同，然以柔居之则危，唯刚则能胜之。

上第九章。

《易》之为书也，广大悉备。有天道焉，有人道焉，有地道焉。兼三才而两之，故六。六者非它也，三才之道也。

三画已具"三才"，重之故六，而以上二爻为天，中二爻为人，下二爻为地。

道有变动，故曰爻。爻有等，故曰物。物相杂，故曰文。文不当，故吉凶生焉。

当，去声。

"道有变动"，谓卦之一体。"等"，谓远近贵贱之差。"相杂"，谓刚柔之位相间。"不当"，谓爻不当位。

上第十章。

《易》之兴也，其当殷之末世，周之盛德邪？当文王与纣之事邪？是故其辞危。危者使平，易者使倾。其道甚大，百物不废。惧以终始，其要无咎，此之谓《易》之道也。

邪，于遮反。"易者"之"易"，去声。要，平声。

危惧故得平安，慢易则必倾覆，《易》之道也。

上第十一章。

夫乾，天下之至健也，德行恒易以知险。夫坤，天下之至顺也，德行恒简以知阻。

夫，音扶。"行""易"，并去声。阻，庄吕反。

至健则所行无难，故"易"。至顺则所行不繁，故"简"。然其于事，皆有以知其难，而不敢易以处之也。是以若有忧患，则健者如自高临下，而知其险。顺者如自下趋上，而知其阻。盖虽易而能"知险"，则不陷于险矣。既简而又"知阻"，则不困于阻矣。所以能危能惧，而无易吾之倾也。

能说诸心，能研诸侯之虑，定天下之吉凶，成天下之亹亹者。

说，音悦。

"侯之"二字衍。"说诸心"者，心与理会，乾之事也。"研诸虑"者，理因虑审，坤之事也。"说诸心"，故有以定吉凶。"研诸虑"，故有以成亹亹。

是故变化云为，吉事有祥。象事知器，占事知来。

"变化云为"，故象事可以知器。"吉事有祥"，故占事可以知来。

天地设位，圣人成能。人谋鬼谋，百姓与能。

与，音预。

"天地设位"，而圣人作易以成其功，于是"人谋鬼谋"。虽百姓之愚，皆得以与其能。

八卦以象告，爻彖以情言。刚柔杂居，而吉凶可见矣。

"象"，谓卦画。"爻彖"，谓卦爻辞。

变动以利言，吉凶以情迁。是故爱恶相攻而吉凶生，远近相取而悔吝生，情伪相感而利害生。凡《易》之情，近而不相得则凶。或害之，悔且吝。

恶，乌路反。

"不相得"，谓相恶也。凶害悔吝，皆由此生。

将叛者其辞惭，中心疑者其辞枝，吉人之辞寡，躁人之辞多，诬善之人其辞游，失其守者其辞屈。

卦爻之辞，亦犹是也。

上第十二章。

周易本义卷之四

朱熹本义

说 卦 传

昔者圣人之作《易》也，幽赞于神明而生蓍。

"幽赞神明"，犹言赞化育。《龟策传》曰："天下和平，王道得，而蓍茎长丈，其丛生满百茎。"

参天两地而倚数。

参，七南反。

天圆地方，圆者一而围三，三各一奇，故"参天"而为三。方者一而围四，四合二偶，故"两地"而为二。数皆倚此而起，故揲蓍三变之末，其余三奇，则三三而九；三偶，则三二而六。两二一三则为七，两三一二则为八。

观变于阴阳而立卦，发挥于刚柔而生爻，和顺于道德而理于义，穷理尽性以至于命。

和顺，从容无所乖逆，统言之也。理，谓随事得其条理，析言之也。穷天下之理，尽人物之性，而合于天道，此圣人作《易》之极功也。

上第一章。

昔者圣人之作《易》也，将以顺性命之理。是以立天之道，曰阴与阳；立地之道，曰柔与刚；立人之道，曰仁与义。兼三才而两之，故《易》六画而成卦。分阴分阳，迭用柔刚，故《易》六位而成章。

"兼三才而两之"，总言六画。又细分之，则阴阳之位，间杂而成文章也。

上第二章。

天地定位，山泽通气，雷风相薄，水火不相射，八卦相错。

薄，音博。

邵子曰：此伏羲八卦之位。乾南坤北，离东坎西，兑居东南，震居东北，巽居西南，艮居西北。于是八卦相交而成六十四卦，所谓先天之学也。

数往者顺，知来者逆，是故《易》，逆数也。

数，并上声。

起震而历离兑以至于乾，数已生之卦也。自巽而历坎艮以至于坤，推未生之卦也。《易》之生卦，则以乾兑离震巽坎艮坤为次，故皆"逆数"也。

上第三章。

雷以动之，风以散之，雨以润之，日以烜之，艮以止之，兑以说之，乾以君之，坤以藏之。

烜与暄同。说，音悦。

此卦位相对，与上章同。

上第四章。

帝出乎震，齐乎巽，相见乎离，致役乎坤，说言乎兑，战乎乾，劳乎坎，成言乎艮。

说，音悦。下同。

帝者，天之主宰。邵子曰：此卦位乃文王所定，所谓后天之学也。

万物出乎震，震，东方也。齐乎巽，巽，东南也。齐也者，言万物之洁齐也。离也者，明也，万物皆相见，南方之卦也。圣人南面而听天下，向明而治，盖取诸此也。坤也者，地也，万物皆致养焉，故曰致役乎坤。兑，正秋也，万物之所说也，故曰说言乎兑。战乎乾，乾，西北之卦也，言阴阳相薄也。坎者，水也，正北方之卦也，劳卦也，万物之所归也，故曰劳乎坎。艮，东北之卦也，万物之所成终，而所成始也，故曰成言乎艮。

响，读作向。说，音悦。下同。薄，音博。

上言帝，此言万物之随帝以出入也。

上第五章。

此章所推卦位之说，多未详者。

神也者，妙万物而为言者也。动万物者莫疾乎雷，挠万物者莫疾乎风，燥万物者莫熯乎火，说万物者莫说乎泽，润万物者莫润乎水，终万物始万物者莫盛乎艮。故水火相逮，雷风不相悖，山泽通气，然后能变化，既成万物也。

挠，乃饱反。熯，呼但反。悖，必丙反。

此去乾坤而专言"六子"，以见神之所为，然其位序亦用上章之说，未详其义。

上第六章。

乾，健也。坤，顺也。震，动也。巽，入也。坎，陷也。离，丽也。艮，止也。兑，说也。

说，音悦。

此言八卦之性情。

上第七章。

乾为马，坤为牛，震为龙，巽为鸡，坎为豕，离为雉，艮为狗，兑为羊。

远取诸物如此。

上第八章。

乾为首，坤为腹，震为足，巽为股，坎为耳，离为目，艮为手，兑为口。

近取诸身如此。

上第九章。

乾，天也，故称乎父。坤，地也，故称乎母。震一索而得男，故谓之长男。巽一索而得女，故谓之长女。坎再索而得男，故谓之中男。离再索而得女，故谓之中女。艮三索而得男，故谓之少男。兑三索而得女，故谓之少女。

索，色白反。长，之丈反。少，诗照反。下章同。
"索"，求也，谓揲蓍以求爻也。"男""女"，指卦中一阴一阳之爻而言。

上第十章。

乾为天，为圆，为君，为父，为玉，为金，为寒，为冰，为大赤，为良马，为老马，为瘠马，为驳马，为木果。

圜，音圆。驳，邦角反。
《荀九家》此下有"为龙，为直，为衣，为言"。

坤为地，为母，为布，为釜，为吝啬，为均，为子母牛，为大舆，为文，为众，为柄。其于地也，为黑。

釜，房甫反。啬，音色。
《荀九家》有"为牝，为迷，为方，为囊，为裳，为黄，为帛，为浆"。

震为雷，为龙，为玄黄，为旉，为大涂，为长子，为决躁，为苍筤竹，为萑苇。其于马也，为善鸣，为馵足，为作足，为的颡。其于稼也，为反生，其究为健，为蕃鲜。

旉，音孚。筤，音郎。萑，音九。馵，主树反。蕃，音烦。
《荀九家》有"为玉、为鹄、为鼓"。

巽为木，为风，为长女，为绳直，为工，为白，为长，为高，为进退，为不果，为臭。其于人也，为寡发，为广颡，为多白眼，为近利市三倍，其究为躁卦。

下"为长"之"长"，如字。
《荀九家》有"为杨，为鹳"。

坎为水，为沟渎，为隐伏，为矫輮，为弓轮。其于人也，为加忧，为心病，为耳痛，为血卦，为赤。其于马也，为美脊，为亟心，为下首，为薄蹄，为曳。其于舆也，为多眚，为通，为月，为盗。其于木也，为坚多心。

輮，如九反。亟，纪力反。曳，以制反。
《荀九家》有"为宫，为律，为可，为栋，为丛棘，为狐，为蒺藜，为桎梏"。

离为火，为日，为电，为中女，为甲胄，为戈兵。其于人也，为大腹。为乾卦，为鳖，为蟹，为蠃，为蚌，为龟。其于木也，为科上槁。

乾，音干。蟹，户买反。蠃，力禾反。蚌，步项反。
《荀九家》有"为牝牛"。

艮为山，为径路，为小石，为门阙，为果蓏，为阍寺，为指，为狗，为鼠，为黔喙之属。其于木也，为坚多节。

蓏，力果反。黔，其坚反。喙，泥废反，又音呋。
《荀九家》有"为鼻，为虎，为狐"。

兑为泽，为少女，为巫，为口舌，为毁折，为附决。其于地也，为刚卤，为妾，为羊。

折，之列反。卤，力杜反。
《荀九家》有"为常，为辅颊"。

上第十一章。

此章广八卦之象，其间多不可晓者。求之于经，亦不尽合也。

序卦传

有天地，然后万物生焉。盈天地之间者，唯万物，故受之以屯。屯者，盈也。

屯者，物之始生也。物生必蒙，故受之以蒙。蒙者，蒙也，物之稚也。物稚不可不养也，故受之以需。需者，饮食之道也。饮食必有讼，故受之以讼。

讼必有众起，故受之以师。师者，众也。众必有所比，故受之以比。比者，比也。

比必有所畜，故受之以小畜。物畜然后有礼，故受之以履。履而泰，然后安，故受之以泰。

晁氏曰：郑无"而泰"二字。

泰者，通也。物不可终通，故受之以否。物不可以终否，故受之以同人。与人同者，物必归焉，故受之以大有。有大者，不可以盈，故受之以谦。有大而能谦，必豫，故受之以豫。

郭氏雍曰：以谦有大，则绝盈满之累，故优游不迫而暇豫也。

豫必有随，故受之以随。以喜随人者，必有事，故受之以蛊。蛊者，事也。有事而后可大，故受之以临。临者，大也。

物大然后可观，故受之以观。可观而后有所合，故受之以噬嗑。嗑者，合也。物不可以苟合而已，故受之以贲。贲者，饰也。致饰然后亨则尽矣，故受之以剥。剥者，剥也。

物不可以终尽剥，穷上反下，故受之以复。复则不妄矣，故受之以无妄。有无妄，然后可畜，故受之以大畜。

物畜然后可养，故受之以颐。颐者，养也。不养则不可动，故受之以大过。物不可以终过，故受之以坎。坎者，陷也。陷必有所丽，故受之以离。离者，丽也。

上上篇。

有天地，然后有万物。有万物，然后有男女。有男女，然后有夫妇。有夫妇，然后有父子。有父子，然后有君臣。有君臣，然后有上下。有上下，然后礼义有所错。夫妇之道，不可以不久也，故受之以恒。恒者，久也。

物不可以久居其所，故受之以遁。遁者，退也。物不可以终遁，故受之以大壮。物不可以终壮，故受之以晋。晋者，进也。进必有所伤，故受之以明夷。夷者，伤也。伤于外者，必反其家，故受之以家人。

家道穷必乖，故受之以睽。睽者，乖也。乖必有难，故受之以蹇。蹇者，难也。物不可以终难，故受之以解。解者，缓也。

缓必有所失，故受之以损。损而不已必益，故受之以益。益而不已必决，故受之以夬。夬者，决也。决必有所遇，故受之以姤。姤者，遇也。

物相遇而后聚，故受之以萃。萃者，聚也。聚而上者谓之升，故受之以升。升而不已必困，故受之以困。困乎上者必反下，故受之以井。

井道不可不革，故受之以革。

革物者莫若鼎，故受之以鼎。主器者莫若长子，故受之以震。震者，动也。物不可以终动，止之，故受之以艮。艮者，止也。物不可以终止，故受之以渐。渐者，进也。进必有所归，故受之以归妹。得其所归者必大，故受之以丰。丰者，大也。

穷大者必失其居，故受之以旅。旅而无所容，故受之以巽。巽者，入也。

入而后说之，故受之以兑。兑者，说也。说而后散之，故受之以涣。涣者，离也。

物不可以终离，故受之以节。节而信之，故受之以中孚。有其信者必行之，故受之以小过。

有过物者必济，故受之以既济。物不可穷也，故受之以未济终焉。

上下篇。

杂卦传

乾刚，坤柔。比乐，师忧。

乐，音洛。

临、观之义，或与或求。

以我临物曰"与"，物来观我曰"求"。或曰：二卦互有与求之义。

屯见而不失其居，蒙杂而著。

见，贤遍反。著，陟虑反。

屯震遇坎，震动故"见"，坎险不行也。蒙，坎遇艮，坎幽昧，艮光明也。或曰：屯以初言，蒙以二言。

震，起也；艮，止也。损、益，盛衰之始也。

大畜，时也；无妄，灾也。

止健者，时有适然，无妄而灾自外至。

萃聚，而升不来也。谦轻，而豫怠也。

噬嗑，食也；贲，无色也。

白受采。

兑见，而巽伏也。

见，贤遍反。

兑阴外见，巽阴内伏。

随，无故也；蛊，则饬也。

饬与勅同。

随前无故，蛊后当饬。

剥，烂也；复，反也。

晋，昼也；明夷，诛也。

诛，伤也。

井通，而困相遇也。

刚柔相遇而刚见掩也。

咸，速也；恒，久也。

咸速，恒久。

涣，离也；节，止也。解，缓也；蹇，难也。睽，外也；家人，内也。否、泰反其类
也。

难，乃旦反。

大壮则止，遁则退也。

止，谓不进。

大有，众也；同人，亲也。革，去故也；鼎，取新也。小过，过也；中孚，信也。丰，
多故也；亲寡，旅也。

去，起吕反。
既明且动，其故多矣。

离上，而坎下也。

上，时掌反。下，遐嫁反。
火炎上，水润下。

小畜，寡也；履，不处也。

处，上声。
不处行进之义。

需，不进也；讼，不亲也。

大过，颠也；姤，遇也，柔遇刚也。渐，女归待男行也。颐，养正也。既济，定也。
归妹，女之终也。未济，男之穷也。夬，决也，刚决柔也。君子道长，小人道忧也。

长，丁丈反。
自大过以下，卦不反对，或疑其错简，今以韵协之，又似非误，未详何义。

易　断

日·高岛嘉右卫门　撰

清·王治本　译

作者小传

高岛嘉右卫门，吞象，神奈川县士族也。幼受庭训，辄读四书五经，业务之暇，手不释卷，积年之久，略谙诵之，窥圣贤之旨，探道德之原。

及安政六年十二月，当横滨开港之初，因过犯禁下狱，偶得《周易》一册，喜曰："此天赐也！"昼读夜思，烂熟贯通。七年而出狱，君如身生羽翼，备曰："吾出万死而得一生矣！自今我唯当勇于行善而已。"

乃开廛于横滨。勤于作事，能乘机会，性又忍耐，四年间获金巨万，然其所入，尽用诸义举，不以丝毫自为退守计。苟利于人，则进而当其劳苦；每见善事，则必著之先鞭。始造铁路，自横滨至神奈川，以纳于官；尝有洋商谋，将设街灯于横滨，君先机而造之，终不使赢利归于彼。

常留心观天下之变，预卜其将来。故当其处事孔棘，他人惴惴束手无措，而君智谋横发，游刃有余。当事之难决则筮之，其解说奇中，揆诸人事，大小皆验。

尝著《易断》、《易占》二书，副岛种臣、中村敬宇、栗本锄云三君，皆为序赠之。明治三十四年，君又将旧著重订，别为六十四卷，名曰《增补高岛易断》，特请我国浙东王君治本代为补正，译作汉文，俾可流传海外。君早晚又以此书译成英文，使之传于欧美各邦，其愿宏力毅，诚有非常人所可企及者。

摘自袁树珊著《中国历代卜人传·附录》

序 一

人虽有智愚、贤不肖、贵贱、贫富之殊，其处世也，各劳精于思虑，一日无有间断。而其所志，或有为一家者，或有为一国者，或有为宇内之公益者，虽因各人天赋之能力不齐，而有大小轻重之差，大泛观之，无非希望国家之富饶，世界之泰平也。何则？假令能得一家之治齐，而所居之国乱，则不得独保其安也；又能得一国之治平，邻国扰乱，则亦不得独晏然于局外也。是理之所易睹也。方今世运，益趋文明，学艺技术之进步，非复昔日之比也。博学高才之士，不乏其人，治化之隆，如可翘足而待也。虽然，熟观今世之现状，皆以厚于己而薄于他为常，甲邦常思吞噬乙国，乙国亦常以抗之为事，人心益流于邪僻，仁义之风几已扫地，优胜劣败之势日甚，弱肉强食之情益著，自王侯以至于庶人，如有不安于身后之计者也。夫贤智之士，日夜劳心力，而思虑计划，尚且不自安，所以如此者何也？抑思虑之不足，而误其方耶？不可不顾虑也。余谓是由人人忘失至诚通神之道，为使神人之间隔绝也。夫不通神，则不能禀天命；不禀天命，则不能前知将来；不知将来，则不能知人事之极。故其志望无所归著，而妄劳心力，是犹盲人而弄铳器，不能定标的而放弹，彼此皆受其害，岂不危险之甚乎？所谓不知天命而不畏之所致也。

今日之势，既已如此，余为是惧，而悯人生之不幸，将济之于迷途也。然而救济之术，唯在于介神人之间，而通其意而已。人若知神明之德，不晦于令，则英雄豪杰之士，方其有疑惑也，必请教于神明，畏惮天命之严肃，博识高才之人，亦破想象之迷梦，知人生志望之所归著，则人心常有所戒惧修省，而自可生博爱之念也。于是风教亦自匡正，可得使天下之人，浴造化之恩泽也。是余之所希望，故今传人以至诚通神之术，欲使得神人冥会也。然既已有术，则不可无书，《易》则通神之书也。虽然，古昔圣人之所述，后世学者未能得其真意，而用之于实际也。今以国文译之，附以所见，欲使世人前知将来也。是所以述此书之大要也。

《易》之为书，明天地阴阳奇偶之理，以阐发造化之秘蕴，六十四卦，而网罗万象，盖宇宙间之事物，未有不阴阳相对者。有日则有月，有寒则有暑，有男则有女。且既有形而下之物，则必不可无形而上之道，亦犹人有可见之肉体，又必有不可见之心魂。心魂一脱去人身，则名之曰鬼神。鬼神虽不可见，人得以至诚通之，则依冥助而前知将来，凡庸之徒，亦可知神之有在也。惟太古草昧之世，往往有能通神之术者，故人皆知有鬼神也；方今称文明之盛，人之智识，凌驾古人，人事之便益进，为天涯比邻之观，然却不知感通于之鬼神，遂至有夸张无神论者。其故何也？盖治世之方，古今一变，人之气质，亦随之而变。夫接神之道，由精神气力之单纯，穷理之道，由智识思想之致密，故能穷物理，而却不能通神明也。古人之精神气力，以单纯故，能通神明，而不能穷物理也。是所以至诚之道，行于上古，而巧智之术，盛于后世也。请详述其变迁之所由。

夫阴阳之精气交而万物生焉，人之生也，禀受虚灵之心魂，而为万物之长，然裸体而无护身之蹄角，又无害他之爪牙。方其穴居野处也，与猛兽毒蛇之类，互相竞争，胜之则食其肉，衣其毛，不胜则为其所食。于是偶有捷智者，取火于火山，用以驱除猛兽毒蛇，始得为人类之世。尔来生民殖而禽兽减，乃至食料缺乏，数人以争一禽，斗争自是而起，其极至人相食，谓之优胜劣败，弱肉强食之世。方是时，天悯生民，降斯大人，使之救济一世。大人见此状况，恻怛之心，不能自禁，求救世之道最切。其至诚通神，感得畋渔之法，乃谕众曰：汝等今食他人之肉，而取快于一时，汝等之肉，他日又得不为人食乎？诚如此，则悲惨之状，有不忍言者。思之，勿复同类相食，如夫食料，吾能供之。乃作网罟，使之捕禽于野，渔鱼于水，众皆利之；又剡木磨之以石，名曰耒耜，以垦荒芜，播以草木之实；且教以火食，众皆德而服之，事之如神。自是之后，衣食足而知礼节，令行禁止，于是统御之道始举，建国之基斯立，君臣之分长定，父子、夫妇、兄弟、朋友之伦渐备。

以我邦观之，则皇祖琼琼杵尊天降之时，而在支那，则伏羲氏之世也。伏羲氏之王天下也，幽赞于神明，而创占筮之法，使人得问神决疑，前知将来，《易》曰"昔者圣人之作《易》也，幽赞于神明而生蓍"是也。夫《易》以八卦，表万物之原子，盖万物成于八原子之集合，故画八卦而现形而上，原子于形而下；重之以为六十四卦，以应万象者也。"易"之为字，重合日月，并书之则成"明"字，谓从斯道则万物无不明也。是《易》之所以名也。故大传曰，《易》以"知幽明之故"，"知鬼神之情状"，"知神之所为"，见"万物之情"，见"天地之心"。盖人亦与万物同成于八原子之集合，故性情动作，共不离其序次也。故一知造化之理由，则知其性之所基，若死生之说，进退存亡之机，阴阳消长之理，默识冥合，而活用之，得防祸乱于未萌，消灾害于未发。

是以羲圣以下数圣人，以《易》为世世相承之神宝，以为王道之基础。夫尧舜之禅天下于舜禹，其语曰："人心惟危，道心惟微，惟精惟一，允执厥中。"忧人之所思虑，臆测想象而易违，故各卦第五爻，示得中正而施政之方。然至夏殷之世，气运渐变，人人专赖智力与劳力，以营生计，无复如上古，赌身命于危险之境，为求食之要，是以精神气力，亦不能如上古之强壮，所关于精神气力之道术，渐趋衰颓，则势之所使然也。及周而文王出焉，恐世人专信想象之理，失闻神智之道，紊人智之天真，乃崇奉神《易》，系以象辞，以明羲圣之意。其辞穷幽明之蕴奥，拨造化之秘机，因天、泽、火、雷、风、水、山、地之八原子配合之理，以说及人事之吉凶悔吝，行以通神之术，造化之理，及神人交通之道，两相完也。其子周公旦，亦继文王之意，通观天下，感想事物之理，虽甚错杂，或有一定之规则而运转之。征夏、殷《连山》、《归藏》之二《易》中感鬼神适事理之占例，与众学士从事其纂辑，果不违其所预想，知天下万象之起灭终始，不出于三百八十四爻之外。于是始照三百八十四爻于实际之事物，看以易情之变化，因卦时、卦义、卦象与刚柔之应比，与阴阳消长之气运，系辞于各爻，以大成《易》道。故周官太卜居八政之一，至春秋之世，尚重太卜之官，卿大夫掌之，上智远识之士，效而行之。

而周公之爻辞，多涉于比拟譬喻者，少直指善恶者，考其所由，是不拟以其才之美，成斐然之章，亦有所深忧而然。盖人之资质，有善不善，故善人与不善人相待而为群，更互流行，中人从其流行，而左右上下，是阴阳消长之常理。恰如四时之循环，昼夜之交代，而当其暗黑之时，不可不揭灯火而照之，是教学之所以由兴也。夫一明一暗，一顺一逆如此者，即阴阳消长之理也。故遭"君子道长"之气运，善人得时，则天下治平，而《易》道自明；然遇小人道长之气运，不善人得时，若使善人占事，因《象》爻之辞，明陈不善人隐微之心术，发露其奸恶，则其人羞耻之余，加害于善人，亦不可知也。故周公特用隐语而系辞，例如以凶暴者为虎，以狡猾者为狐，以愚钝者为豕，婉曲其辞，使不善人反省而无所愤恨，其用心也深矣。

是以孔子之圣，犹曰："加我数年，五十以学《易》，可以无大过矣。"韦编三绝，以研究斯道者，其果几何？乃叹曰："道之不行，吾知之矣，智者过之，愚者不及也；贤者过之，不肖者不及也。"盖弟子中，或恃其才，以为天下之事，无足为者，迂远之道，不足学也，于是中道而废。智者过之者，盖婉辞也，唯颜回独优，入圣域，不幸短命而死，宏才能辩如子贡者，未能与闻性与天道也。斯道之至大而难传，有如此者。抑孔子所主，在与尧舜同用《易》之中正，以行之于人事，故常用其中正，谓之中庸。中庸得天命之中正，而则神智，以行之于人事，是虽圣人，所难实践也。故《中庸》曰："天下国家，可均也，爵禄，可辞也，白刃，可蹈也，中庸，不可能也。"虽有达观远识，脱名利者，不至至诚通神之域，未能得之也。故曰："中庸其至矣乎？民鲜能久矣。"夫行《易》有三要，明《易》理，一也；通世事人情，二也；至诚通神，三也。而其一、二，虽在深思推勘，至其三，则属精心气力，自行以至者也。所谓"自诚明，谓之性，自明诚，谓之教"，"诚则明矣，明则诚矣"，是尽性之诚，禀神智之教也。羲、文、周、孔之四圣，各有天赋之能力，举毕世之力，忧后世而述作，虽然，后世学者，乏解释之力，二千有余年，冥冥晦晦，如存如亡，无复实用之者，不堪概叹也！

《易》之为书，东洋之理学，而其卦六十有四，西洋化学，亦有六十四原素，其数如合符节，可谓奇矣。唯举其所异。西洋穷理之学，即物而穷其理，故分析其组织之要素，以知其性质功用之所在。东洋理学则不然，不问动植，天地间有形之物，各寓心魂于其中，有适当之性情者也。故复《象传》曰："复，其见天地之心乎？"大壮《象传》曰，知天地之情；咸恒二卦《象传》曰，天地万物之情可知；又《中庸》曰："能尽其性，则能尽人之性；能尽人之性，则能尽物之性；能尽物之性，则可以赞天地之化育，而与天地参矣。"当知日月星辰及大地，皆大动物，而各有心魂，达其性情，保数万岁之寿，其效用亦极大也。若其他万物，小动物，而其寿则短，亦各有心魂达性情者也。盖宇宙间，一切万物之心魂，皆造物主之分子，而无不至精至纯者也。而问此无数万物以何组织，则物质原子有八，即谓之天、泽、火、雷、风、水、山、地，其中天、雷、风、火，气体而无形状，山、地、水、泽，实体而有形状。此有形无形八原子，互相抱合结晶，而能组成万物也。而由其原子之精粗灵顽，各异物质；其物质能薰染其心魂，各异其性；其性能因缘外物，而各异其情。故虽如天地万物各分裂，而彼此不相关，是至精至纯，万物同体之心魂，暗暗里为物质所薰化，洞察斯真理而不疑，谓之知天地万物之情。洞察斯真理，而去各自为物质薰染之私欲，以赞天地之性，以遂万物之情，谓之能尽物之性，赞天地之化育。

而人之心魂，离肉体之后，不合同本原者有二：其一，致诚尽忠，计国家之幸福，死而后已之精神，其身死而心魂犹未复归本原，永在幽冥，而守天下后世者，谓之鬼神，《中庸》所谓"鬼神之为德，其盛矣乎"即是也；其一，生涯欲逞自己之私欲，焦思苦虑之私心，其身死而心魂亦未能复归本原，仿惶于空中而为灾变者，谓之游魂；《易》所谓"游魂为变"即是也。然而鬼神感善人，而降祯祥于国家，游魂寄托恶人，而为妖孽于世间，所谓同声相应，同气相求者。是飨阳神以火，飨阴神以水，盖因此理也；凡通此理而不迷者，由《易》而知鬼神之情状者也。

东洋理学之高尚如此，故从来学《易》者，概不能得肯綮。不征之于人事之实际，故不能知人情之错杂；或单为义理之学，不复解占筮之妙，拘泥字句之间，遂废其实用。且其称通《易》学者，则曰："《易》教君子以常道，卜筮以谕权道。"曰"伏羲之象，文王之辞，依卜筮以为教，孔子之赞《易》，以义理为教，其施为虽异，道则一也。"曰"从性命之理，尽变化之道"；曰"探赜索隐，以定天下之吉凶，钩深致远，预谕人事之悔吝。"曰"《易》者，圣人所重之道，而为君子设者，后世以卜筮列之于技艺，大悖圣人之旨。"曰"天下之理，无不包罩《易》中，开物成务之学，只赖有此也。"曰"圣人以《易》研几，示人向背，系吉凶悔吝之辞，鼓舞天下，诱天佑于贞悔，是知其一而未知其二也。又或一二熟卜筮者，亦唯玩象而逞臆测而已。"要之和汉未有尽圣人之深意者，又未有用圣人之辞而占者也。用《易》如此，犹以干将莫邪而代菜刀，岂可不慨叹乎？

余之所讲，则异于是。照之于事物之实际，发明圣人之深意于《象》爻之辞，觉知鬼神之威灵，常现于上下左右，畏警之念，无有须臾之间断。盖余之于斯学也，其始非由师傅之教也。当读《中庸》之书，至"至诚之道，可以前知"，悄然而思，凡人之处世，莫善于前知百事，乃考索至诚之道者，十有余年，茫乎而无所得，当时情怀，如怀方书而失良药之感。然当横滨开港之初，因过犯禁下狱，实安政六年十二月也；其在囹圄也，不堪幽囚之苦闷，或悔悟任血气，误生涯，万感辐辏于一身。转觉怅然之际，偶得《易经》下卷一本于席间，乃执而读之，以为吾闻《易》之书。《易》之为书，儒者千百人中，能讲之者，仅不过二三辈，而犹多不能通晓者。夫《易》者四圣人各极天授之能，竭毕生之力，而所述作，其不易解虽固当然，古昔圣人，非故用不可解之秘语，作此怪谲之书，以欲窘后人也。由是观之，其难解也，非书之难解，由吾精思之未至也已。今狱窗无聊，吾幸以往日所闻于师之西洋理学，穷其理之所在，则或得通之乎？尔来每日课一卦，昼则玩读之，夜则暗诵之，四阅月而卒业。自是之后，叮咛反复，精思熟考，造次颠沛，未尝暂废也。涉数月之久，觉于《系辞》、《象传》等，少有所通晓，乃益勉励不掇。

既而得略解全体之理，因假捻纸片以代著，即事而占之，其事或中，或不中，苦其不恒。于是沉思默读之余，幸思"至诚无息"之语，感悟"无息"二字，非单无止息之义，则无发气息之谓也。方揲筮之时，全止息吸呼，而捧著于额上，以专念其将占之事，不得不发气息之际，分著而为二，此间不容发。自是之后，百占百中，以爻辞拟之，了如指掌，有悚然而接神之想。于是始知《易》之为用，全精神气力上之术，而至诚之道，一在无息之间；且悟六十四卦，则造化之理，即万物之根本；八原子之结晶学，而推原子遇不遇之性情，及之于一切之事物，自国事之大，以至于人事之小，细大不漏，得悉指之于掌之学；又并知三百八十四爻之别，即示时之缓急，事之难易者也。诗曰："神之格思，不可度思，矧可射思，中庸引之。"盖圣人说神，三以"思"字为助语者，即自占筮之适中，而又同其感，确信圣人曰神者，与余之曰神者，亦无分毫之异也。"神"字从"示"从"申"者，盖神虽视而不见，听而不闻，人能以著筮问之，则无不示申也，亦可以证余神人交通之说焉。

俯仰今古，而观察世态人情，如上文所述。古之人淳朴，而富精神气力，故能得交通于神；今之人狡智而专利欲，故不能交通于神。是以唯推测谋事，智者劳精神、竭思虑，而图国利民福，亦动辄陷权谋术数，以利己为主，不顾他人之害，常窥他邦之衅隙，欲以并吞疆土。盖彼等固以优胜劣败、弱肉强食为各人天赋之情性，不啻生存竞争，毕竟不知天命而不畏之所致也。请试论之：

今日如欧美各邦，以理制人心，斗巧智以争生存，则我制百吨之炮，则彼制二百吨之炮，我备钢铁舰，则彼抗之以水雷……益进而益巧，愈出而愈奇，其势不知所底止，遂至驾气球而自天空投入爆裂弹，则再复太古之穴居乎？然则口倡文明，望开化，至其所行，则非却趋野蛮耶？当今文明开化之竞争者，全期优胜劣败；优胜劣败，即期弱肉强食；弱肉强食，即野蛮未开之风俗也。而欧美各邦进步之方针，正向此点而进者也。宇内各国之情势，业已如此，而其所以未恣虎狼之吞噬者，赖耶稣教之力，而才抑制之；亚细亚诸国，赖神、儒、佛三道之力，而防遏之也。我皇祖及孔子、释迦、耶稣等，各圣人通神设教，示以神者祐人，人以至诚禀神惠，神人相应，致国家之福祉，是国教及宗教之所因起也。然从生活之变迁，而气质之变化也，精神衰而至诚之道不明，故方今虽在神、儒、佛、耶之教职者，通神者几希。可知神虽欲保护国家，保佑民庶，以人失通之之道，神亦悯其愚而焦虑也。盖自不通神，则不能详听神意，而妄说神德者，毕竟不过袭蹈古人之套语，此辈不足与语道，然亦一由斯道之衰颓，未专可咎此辈也。且无智之小人，为其说之所诱而信之者，亦虽属妄信，或以生进善远恶之心，未必无益也。唯中等以上之人，修形而下之学者，为无神论，而置神于疑惑之间，不知天命之可畏，圣言之可尊，或恣我意，而蹂躏众庶，或乘威权，而横行世间，弄才智而装豪杰，其死也以树巨大之纪念碑，为无上荣誉。此辈终身不知道，唯以名为真理，以利为现理，终名利之二途耳；虽偶有信神者，不能直得神意，止其自信，而不能以神益世利人，是皆非完全者也，故其力终不能制止一般情势之炽盛也。

然则人间生活上之快乐，其在何所乎？要之，其弊在不会神人交通之道。夫天之生斯民也，岂以同类相食为其主旨乎？宜优劣互相扶助，强弱互相提携，以各安其业，乐其分也。若夫邦国之于交际，亦犹个人之于交际也，有无互通，利便互计，相携相扶，不可不各享其天幸，全其天福也，否则如何而达人心和乐之世运乎？令世形而下肉体之便利日益进，而不能安形而上之心，则如何而得称真成之文明开化乎？而其进文明开化之方，不在欧美各邦形而下之穷理，在东洋形而上之道，其载道之书，实以《周易》为最也。是以余曩著《易断》十册，以六十四卦三百八十四爻，应用之于实事，解释其辞，附以经验之点断，介绍神人交通之妙理。尔来七年，世人未醒觉迷梦，顽乎而不畏天命，狎大人，侮圣言，不知鬼神之在冥冥，前知祸福而示之，见祯祥妖孽，以为偶然，不尝有所省察敬戒。世道人心之衰颓，日以益甚，盖为我书之所说，未尽其精微乎？余年已越六十，疾病亦且时至，若迨今而不完斯学之中兴，则其将期何世耶？是余不独为斯道忧，实所为天下后世忧也。乃不自揆，再补正《易断》，寄六十四卦以国政之组织，君臣之奇偶，人心之兴败，就实地所经验之活断三百八十四爻而述之，明神人交通，天命严肃之证，以使初学之人，易悟《易》理之妙，进使后世学者，继经验之序，终成就人间圣学，且欲使宇内智者学者辈，省臆测推量之徒劳，以《易》为神人交通之媒。且夫我邦维新，当初之为国是也，在取彼长，以补我短，然欧美各邦之交际益频繁，而其所倾向，彼之事物，不择利害而输入之，我所固有，不问长短而废弃之，遂至有非变我道德国而为彼法治国不止之势。呜呼，亦可谓惑矣！夫选取利害长短，人世之通谊也，况欲弃我国粹之道德乎？抑方今最大急务，在使彼国人，知我固有道德之为何物，而为之之道，无过于平易说示《易》道。《易》者道德之本原也，故早晚译此书以英文，传之于欧美各邦，欲使彼知我国方今有神人交通之术，又知人间统理之方法，不单在法律，而尤在道德也。欧美各邦，专研究形而下之理，奏其实效者，如利用电气蒸汽，皆无不巧妙，交通之利便，实古人所不梦见也。然如此，是利人间相互之交通而已，乌如我《易》道之神人相交通，而前知将来之吉凶祸福哉！是实东洋神奇之瑰宝也，今余不敢秘之，欲以传之于海外者，唯一片诚忠，在将为宇内开万世之泰平耳。凡百君子，谨而思之，余之所希望如此，著此书之主旨，亦全在此。慧眼达识之士，幸谅微衷，大究斯学，俾圣圣相承之瑞珠，再放光彩，神随之皇道，得大明于世，而众人知希望之所归著，宇内万世之泰平，亦可期而俟也。

明治三十四年一月
高岛吞象识

序 二

　　余之幼也，家大人教之曰："先哲所著之书，不啻汗牛充栋，然六经所载，则圣人之道，圣人者，天之所降以为亿兆之君师也。"余于是读四书五经，业务之暇，手不释卷。积年之久，略谙诵之。窥圣贤之旨，探道德之原，颇有所自得，以为圣人之道，教庸人以仁义，教君子以《易》，使得至诚通神，豫知将来，使在上君子，无误亿兆之休戚也。故君子因《易》以知有鬼神，"戒慎乎其所不睹，恐惧乎其所不闻，"善笃善行，虽赏之不为不善，盖知天命而常行仁义，故谓之道德。然而神者专，祖先之灵是合人之颜色气血而可知，然则人之于父子，非只身体教育之恩，父母殁而为灵，亦大而保国家之安宁，小而护子孙之幸福也明矣。是孝道之所以贵重，而五伦天之所媒介也。

　　至诚者，圣人所谓"尽其性"也。《说卦传》曰"穷理尽性，以至于命。"所谓性者，心之所活动；命者，与"受命如响"之命同，吉凶所定也。言穷其义理，尽心之活动，以感得天命于筮数之义也。要之，人智所不及，而听神之教者也。卦爻之辞，皆照于实用，不余一字，故《易》者不外圣人救世之意焉。盖庸人之所见，人之一身，以统括四肢五官而应事物为能，唯圣人不然，尽性至命，遣活动心魂以通鬼神，感得神意于筮数之方，以益后世。然世之读《易》者，拘泥文义，而远于实用，可不浩叹乎！

　　释氏之道，以明心见性为主；老子之道，以修心练性为要。故释老之道专于心性，而疏于治国家。唯吾圣人之道，以尽性命为极，苟人智所不及，听命于鬼神，小而可修一身，大而可治家国天下，岂如释老独善其身者乎？方今宇内各邦，互竞其力之时，舍此而可复他求哉！

　　祖先之灵，虽导国家及子孙以避凶趋吉之方，人不知尽性之道，故神灵不能通其意，见其陷于不幸，亦不堪忧虑也。人皆以为将来之事，不可预知，余窃忧之，述此书，以明圣人之旨，通鬼神之意，媒妁幽明，欲使天下后世，得至大之幸福也。

　　此编原余所讲述，使友人柳田几作笔记者也，今请清国人王治本氏，更补正之，便清国诸彦阅读。但序言以达意为主，故文辞鄙野，语无伦次，览者谅之。

高岛吞象又识

䷀ 乾为天

乾字本作☰，即此卦三奇，一连纯阳，圆满之形也，后假作三数字。左旁从卓，中日，上下象其光线，即太阳放光彩之象。乾之性，在人则气力圆满，则健之义也。《说卦传》曰："乾健也。"天之性至刚，其德至健，其体圆满盈实，其运动强进而无有间断，故以此卦此字充之。

乾：元亨利贞。

此五字文王所系，谓之《彖》辞。乾之为天，上文既述之，在人则君也，父也，夫也。盖天包地，君抚民，父育子，夫帅妻，其理一也。"元亨利贞"四者，乾之德也。乾秉纯阳之性，而兼此四德，故其为气，充满宇宙，无瞬息之间，是即健而无息之谓也。人能法乾之健，自然气力充实，俯仰无愧，孟子所谓浩然之气，"至大至刚，配义与道，无是馁也"。此即被天命德之圣人也。

"元"者始也，大也，仁也，不朽不坏，天地之大德，所以生万物也。元字从二从人，仁字天字亦然，盖在天为元，在人为仁，犹仁者推爱己之心以及于人也。"亨"者通也，物始生而成之义也。在人为礼，人之处世，以礼让为贵，便可使人生爱好之情，即与仁之博爱同。"利"者宜也，吉也，万物发达而遂其生也。在人为义，见利思义。利与义若相反，而实足以相成，以义为利，利即义也。义字从羊从我，我牧羊而衣其毛，食其肉，是自食其力，不慕夫外也。"义"者宜也，利之得其正也。利字，《说文》云"从刀从和"，和然后利，字本从和省文，古曰"利者义之和也"。"贞"者正也，兼贞正、贞常、贞固之义。在人为智，盖内有神明在抱之姿，外有坚贞不拔之操，斯有守有为，自得保其终也。故曰"贞固足以干事"。

盖"元亨"，物之始通也，言其时则自春而夏，言其日则自旦而昼，在人则自幼而壮，在草木则自萌芽而至繁盛也；"利贞"，物之成而又复其本也，言其时则自秋而冬，言其日则自映而夕，在人则自壮而耋，在草木则自实而陨也。为人君者，以乾天为法，故御天下之道，莫大于仁育万物，君能体仁，则天下莫不被其德。《文言传》曰："君子体仁，足以长人。"且此卦爻象，亦非专止君上，下至匹夫匹妇，为父为夫者，其卦象、卦义、卦用亦复相同，宜推类而扩充之。"元亨"二字，专就乾之全体德性上说，"利贞"二字，更含圣人教诫之旨。何则？"贞"者正也，"利"者宜也，是贵行其所宜，守其所正也。以人事推之，必有其刚健进取之性，然自恃其勇毅果敢，或将侮人之弱，凌人之柔，欺人之愚，是自陷于过失也。唯贞正而可以克其终也，因深警之曰"利贞"。

《彖传》曰：大哉乾元，万物资始，乃统天。云行雨施，品物流形。大明终始，六位时成，时乘六龙以御天。乾道变化，各正性命，保合太和，乃利贞。首出庶物，万国咸宁。

六十四卦，始于乾，终于未济。未济之卦，离火之性上升，坎水之性下降，为水火不相交之象。刚柔失位，事犹未成，故曰未济。夫未济非不济也，有待而济也。六十四卦，循环不已，是未济之终，即复而为乾天之始。乾为日，阳光所照，万物发育，故坤舆得其照临，而水汽蒸发，腾而为云，降而为雨，寒暑燥湿，四时循环，而无须臾之间。精气凝结，万物流形，是皆始于乾元一气之功德。故孔子赞之曰："大哉乾元，万物资始，乃统天。云行雨施，品物流形。"乾元者，包括阴阳之称也。凡物必有始，又必有终，今以六爻之位示其理，则初爻生也，始也，上爻死也，终也。各由其物之性，而不误其时命，谓之"大明终始，六位时成"。夫资始万物者，乾元之功，而乾元亦不自以为功，必使雷、风、水、火、山、泽六子相辅而成，六子亦能承袭天意，以行天之所欲为，而不违其道。天以父道而御六子，谓之"时乘六龙以御天"。乾坤与六子协心，以行变化之道，其间功用无穷，而分量有定。乾坤六子，各全其命，生生变化，谓之"乾道变化，各正性命"。八卦协心，以能保合此造化，谓之"保合太和"。"乃利贞"者，谓日月星辰与四时事物之消长，各不愆其运转，不违其次序，得保此元气之常存，是以利且贞也。圣人体天立极，以一人而统理万机，是曰"首出庶物"。一时庶物沐圣人之化，又得发育繁殖，各得其所，《书》曰："黎民于变时雍。"万邦协和，即此可见。圣功王道，乾元一德包括尽之矣。

此《象传》自"大哉"以至"统天"，专说乾天纯阳之德体；自"云行"以至"流形"，专说天地阴阳和合交感之妙用；自"乾道"以至"性命"，专说阴阳变化之功德；至"保合太和"，扩充之于人道，始见教诫劝化之本领，于是三才之大义具备。盖人效法夫天，天之为道，以公明正大为主，则为人君、为人父、为人夫之道，亦宜以公明正大也。

此卦纯阳在上，自有君临万邦之象。圣天子体乾出治，布化宣猷，登进贤良，授之以职，又仰其德如龙者，崇以师傅，参与庶政，如汤之于伊尹，文王之于太公。一时庶职咸熙，风流令行，所谓"保合太和"。君令而臣行，上倡而下和，君臣合德，上下通志。盖君子秉纯阳之德，适当休明之会，虽有不善人，伏于里卦之坤，不敢复露头角，是以四海靖宁，国家安康，万民咸沐浴于深仁厚泽之中，无一天不得其所；于是品物丰饶，国富民裕，兵强食足，兆民输爱国之忱，四国动会归之化，熙熙暤暤，共乐泰平，是乾之时也。

溯昔仁德天皇亲察下民之疾苦，救百官曰："夫天子犹太阳之照临下土，发育万物，宜代天而布化。天子为天之子，而敬承上天之志，以施行之于下民者也，故联视众庶犹子，众庶视联犹父也。今联尊为天子，万福无极，众庶有或未得其所者，若鳏寡孤独，穷而无告，或孝子而侍父母之疾，不得医药，或遭逢水火二难，而不能抚育妻子，或罹疾病，不得药饵，联岂忍晏然漠视哉！凡尔百官，是朕众子中最年长而有德者也，其怜恤子弟，固当与联同心。今后三年，除天下之租税，救万民之疾苦，尔百官其共体此意，所谓一夫不获是予辜。朕实不胜饥渴之忧，愿汝等三年之内，与朕同此艰苦，以实行救荒之政。"百官谨而奉命，皆感戴君恩之厚，于是世风一变，上自权贵，下至贱民，济贫恤穷之风盛行，有余财者赈济穷民，贷土田者不收田租，贷家屋者不征家税，唯以博爱为荣誉。是以兆民无不蒙王泽者，如大旱之得甘雨。追三年之后，天皇登楼，远见炊烟之飏，欣然而咏《高屋》之御制。迄今追诵敕文，讽咏歌谣，无不感怀圣德也。

盖乘乾御宇之世，风同道一，明良相庆，无复有间；然气运迭更，极盛必衰，或潜龙而不用，或亢龙而有悔，运会之升降，阴阳消长之理，古今同然。故君子之处世，辨六爻之时，玩其辞，即可知天命之向背。凡人筮得此卦，法太阳之循环而不暂息，一切动静之为，要皆奉乾以为法。其宏量卓识，以见龙飞腾得力，正可进而有为之时。然气运之通塞进退各有其宜：初爻虽见其才德如龙，而时机未会，未可进而当事也；二爻可进之时既来，而应以九五，二五各以阳德应之，犹非阴阳相亲也；三爻更近上位而在下，拮据黾勉，颇劳思虑；至四爻，则五爻之盛运将来，察上下之情，审进退之机，待时而动，尚未决也；五爻得盛大之气运，百绩考成，正乘时得位之际也；上爻以乾之气运既过，要宜速退而无悔。九二之"利见大人"，由初九确乎不拔之志操；九三之无咎，由九二之谨慎不伐；九四之无咎，由九三之乾乾惕若；九五之"利见大人"，由九四之能疑能审。故积功累行在于人，而成德达才在于天。至九五，则潜龙之精神既竭，忧疑之念虑全消，无思无为，唯有"同声相应，同气相求"之乐而已，则亢龙之悔，不必待至上九而后知也。是所谓理之不可违，数之不可逃，几之不可不预者也。

《大象》曰：天行健，君子以自强不息。

"天行健"一言，以断定乾天全卦之德。行者，运也，进也，为也，往也，道也；谓天道运行，犹如太阳日日运行，循环不息，无一刻之停止也。君子体天行之刚健，天理浑然，无一毫人欲之间，自强不息，自足当天下万般之事业。然此自强者，亦非暴戾猛进而不知止，妄用健强之谓也。玩索"潜龙"、"亢龙"及用九"无首"之辞，而可知其义也。

【占】得此卦者，要临事刚健，自强而不息，犹天行也。

○又要包括"元亨利贞"之四德。

○乾有施德而不计利之意。

○女子：筮得此卦，以阴居阳，有刚强过中之嫌。宜慎重也。

○天候：二三四五之中，变则必晴也。

○买卖：不利买而利卖也。

○祸福：谓积善余庆，积不善余殃，恐有不在当代而在后裔也。

○常人：有高其身而不知鄙事之虞。

○贤者：有知天命而独行是道，恐群阴潜伏，有群小构谗之惧。

初九：潜龙勿用。

《象传》曰：潜龙勿用，阳在下也。

初九以阳居阳。龙之为物，神灵不测，能大能小，能飞能潜，应时而变化者也。爻之取象于龙者，以喻人具灵明之德，变通之才也。"潜龙勿用"四字，周公所系，谓之爻辞，以下仿之。"潜"者隐伏之称，此爻在纯乾之时而居最下，未得遽用，犹龙之时运未来，而隐伏于深渊也，故谓之"潜龙勿用"。占得此爻者，以不得其时，虽有才德，未可进用也。然龙之潜，非终于潜者也；"勿用"者，非竟不用也。龙有神灵之作用，不得其时，蛰而不腾，潜而不现，寂然以养其心神，君子亦待时而动，善成其用。当此勿用之时，晦其才，韬其德，不干进而取祸，亦不迟疑而失机，乐天知命，俨如神龙之蛰而待伸也。盖天地之气有升降，君子之道有行藏，孔子曰"舍之则藏"，正得此卦之旨也。若以小事筮得此卦，宜用妇人而成事，盖以此爻变则为姤，姤以"女壮"故也。

【占】问战征：乾为武人，有战征之象。初爻阳气始动于黄泉，犹是潜伏，故曰"潜龙"。在军事，为威令初发，大军未集，宜按兵以待也。吉。

○问营商：龙而潜，曰"勿用"，虽是一种好贸易，只可株守，未可骤动也。

○问功名：龙本飞腾发达之物，初爻曰潜，是未得风云之会也。故曰位在下也。

○问婚姻：乾初变姤，姤曰"女壮，勿用取女，"是宜戒之。

○问家宅：按震为龙，震在东方，是宅之东，必有渊水，闭塞不济，宜修凿之。
○问六甲：生男。

【占例】　明治二十二年，某贵显占气运，筮得乾之姤。

爻辞曰："初九：潜龙勿用。"

断曰：乾者纯阳之卦，具"元亨利贞"之四德，刚健笃实，而六位不失其时，升降无常，随时应用：处则为潜龙，出则乘飞龙，静则专，动则直。初九曰"潜龙勿用"，盖以阳居阳，其位伏而在下，虽有龙德，未逢飞跃之会，宜潜藏勿用。《文言传》赞之曰："龙德而隐者也，不易乎世，不成乎名，遁世无闷，不见是而无闷，乐则行之，忧则违之，确乎其不可拔，潜龙也。"又曰："潜之为言也，隐而未见，行而未成，是以君子弗用也。"今君占得此卦此爻，夫君当维新之始，以武功有勋劳，现升陆军中将之职，且精儒释二典，所谓学究天人，道兼文武，识见之高朗，学问之深奥，可谓当世无比者也。今当退而不用，正龙德潜伏之时，以君才兼文武，仿诸葛卧龙，是有握乾旋坤之略，但恐阳刚独用，未免意气凌人，议论率直，以臻疑谤交集，不容于朝。然此卦所谓"勿用"者，非终不用也。以龙之象，失时则潜，得时即飞。君当韬光匿彩，"遁世无闷"，以待其时之来也。此爻变则为巽，巽者风也，顺也，入也，俚谚曰"入人之气"即是也。君能以刚方而济以巽顺，使人有坐我春风之想，则上下悦服，而望闻日隆，自得飞龙上升之象。虽今年之气运未亨，至明年，爻进九二，恰值"见龙在田，利见大人"之时，腾达变化，德泽普施，可拭目俟之。

九二：见龙在田，利见大人。

《象传》曰：见龙在田，德施普也。

此爻阳处二位，故曰九二。阳气发现，有龙出渊，现于地上之义也。在圣人，潜不终潜，有屈而将伸之机。曰"在田"，盖有其德而犹未居其位也。"大人"者，以其有人君之德，故称大人。此爻变则为离，离文明之象，卦变为同人，以文明之人而与人同，故曰"利见大人"。盖刚健者，性之德；文明者，学之成；中者居之宜；正者位之得。然有其德，而犹不自以为足，欲见九五之大人，盖期勉进其见识，相与赞成天下事业，是龙德始见于世，立身显名之时也。五者君上之定位，二者臣下之定位，此卦二五皆以阳刚相应者，盖有故也。乾之为卦，其体则纯阳圆满，其时则刚健日进，其爻则二五共备刚中之德，同德相助，谓之两刚相应之例。乾之卦，处九五之位，以明德御众贤，九二之臣，承奉君意，以尽力于国家，并法天德，以治国家，以其志望之同，而两阳相应如是。上下之大人，合志而济世，则其德化之所及，无有穷极也。又此爻备三才之妙义，"见龙"者，谓得天之时；"在田"者，谓得地之利；"利见大人"者，谓得人之和也。

【占】　问战征：龙本灵物，初爻曰"潜"，是谓伏兵；二爻曰"现"，则发现而出也。"在田"则必列阵于田野空旷之地。《传》曰"德施普也"，是必战胜而行赏也。

○问营商：爻曰"龙在田"，知其货物大般是米麦丝棉之类。现者，谓物价发动开涨；"利见大人"者，谓当有官场出而购买也。

○问功名：谓伏处田间者，当乘时而进用也，且得贵人之助，故曰"利见大人"。

○问婚姻：二五相应，五居尊位，婿家必贵。曰"见龙"，必是新进少年也。大吉。

○问六甲：生男，且主贵。

【占例】 明治之初，自占一身之方向，筮得乾之同人。

爻辞曰："九二：现龙在田，利见大人。"

断曰：乾者纯阳之卦，六爻皆取象于龙，群贤在朝之时也。我国自德川氏治世以来，殆三百年，积弊之极，世运一变，得见今日维新之盛业。虽由气运之消长，实赖此龙德大人，各振其才力，匡辅王朝，致此中兴之伟业者也。是则今日之政治，即乾为天之世也。余曩得罪罹狱者七年，后遂获释，尔来黾勉拮据，四年而得十余万金，余不敢自恃意中，亦幸逢一时之气运，克获资产。然聚散离合，理之所不免，若聚而不散，谓之守财奴，即贻之子孙，往往徒供骄奢，何能久守？余惟当今在位之君子，在昔尊王室，废藩政，皆出万死而得一生者也。历今三十年来，王事鞅掌，莫敢或逸，孜孜以襄国是，余虽不肖，亦岂敢犹耽安逸，徒望富有哉？今筮得九二之辞曰"见龙在田"，谓余曩时出幽囚而再见天日，得以振兴家业也；"利见大人"，谓余尝占筮国家大计，得与当路大人交接，并得领其议论，往往外使归朝，投宿余邸，藉是得悉海外形势。凡此皆足针砭余之固陋，启迪知识，为益洵不少也。余乃法同人之卦意（同人之占载同卦之附录），创成铁道、瓦斯、学校、邮船四大业，其原实得于此也。盖乾之为卦，以天行之健，有自强不息之象，人能刚健而无须臾之怠忽，惟曰孜孜，自有成功之日也。

○明治二十七年，占我国与清国战争之结果如何，筮得乾之同人。

爻辞曰："九二：现龙在田，利见大人。"

断曰：乾者，两乾相接之象，以人事观之，有刚健纯粹之大人相接之象。今两国战争，彼国虑生内乱，必将遣首相李鸿章东来，与我伊藤首相相盟。谓之"现龙在田，利见大人"。乾者纯阳，四月之卦也，和议之成，其在明年四月乎？乃以此筮呈之伊藤首相。

二十八年四月，李鸿章果来我长门下关，与伊藤首相相见，和议始成。先是明治十七年，伊藤伯奉钦使之命，差遣清国，筮得乾之五爻，渡清之后，与李氏会，全命而还。今得二爻，知李氏之必来。天命不违如此，岂可不畏乎？

九三：君子终日乾乾，夕惕若，厉无咎。

《象传》曰：终日乾乾，反复道也。

九三以阳居阳，故才强而志亦强，具刚健之性。然位不得其中，居内卦之上，奉外卦而治下，任大而责重，若违上意，必得谴责，若失下情，必受众怨。上下之际，祸福之交，成败之所由决也。盖九三所居之地，正当危惧之时，惟"终日乾乾"，戒慎恐惧，可以免咎。六爻之中，三爻配三才而为人位，此爻以乾德居六十四卦人道之首位，君子之象也，故不称大人，而称"君子"。初之"潜"、二之"现"、四之"跃"、五之"飞"，皆有待于此爻也。故修我德，勤我业，"终日乾乾"，如临危地，戒慎畏惧，而修之于身，施之于事，能通天下之志，能虑天下之变，则虽身居危地，处置得宜，可变危而为安也，故曰"厉无咎"。所谓"反复道"者，即反复叮咛，重复践行之意。又此爻变则为履，履之六三曰"履虎尾"，可以见危殆之地位也。三者日之终，故曰"夕"；此爻变则为兑，兑者西也，日之在西，即夕之象也。

【占】 问战征：危事也。爻曰"终日乾乾，夕惕若"，是能临事而惧者也，故虽危无咎。

○问功名：九三处下卦之极，其位犹卑，功名未显也，故称君子；在忧危之地，故曰乾乾惕若，斯可免咎。

○问营商：居不中之位，履重刚之险，度其贸易必是危地，须日夜防备，可脱险而获利也。

○问家宅：观爻象，必须谨慎持身，勤俭保家，斯无灾害。

○问婚嫁：三以六为应，三位卑，六位尊，尊则不免亢而得悔，是不宜攀结高亲也。

○问六甲：生男。产时恐稍有危惧，恐终无咎。

【占例】 明治十六年某月，谒松方大藏卿，卿曰："今春以来，深雪霖雨，寒气殊甚，余窃恐年谷之不登，子幸占其吉凶。"筮得乾之履。

爻辞曰："九三：君子终日乾乾，夕惕若，厉无咎。"

断曰：乾者纯阳之卦，故曰乾为天，是乾者天也。取象于太阳，且六爻皆阳而无一阴，其辞曰"终日乾乾"者，"乾乾"犹干干也，即旱魃之义也。今九三变而互卦见离之日，是全卦无雨水之象，可知本年必旱。"夕惕若"者，谓炎热至夜而不去也。虽人民多畏久旱，而五谷丰熟，故曰"厉无咎"也。且二爻曰"现龙在田"，即田稻丰登之象；今三爻变离，见离火照彻田面，纵旱不为虐，是以无咎。

卿曰：占之验与否姑舍是，其于活断，可谓老成练熟者也。

九四：或跃在渊，无咎。

《象传》曰：或跃在渊，进无咎也。

九四以阳居阴，且近君位，其将进者阳之情，其将退者阴之志，故疑而未决也；然阳气方进，龙之一跃，自有升天之象。或者，疑而未定之辞，"或跃"者，将进而未进也。"在渊"者，欲进而复退。渊为空虚之地，上与天通气，且渊有水，龙得水便易于腾跃，与二爻"在田"不同。兹虽一跃而后在渊，知终必跃而升天，故曰"无咎"。象辞加一"进"字，益见乘时进必无咎也。人能审时势之可否，察人心之向背，待时而出，见可而动，其进也非贪位，其退也非沽名，可以投事机之会，可以免失身之辱。所谓无咎者，亦勉人之不失其时也。四爻越内卦迁外卦之处，故有进之意。又此爻变，外卦为巽，《说卦传》曰："巽为进退，为不果。"，故有犹豫之象。

【占】 问战征：观爻象，行军前进，必有渊水阻隔，宜设船筏；或临渊有敌军埋伏，宜预设备，乃得无咎。

○问营商：爻曰"或跃在渊"，若在贩运海货，恐罹波涛之险，或者物价一时腾涨。爻曰"无咎"，可保无害。

○问功名：有一举成名之象，大吉。

○问家宅：渊者水也，跃者飞升也，必家道有一时振兴之象。

○问六甲：生男。

【占例】 明治二十四年二月，门人清水纯直来告曰：今府下第十五区代议士之选举，鸠山角田二氏，旗鼓对竖，竞争未决。余久知鸠山氏，因请占其胜败。筮得乾之小畜。

爻辞曰："九四：或跃在渊，无咎。"

断曰：此卦六爻皆取象于龙，群龙聚集之时也。以此爻阳气旺盛，进而应选，本可必得。然九阳爻，四阴位，阳主进，阴主退，显见进退未定，明明将进而复退也。且上卦变而为巽，巽为疑，为不果，为进退；四属阴位，变则互卦含离明，应爻初九有渊之象，见此人学术渊深，具刚强之德，然其心怀迟疑，亦未尝冀望必选也。细玩爻辞，所谓"或跃"者，固不能不应其选；所谓"在渊"者，恐此番必不能得其选也。某氏哑然而去。后果如此占。

〇二十八年冬至，占明年我国外交之气运，筮得乾之小畜。

爻辞曰："九四：或跃在渊，无咎。"

断曰：乾之为卦，阳气循回，无一息之间断，纯全刚健之时也。今我国与清国交战，是欧美各邦之所注视，此后各邦必将窥我举动，群相猜忌嫌恶，亦势所必至也。故我国与各邦，益当熟察彼我情形，揆度内外时势，使彼绝觊觎之念，敦和好之情，蓄势审机，正在此时也。爻辞曰"或跃"，曰"在渊"，示我法神龙之变化，或进或退，神化莫测，乃得无咎也。

九五：飞龙在天，利见大人。

《象传》曰：飞龙在天，大人造也。

五爻刚健中正而居尊位，下与九二之臣，同德相应，见大人而助其治化，谓有圣人之德，而居天子之位，恩泽被于生民者也。盖"大宝曰位"，虽有其德，苟无其位，不能利济天下。"飞龙在天"者，谓龙飞上天，云行雨施，神变化而泽及万物。圣人在位，天下被其泽，万物遂其生，故取象于此。所谓大人者，"与天地合其德，与日月合其明，与四时合其序，与鬼神合其吉凶"。以其备龙之德，腾跃而居天位，为万物所瞻仰，故天下利见。《象传》曰"飞龙在天，大人造也"，"造"犹"作"也，即所谓"圣人作而万物睹"也。

【占】问战征：九五尊位，必是天子亲征，王师伐罪，故曰"大人造也"。

〇问营商：九五辰在申，上值毕，附星咸池。咸池者苍龙之舍，咸池亦名五车，主稻黍豆麦，度其贸易，定在五谷之属。曰"飞龙"者，知物价之飞升也；曰"利见大人"，知其贩运或出自政府之命也。

〇问功名：有云霄直达之兆。

〇问疾病：有卜应天召之象，不吉。

〇问六甲：生男，主贵。

【占例】明治十八年二月二十八日，伊藤伯奉命赴清，发横滨港，为昨年朝鲜事件，与清廷议事也。余为问结局如何，筮得乾之大畜，临行欲呈之于伯，因阻道者众，遂不得呈，乃更使人赍之于天津。

爻辞曰："九五：飞龙在天，利见大人。"

断曰：九五之大人，与九二之大人，其位相应。《易》以阴阳相应为例，二五共属阳爻，以我国之大人，与清国之大人相会论事，其必能深虑远谋，两国平和。且本卦五爻之背，即坤之五爻，其爻辞曰"黄裳，元吉"，是含彼我大人之心忧，关黄色人种之安危，互相扶持，两国大人留心于此，是即两国人民之幸庆也。

乾之《大象》曰："君子以自强不息。"凡筮得此卦者，要知太阳之运行，无须臾之间断，故以进为先，可以制胜也。今我国先派使臣，则先鞭在我，我进而论事，以法乾之健行，故其胜在我，必可得好结果也。

时横滨商人立川矶兵卫，以事赴天津，乃托以此占，就书记官伊东氏，呈之于伊藤伯。时因国议不协，伊藤伯将整装归朝，偶见此占，大有所感，再开和战一决之议，乃得如议，不辱使命而旋。

○明治十九年十二月，占明年铁道局气运，筮得乾之大有，呈之于铁道局长井上胜君。

爻辞曰："九五：飞龙在天，利见大人。"

断曰：乾三奇一连，纯阳之卦，五爻又属阳位，卦德莫盛于此，铁道局长气运，可谓盛矣。此爻得天时、地利、人和者三，足见世人注目于铁道。凡物产之繁殖，运输之交通，军事之防护，人民之往来，均沾利益，其盛运诚无可比也。"飞龙在天"者，喻火车之飞行也；火车通行，无分贵贱，即在大人之尊，亦同登乘，故曰"利见大人"。先是明治十四年，占未来之国会，预判二十年铁道可以盛行，今得此卦，适与相合，此后铁道事业之盛大，可期而待也。

上九：亢龙有悔。

《象传》曰：亢龙有悔，盈不可久也。

上爻以阳居乾卦之极，极则太过，龙飞过高，故曰"亢"，以高致危，故"有悔"。此卦言龙始而"潜"，继而"现"，中而"跃"，终而"飞"，飞则已当全盛，过此则宜复潜，则不特可免此日之悔，即可冀后日之再飞。犹人臣居势位之极，当知退避之意，斯富贵可以长保也，否则，知进而不知退，则鲜有不蒙咎者矣，故曰"盈不可久也"。此爻变则为夬，夬者，决也，日中则昃，月盈则亏，天理之必然也。故当斯之时，宜因悔思改，见机而退，斯得之矣。若夫尧舜之禅让，范蠡张良之功成身退，皆不极亢而善其终者也。

【占】 问战征：上九居乾之极，阳极于上，故"亢"；亢则因胜而骄，是以"有悔"也。故《传》曰"盈不可久"，知不能持久也。

○问营商："亢"者，太过也，凡卖买之道，不可过于求盈也，过盈则必有亏，故曰"不可久"也。

○问功名：上九之位已极，宜反而自退，否则必致满而遭损。

○问家宅：是必宅基太高，太高则危，亦可惧也。

○问疾病：是龙阳上升之症。《传》曰"盈不可久"，知命在旦夕间矣。可危。

○问婚嫁：不利。

○问六甲：生男，恐不育。

【占例】 余以每年冬至，占庙堂诸贤进退，及亲属知己等来岁气运，送致之于其人为例，明治十九年，占某贵显翌年气运，筮得乾之夬。

爻辞曰："上九：亢龙有悔。"

断曰：乾者至大至刚至健，为纯阳之卦，在人则居高位，膺显爵，声名洋溢，正当功成身退之候。今阁下筮得此卦，譬如飞龙升天，高出云霄，反不能布施雨泽，故曰"亢龙有悔"。阁下英雄达识，老练世事，前日之功名赫耀，今盛运已过，唯宜急流勇退，救目前之亢，再期他日之飞，辞职谢荣，遵养时晦，斯无咎也。后果如此占。

用九：见群龙无首，吉。

《象传》曰：用九，天德不可为首也。

用九者，为六十四卦阳爻之变，示阳刚之用例，即《易》中百九十二阳爻之通例也。用者变动之象，九者，阳数之终，乾卦全体皆阳，阳极则变，故曰"用九"。"见"者，乾六爻皆取象于龙，曰潜，曰跃，曰飞，显然昭著，故曰"见"。首者，上也，《易》以乾为首，"无首"者，言无有出夫其上者矣。卦以得变为吉，乾卦纯阳无变，故六爻未尝言吉；用九则动而将变，故曰吉。《象传》曰"用九天德"，以乾卦纯阳，不亲阴柔，浑然天德，亦即乾为天之义。"不可为首"者，言无以尚之也。夫乾以六龙各有行云布雨之势，在人则谓群贤汇萃，同心翊赞，以匡国家，以显功名，各直谦让巽顺，不矜不伐，若互竞才智，争夸首功，便是凶象。《易》曰"群龙无首，吉"，正所以垂诫之也。《象传》曰："用九，天德不可为首也。"要必如舜之玄德升闻，而好问察迩，卑牧自下，斯以为至矣。

䷁ 坤为地

坤卦三偶六断，纯阴虚阙之象。"坤"字古文作"〓"，顺字偏旁及"川"字，亦"〓"之象形也，故《象传》曰"乃顺承天"，又曰"柔顺利贞"。《文言传》曰："坤道其顺乎？"《系辞传》曰："夫坤，天下之至顺也。"皆可见坤顺之义。后以其混"山川"之"川"，改从"土"从"申"，言坤地也。地，土也，于方为申也。地之为体，安静而至柔至顺，以承乾也。《说卦传》曰"坤为柔"，《杂卦传》曰"乾刚坤柔"，柔顺之义可知矣。

坤：元亨，利牝马之贞。君子有攸往，先迷后得主，利西南得朋，东北丧朋。安贞吉。

坤者乾之对，万物之气始于天，万物之形生于地。其为义也，在人为卑，在物为雌，在事为静，在学为能，在时为秋。其为道也，可为人用而不可自用，小人自知其柔弱，而能顺从刚明之君子，则得矣。然《易》象变动，亦未可执一而论，非谓君父不得占坤，臣子不得占乾也，又非谓乾六爻无小人，坤六爻无君子也。但君子筮得此卦，则当知其气运在坤，要法坤顺之义，柔顺以处事也。

坤为地，顺承太阳之乾。天有象，地有形，天虚地实，地为土壤积累而成，仰承天施而化成万物，无所不持载也。在人则为臣、为妻，臣之事君，母之育子，妻之随夫，皆法地道之至顺，其义一也。坤之德，柔而顺，含弘光大，笃实厚重，即《中庸》所谓"宽裕温柔，足以有容"之大德也。

此卦六画皆偶，顺之象；内外重偶，厚之象；内虚，中之象，又含之象，又通之象；两两相比，行之象，又明之象；彬彬均适，文之象，又美之象；六偶，十二方之象，又大之象；秩序不紊，理之象；左右分布，体之象，又业之象。爻辞及《文言传》所述，皆依是等之象而系辞也。

　　元亨利贞之义，见乾卦下。唯乾者形而上，主天地之道；坤者形而下，主阴阳之功，是乾坤之别也。坤之"元亨"即乾之"元亨"，犹月之得日光而有光也。马之性，柔顺而能服于人，牝马者，性尤柔顺。北地马群，每以十牝随一牡而行，不入他群，"牝马之贞"，取象于此。然乾卦曰龙，坤卦曰马，以龙飞天上，变化自在，马行地上，驯服于人。牝对牡，为柔，故曰"利牝马之贞"。乾上坤下，即乾先坤后，坤先夫乾，是逆天也，必所往皆迷；坤从乾后，乃"顺承天"，斯"得主有常"，无往不利矣。是即阳倡阴和，阳施阴受之道。"攸往"者，谓有所行也。坤以得乾为主，君子以得君为主，君先臣后，从令而行，是以所往咸宜。"西南"阴方，属巽离兑，坤之本方；"东北"阳方，属坎艮震，为乾之本方。"西南得朋"，坤以阴卦往同朋阴卦之方；"东北丧朋，"坤以阴卦往东北阳卦之方。以阴往阴，则与阴为类，以阴往阳，则从阳有庆。是以《象传》曰"西南得朋，乃与类行；东北丧朋，乃终有庆"也。"安贞"者，安于坤顺，以配乾健，故"君子有攸往"，惟法坤之顺而已矣。

　　一说读"主利"为句，谓在家则生殖勤俭以致富，在国则利用厚生以富国，不知当以孔子《文言》为据，利字属下二句读。"得朋""丧朋"，正与上得主相对。

　　《象传》曰：至哉坤元，万物资生，乃顺承天。坤厚载物，德合无疆。含弘光大，品物咸亨。牝马地类，行地无疆，柔顺利贞。君子攸行，先迷失道，后顺得常。西南得朋，乃与类行；东北丧朋，乃终有庆。安贞之吉，应地无疆。

　　乾元坤元，皆根于太极之一元，无二元也。坤以承乾，故坤亦称元。乾元在阳，故曰大；坤元属阴，故不曰大而曰至。至者，谓既到极尽处，阳之极尽处为阴，阴即坤，故曰"至哉"。

　　坤舆随太阳而圆转活动，外面以水为衣，受太阳之光热，而蒸发水汽，雨露下降，而为资生之功，谓之阴阳之作用。阴阳者，天地之大气，而万物皆乘此二气以生成也。《系辞传》曰："天地氤氲，万物化醇，男女媾精，万物化生"者，即是也，盖乾元之大气，与坤元之精气相交，万物森然而兴发，生育之功，无所不至，谓之"至哉坤元，万物资生，乃顺承天"。乾为天之积气，其德在始施也；坤承天之气而为体，其德在受育也。资生之"生"，与乾之《象传》"始"字相对，不可轻看。此卦上下皆坤，有重厚之象，故载山岳而不重，振河海而不泄，应天之施无疆，以生成万物，无不包容，无不发育，谓之"坤厚载物，德合无疆，含弘光大，品物咸亨"。按地精为马，马亦阴类，牝马则阴而又阴，以其性柔顺而又能行远，故曰"行地无疆"。法坤之君子，所行正当如是。"牝马"一言，圣人怀有深意，读《易》者所宜留心玩索。盖此卦纯阴，阴主成，以得乾为主，宜从乾而动，为人臣、为人妻者，固不可争先而成事也。故君子筮得此卦，其行事宜安静，不宜躁进，若先事而动，必取败也。夫阴，暗也，昧也，不宜主事也，必以从阳为主。此卦皆阴，故先人而当事，必迷而多误可知；承阳而后人，则顺而得常，故谓之"先迷失道，后顺得常"。西南，退也，东北，进也。且西南阴位，东北阳位。坤之时，退西南则得朋，进东北则丧朋。然人多喜其得朋而往西南，不知以阴而往阴位，不啻无一毫之益，见柔益柔而暗益暗矣。虽往东北而曰丧朋，以我之暗，往求高明之地，以为补救，则暗往明来，其道顺而得益多，故谓之"西南得朋，乃与类行；东北丧朋，乃终有庆"。如此而安其本分，确乎常道，故谓之"安贞之吉"。盖贞之为德，有所守而不变，以全万物之终，故谓之"安贞之吉，应地无疆"也。

按《易》因"三天两地"之数，设天地之位，定刚柔之位。即"天一，地二，天三，地四，天五，地六"，而阴阳悉交也。六十四卦中，得定位之整正者，独有水火既济而已。凡《易》中所言，当位不当位者，皆因此理也；天下大小之事，其合道理，或不合道理，皆由是而出者也。又地中有天者，以二与四谓之"两地"，以一与五，谓之"两天"，三谓之"地中之天"，总谓之"三天"。上爻一阴，表地球之外犹有世界也。此"三天两地"之位，于《易》最为枢要，故天位有地，地位有天，皆谓之不当位。《易》之于时处位，其精密如此。

通观此卦，初爻阴之微也，小人汲汲于营利，不顾灾害，有陷入匪僻之象，履霜坚冰，戒之深矣。二爻得坤之纯体，卦中惟这一爻最纯粹，然第曰"无不利"，与乾之九五，得天位行天道而致太平之占者迥别，三则不中，且不正，是赏罚不明之时也。四则不中，以致君子缄默避祸。五则不正，以致尊卑失序。上六则群阴交战，有以血洗血之象，阴之极也。要之，坤者纯阴之卦也，故六爻概以小人言之，与乾之君子相对也。以其小人故，彖辞曰"主利"，上爻曰"战"。以"履霜"戒其始，以"永贞"慎其终，虽或取象于君子，与乾之君子，自异其趣。乾之君子贤者也，坤之君子能者也。贤者用人，能者用于人；贤者在位，能者在职者是也。盖乾之时，贤者在位而施德化；坤之时，能者在职而计利益也。

《大象》曰：地势坤，君子以厚德载物。

坤之为象，两坤相重，一下一上，如地形之高下相仍。天以气运，故乾曰"天行"，地以形载，故坤曰"地势"。盖地有高低，而丘陵山岳之起伏，由地中火气之作用也。地球原来以水为衣，故其低处潴而为海，《易》谓之泽，其四面所缠之水，为太阳所吸引。至地形见于水上，虽地之形势，互有高低，各随其形而延出者也。延者伸也，故曰"地势坤"。夫人之有智愚贤不肖，犹地形之有高低，地质之有肥瘠也。农夫不为瘠土废其耕作，君子不为愚不肖止其教育，教之以事物之所以然，导之以道义之所贵，以示社会之标准。然人性有上智，有中材，有下愚，上智修己以及人，中材自修而已，下愚不能自修，而待治于人。凡天地间有形之物，莫厚于地，莫不载于地，故君子法坤之象，以厚德而待人，无智愚、贤不肖，悉受包容，亦犹坤之无不持载，故谓之"厚德载物"也。

【占】问战征：坤为地，为众，"势"者有力之称。在行军，既得其地，复得其势，又得其众，宜乎攻无不克矣。

○问功名：上者能法坤德之厚，积厚流光，自得声名显远。

○问营商：坤为富，为财，为积，为聚，皆营商吉兆也。曰"厚德载物"，德者得也，可必得满载而归也。

○问家宅：知此宅胜占地势，大吉。

○问婚嫁：坤顺也，柔顺而已，地道也，即妇道也。大吉。

○问六甲：生女。

初六：履霜，坚冰至。

《象传》曰：履霜坚冰，阴始凝也。驯致其道，至坚冰也。

初爻居纯阴之初，阴之始凝也，虽其端甚微，其势必渐至于盛，故取其义于霜之将至坚冰也。盖谓履霜之初，宜察阴气之渐长，终至坚冰而预防之也。在人则阴邪之萌犹微，如霜之易消，然积累之势，终至坚冰，其恶逆不能复，如之何？故大而治国，小而修身，皆宜谨之于微。《文言传》曰："积善之家，必有余庆，积不善之家，必有余殃。臣弑其君，子弑其父，非一朝一夕之故，其所由来者渐矣。"可谓能解此义者也。抑此卦，全卦皆阴，小人知利欲而不知道义。当其初，由于父教不谨，日深月久，愈趋愈下，遂致利欲熏心，不孝不悌，及至犯上作乱，而亦无所忌惮，其祸实始于教之不谨所致。抑阴扶阳，防微杜渐，圣人所以谆谆垂诫也。坤道虽至顺，然至顺之变，流极而至于大逆，圣人因坤顺之流害，以戒坚冰之驯致，履霜防冰，履尾防虎，其训诫一样深切。《传》曰"其所由来者渐矣，"来也者，即在过去、未来、现在三般中。《象传》曰"刚来而得中（讼）"，曰"柔来而文刚（贲）"，皆言来之意。往往固执之士，以因果报应，为释氏之说，圣人所不言，可谓误矣。《象传》曰"阴始凝"者，即小人之欲念始萌，则驯者顺也，随自然之势，不复留意，习而至于盛也。阴邪之萌，其初虽微，自履霜而至坚冰，渐渐而来，不可遏抑，遂至灭身丧家，不复可救。谚曰"窃针者窃钟"，即此义也。是以圣人于其过怠之未大戒后来，欲其速改也。此父变则为复，复之初九曰"不远复，无祗悔，元吉"，即所谓速改其过，不贻其悔也。

【占】问营商：初六阴气犹微，曰"履霜，坚冰至"，是由微而推至于盛也，犹商业由小至大，积渐而至于富。

○问功名：初爻是少年新进之时，由卑而尊，犹"履霜"以至"坚冰"，随时而来，未可躁进也。

○问战征：初爻阴之始，"履霜"之象，至上爻"龙战"，阴之极也，"坚冰"之象。曰"其血玄黄"，是两败也。所当先慎其始。

○问家宅：坤纯阴之卦，初爻阴气尚微，故曰"履霜"，"至坚冰"，则阴气盛矣。阴盛则衰，不吉之兆。

○问婚嫁：坤卦纯阴，曰霜，曰冰，皆阴象。纯阴无阳，不利。

○问六甲：生女。

○问疾病：恐是阴邪之症，初起可治矣，久则难医。

【占例】明治二十一年冬，男爵某氏来告曰："余顷日欲从采矿之事业，其矿山为矿学士某所保证，其为有利无疑，虽然，子幸占其得失。"筮得坤之复。

爻辞曰："初六：履霜，坚冰至。"

断曰：此卦纯阴而无一阳爻，是无统一事业者，是众人各谋私利之时也。且初爻为阴初凝，有小人贪而不知餍足之象。乾阳为金，此卦无一阳爻，是不能获金也，虽有矿学士保证，未可遽信。阴卦属小人，小人趋利而不顾君父，况朋友乎？君宜谢绝其谋。某氏从之，后得所闻，矿学士某，与外国人交通，谎言其矿山金产之盛，造作骗局。诱获多金，凡入其局者，皆大失利。因是谈矿业者，虽实有利益，往往人多不信，是阻人起业之心，绝人进取之气，皆此等小人贻之害也。

某氏因此占，不入其局，不致失利，可谓幸矣。

○明治三十一年冬至，占明年我帝国气运，筮得坤之复。

爻辞曰："初六，履霜，坚冰至。"

《易》例，阳为君子，阴为小人。所谓君子者，忠心谋国，不挟私曲者也。圣上聪明睿智,临御天下,亦当以君子为法,小人为戒。若小人则唯利是务,不顾国家之隆替,孟子所谓"上下交征利",不夺不餍,优胜劣败,弱肉强食,亦势所必至也。幸当圣明之世,文化日隆,虽比美欧美各邦,亦不多让。无如世道人心,日益颓败,唯利是重,求其敦尚古风,讲论道德,喻义而不喻利者,百无一人焉,岂不可慨乎!夫坤之为卦,纯阴而无阳,是小人行世,君子退藏之时。今得初爻,地变为雷,即小人擅权,专博私利之兆。其辞曰"履霜,坚冰至",言方当履霜,小人之机心乍萌,犹霜之易消,至坚冰固结,有不可复动之势。孔子曰:"积善之家,必有余庆;积不善之家,必有余殃。臣弑其君,子弑其父,非一朝一夕之故,其所由来者渐矣,由辨之不早辨也。《易》曰:'履霜坚冰至',盖言顺也。"如此不祥之辞,他邦征诛之朝,时或有之,至我帝国,为万世一系之天子,下亦不乏忠君爱国之辅弼,故无虑此。今占国家气运而得此爻,岂可不戒慎乎?

按二爻变而为师,师者以身为仪表,教导万民之象,是为明年及明后年之气运也。其辞曰:"直方大,不习无不利。"此爻以阴居阴,备坤厚之德,居大臣之位。直者廉直而温,方者刚方而严,大者光大,谓其功也。君子秉直、方、大之德,虽无其位,天爵之贵者也;小人无直、方、大之德,一昧徇私,虽贵为公卿,人爵之贱者也。君子小人之判如此,是以小人而在高位,往往借公济私,不顾国家之安危,徒作子孙之计,自以为得计,是亦不思之甚也。夫大臣而徇利,必至贿赂公行,是非颠倒,祸乱自此而起,不知祸乱之来,富者必先罹其毒。然则小人所为肥家,实酿败家之患,履霜坚冰而不知戒,小人之为计,不亦愚乎?

今我国家,幸得贤明之君子在上,秉正直刚方之德,行公明博大之政,正躬率物,师表群伦,庶几阳刚来复,阴邪退避,移风易俗,太平之治,其在斯乎?坤卦以十年为数,其纯阴而无一阳,为统御不全之象,今而不知所戒,恐因循以及十年,或者有上六龙战之祸,亦不可不预防也。"龙战于野"者,龙者谓上,野者谓野心之徒,反击而至流血也。自"履霜"而至"龙战",国家之不祥莫大焉。今时大臣及各党首领,皆廉直公正,固无患此,但占筮如此,思其终局,颇切杞忧。夫爻所谓"龙战"者,所指何事,有识者,自能辨之。

六二: 直方大,不习无不利。

《象传》曰:六二之动,直以方也。不习无不利,地道光也。

二爻以阴居阴,即坤之主爻,故有上人之势也。盖乾之九五,坤之六二,各居阴阳之本位,而合中正之德者。乾以君道,故以九五为主;坤以臣道,故以六二为主。六二具地道之全德,在内则无私曲,在外则事皆当理,称之曰"直方大"。直者无邪曲也。方者圆之对,纯阴之象也。圆者动而不静,阳之道也,方者止而守常,阴之道也,故曰天圆而地方。大者,广大也,谓坤地生育之功德广大也。直则其心无私,方则其事当理,大则谓其功也。"直方大",则配天之刚,而合自然之德。天理虽至直至方,人欲则邪曲也。人之性虽善,人欲蔽之,百歧横出,反致害天理之直也。此卦本非凶,唯为私欲所蔽,则陷于凶。然此爻得坤道之纯,其中直、方正、广大之全德,凡学之有待于习者,由于未晓其理,未谙其事也矣,亦何习之为?故曰"不习无不利"。"不习"者,谓其自然而能也,《大学》所谓"未有学养子而后嫁者也"之意。乾之六爻,莫盛于九五,坤之六爻,莫盛于六二。《象传》之意,谓六二柔顺中正,居本卦之主,动容周旋,皆中其规矩,又有"不习无不利"之功德，阴道、地道、臣道、妻道，皆得其当，德行光大之故也。盖此卦纯阴，初、三、五三爻柔顺而不正，四上两爻，柔顺而不中，唯此爻柔顺中正，独得坤道之粹者也。

【占】 问营商：六二坤之本位，"直方"者地之性，"大"者地之用，知其营业必是地产，如谷米、木材、丝棉之类是也。"不习无不利"，"习"与"袭"通，谓不烦重筮而知其获利也。

○问功名：二爻居中得位，动而获利，言不待修营而功自成，其成名也必矣。

○问战征：战之一道，以得地势为要，动以其方，势大力强，可一战而定也。

○问家宅：六二中正，居宅得宜，故曰"地道光也。"

○问嫁娶："直方大"，地道也，妻道通于地道，故婚娶亦利。

○问疾病：爻曰"直方大"，知其素体强壮，不药有喜。

○问六甲：生女。

【占例】 明治二十三年一月，占伊藤伯气运，筮得坤之师。

爻辞曰："六二：直方大，不习无不利。"

断曰：坤者地也，地之德顺也，顺者臣之道也。此爻中正而为一卦之主，夫地之为物，载华岳而不重，振河海而不泄，禀天气而生育万物者也。今占大臣而得此爻，是其负世务之重，而能堪其位，奉至尊之命，而能尽其职。且此爻柔顺中正，具臣道之全德，故称赞之曰"直方大"。直方者，即所谓"敬以直内，义以方外"，而终之公明正大，是功之全也。伯有此器识，而复有此德性，循夫自然，故"不习无不利"也。此爻变则为师，师之为卦，九二一阳为全卦之主，统御众阴之象。本年两议院之开设，必当推为议长，以统督众议员，用以奏整理之功。故曰"六二之动，直以方"，盖不待习而无不利也。后果如此占。

○明治三十年六月，余趋爱知摄绵土制造所，该制造所，属小儿嘉兵卫所担当，因赴爱知县厅，晤江木知事及吉田书记官。书记官曰："今者，将兴筑埠头于治下热田，以图名古屋市之便利，其费凡二百四十万元。欲提出此议于县会，为其大业，知事及余，深疑县会之赞否如何，踟蹰久之，子幸占其成否？"筮得坤之师。

爻辞曰："六二：直方大，不习无不利。"

断曰：坤之为卦，上下皆柔顺而无一毫间隔，况坤卦主利，而此事尤属乎直方正，大有利益，事成之后，不特当县获利，即他县亦得利便，后必得县会众员赞成，不容疑也。

知事及书记官闻之大喜，速附之于县会之议，议员中四十四名，不合议者，不过三人，立议决之云。

六三：含章可贞。或从王事，无成有终。

《象传》曰：含章可贞，以时发也。或从王事，知光大也。

三爻不中不正，而居内卦之极，改革之地，其心术行为，不能无不中不正之失；且柔顺之臣，与六五之君，皆阴柔而不相应，是人臣不得于其君者也。大抵六三之爻，多不得时位，即有才识之士，只宜韬德匿采，以待时至，若妄露才能，必招疑忌，故戒之曰"含章"。刚柔相杂曰文，文之成曰章，含者，含而不露也。唯其静而能守，故"可贞"。

大凡为人臣者，不闻其遇与不遇，当有守其常而不可变之志操，纵无干进之心，亦未尝无进用之日。如或出而从事，则仍含其章，而不自居其功，从君之令，以终君之事而已，事即不成，必使后人得续以成之，谓之"无成有终"。六三居下卦之上，有"从王事"之象，盖乾之九四，坤之六三，皆居进退未定之地，曰"在渊"，曰"含章"，故皆加曰"或"，示以将进未进之意。当此进退之际，亦宜不失时宜，以从王事也。《象传》"知"字与"时"字相对。含蓄才能，未敢吐露，谓其能审时而发。"时发"者，即吐发其含章之光，退则能含，进则能发，是以其光大也。此爻变则为谦，谦之九三曰："劳谦，君子有终，吉。"《系辞传》曰："劳而不伐，有功而不德，厚之至也。"下卦为艮，艮者止也，有含之象，亦得含章之义也。

【占】问战征：爻曰"含章可贞"，言平时含蓄才智，敛藏不露，一旦从事，自能制胜，即不成功，亦无大败。故曰"无成有终"。

○问营商：坤地也，百货皆生于地，商能蓄积百货，故曰"含章"。凡从事营商者，贸迁百货，以时发售，故曰"时发"。坤内卦至三而极，正盛满之地，故曰"光大"。是以一时虽或未成，知必有终也。吉。

○问功名：凡求名者，最宜待时，时未当发，"含章可贞"；时而当发，出从王事。知此道者，必能保功名以终也。吉。

○问疾病：玩"无成有终"句义，知不可药救矣。凶。

○问六甲：生女。

【占例】明治十九年，占知友柳田某气运，筮得坤之谦。

爻辞曰："六三：含章可贞。或从王事，无成有终。"

断曰：坤之时，柔顺而亨也。《象》曰"利牝马之贞"，牝马负重而为人用，即劳而无居之意也；又曰"君子有攸往，先迷后得主，利"，谓不能得名誉，唯得俸给。三爻值有为之地，爻辞曰："含章可贞，或从王事，无成有终。""含章可贞"者，是足下包含文章，藏器于身，以待其时。今时会既来，当有从事于文章也。虽主管者知足下文才，欲任以事务，授以官职，其余属官，不得不出足下之下，以其势有不可也，只可酬报而已。此卦全卦皆阴，无自主之权，虽殚劳心力，苦无知之者，事成之后，其功亦必为人所夺，不能得分毫名誉，不劳者却得褒赏，或邀升进。以坤之卦纯阴，阴人得势，唯以主利，故笃实之人，反为彼所笼络，而不行于世。足下之时运如此，惟宜修德而待时。"或从王事，无成有终"，或之云者，今日无事，他日必将从事也。

其后同氏果受某局嘱托，从事编辑五年，早出晚退，事极繁剧。终了编辑，于是属官关其同事者，皆有升级，或受褒赏，氏以不登仕籍，不得邀恩典，止解其嘱托而已。

六四：括囊，无咎无誉。

《象传》曰：括囊无咎，慎不害也。

四爻虽柔顺得正，而居失其中，故不足以有为也。四居近五之位，而两柔不相得，上下闭隔，是大臣不信于君之象也。当此之时，宜慎重缄默，晦藏其智，如括结囊口，杜口不露，默默隐忍，以守其愚，如此则"无咎无誉"，斯得远于灾害矣。故谓之"括囊，无咎无誉"。无咎者，在避害，无誉者，在逃名。若因括囊而得誉，则有誉即有咎，必深藏不露，并泯其括囊之迹，故《象传》曰："括囊无咎，慎不害也。"此爻变则为豫，卦形有括囊之象。

【占】问营商：四巽爻，巽为商，为利，巽"近利市三倍"之谓也。兹爻曰"括囊"，是明亦以闭囊之象，知必昔日得利，财已入囊，不使复出也。故曰"括囊，无咎无誉"。

○问战征：六四重阴，当闭塞之时，虽有智，囊其才，无所施其计谋也，是宜闭关不战，如囊之括其口也，斯无咎矣。

○问功名：四重卦，动当否位，《文言》曰"天地闭"，"括囊"者，闭口也。天地且闭，何有于功名？若妄意干进求名，适足致祸，有誉反有咎矣。宜慎。

○问家宅：六四以阴居阴，履非中位，是宅必在山谷幽僻之处，宜隐遁者居之。

○问六甲：生女，或得孪生二女。

【占例】明治十二年一月，邂逅大阪五代友厚氏，氏请占本年商务，筮得坤之豫。

爻辞曰："六四：括囊，无咎无誉。"

断曰：坤主利之卦，有群聚争利之象。四爻以阴居阴，不可进而为事也，故本年宜退守，不宜扩张商业。爻辞曰"括囊"者，括财囊之口，不可出财货也。故括囊则无损益，开囊便多失，嘱慎勿着手商事。

五代氏有感此占，然商业之势，虽知不利，只可小做，不能不做，偶有营业，果致亏败。

六五：黄裳，元吉。

《象传》曰：黄裳，元吉，文在中也。

黄属中央，土色也；裳下服。黄中色，守中而居下，为臣下之象。盖此爻以柔德居五尊位，或女后南面听政，或如伊周之辅主摄政者也。然坤者纯阴，六爻皆臣事，未可以六五直为人君。占此爻者，为当垂中和之盛德，维持朝宪，辅粥国君，终复退守臣职。此尊位所以为尊，阴爻不失其常，故曰"黄裳，元吉"，否则，居尊而为天下，必大凶也。《左传》昭公十二年，南蒯筮得此爻，以不守"黄裳"之义，败家丧身，可为征矣。圣人以"裳"字系此爻者，恐有权臣乘势位，擅威福，失臣下之道，蔑视君上，其垂诫也深矣。《象传》曰："文在中也。"坤为文，五居中，言美积于中而形于外，为能柔中而克守节也，故为元吉。

【占】问战征：坤臣道，五居尊位，为人臣之极贵者，如舜之摄位诛四凶，周之摄政诛二叔。爻曰"黄裳，元吉"，是以文德而发为武功者也，故《传曰》："文在中也。"

○问功名：六五辰在卯，得震气，震有功名奋兴之象。五又离爻，离为黄位，近午，上值七星，七星主衣裳文绣，故曰"黄裳"。离又为明，有文明发达之象，故曰："文在中也。"

○问营商：坤五变比，比吉也，辅也，商业必得比辅而成。比卦下坤上坎，坤为裳，故曰"黄裳"；比为美，故曰"文在中"，知其经商必是锦绣章服之品。曰"元吉"，必获利也。

○问疾病：坤为大腹，又黄为中色，裳下饰，可知其病在中下两焦。

○问六甲：生女。

【占例】 明治二十二年，占贵显某之气运，筮得坤之比，乃呈之三条公及伊藤伯。

爻辞曰："六五：黄裳，元吉。"

断曰：坤之为卦，纯阴而无一阳，五爻虽属君位，而坤卦皆臣事。"黄裳，元吉"者，如周公位冢宰，辅成王以摄政，畏天命不敢服黄衣，唯着黄裳，以严君臣之分者是也。唯其忠信笃敬，虽持朝宪，辅弼国君，故曰"黄裳，元吉"，否则，其凶可知也。今贵显某，幼而有神童之誉，及长拔擢藩中，久留于欧洲，不特博学，又通晓海外各国之政体风俗，其归朝也，立要路而鞅掌职务，隐然负众人之望。然今筮得此爻，不堪骇异，盖此人久居欧洲，虽通君民同治之政体，或不明本邦建国之治法。安危之所系，殆见于此筮数乎？甚难其判。

其后宪法发布之日，某氏为凶暴者所害，于是始叹此占之有验也。

上六：龙战于野，其血玄黄。

《象传》曰：龙战于野，其道穷也。

上爻居全卦之终，是阴邪极盛之时，变而为剥，则有一阳与五阴相战之象。是以初六履霜之始，圣人谆谆警其将至坚冰，夫阴邪之势过盛，必将剥阳；其剥之甚也，势遂至于相战；及其战也，阴虽盛大，阳虽减退，终必两被其伤。血者，伤害之甚也。玄者天色，黄者地色，天地即阴阳，故血色玄黄，为阴阳共伤也，故曰"龙战于野，其血玄黄"。近推之于一家之事，为人父兄者，其初误子弟之教育，遂养成不肖，其结果遂致骨肉相残，同类相害，争斗杀伤，势穷而始止。《象》曰"其道穷也"，"其"字即指阴阳君臣而言；"道"字亦指君臣；"穷"者穷困窘迫也。夫至君臣相战，其臣之横逆无道，固不俟论，其君亦未为无过。《系辞传》曰，"上慢下暴，盗思伐之矣。""慢藏诲盗，冶容诲淫。"使其臣下至此者，君道之穷，亦即臣道之穷也，故曰"其道穷也"。龙本乾之象，今此爻言龙者，示阴极而抗阳也。又曰野者，以在外卦之外也。爻辞不言凶者，其凶不待言也。

【占】 问战征：象已明示是两败也。

○问功名：上处外卦之极，是穷老入闱，抑塞已久，一战复北，可哀也。

○问营商：上六坤卦之终，其道已穷，是资财既竭，血本又耗，商道穷矣。

○问疾病：必是阴亏之症，阴极抗阳，肝血暴动，命已穷矣。

○问六甲：阴尽变阳，可望男孩。

【占例】 明治六年，占政府气运，筮得坤之剥。

爻辞曰："上六：龙战于野，其血玄黄。"

断曰：坤之为卦，纯阴而无一阳，是君德不耀之时。今者明君在上，俊杰在位，占得此卦，窃怪与时事不合。盖在朝诸公，远忧深思，襄理国是，同心同德，厥躬尽瘁，何至有龙战之象？既而思之，龙之为物，神化不测，古者豪杰之士，才能卓绝，往往以龙称之，或者大臣之中，各怀忠愤，因意见之不同，以致议论之过激，始而相忌，继而相仇，终至相斗，各分党与，互相攻击，不奉朝旨，是谓野斗，故曰"龙战于野"，如曩昔源平之争权是也。此爻之象如是，然度今日在朝诸公，必不出此，犹疑莫决，乃呈之于三条相公。

先是，维新伟业略得整顿，大臣参议，多经历欧美各邦，视察实地，将取彼之长，更定国政。岩仓右大臣以下，木户、大久保、伊藤、山县诸公，远赴欧美，盖行者居者，各尽厥职，以匡中兴。约以一行未归之间，不启别议，岂图事出意外，缘我云扬舰测量朝鲜国仁川港，彼国轰炮击之，庙议纷起，谓宜兴师问罪，以雪国辱，电信达于欧洲。大久保公先归，欲停此议，西乡以下诸公不从，议论愈激。未几，岩仓右大臣等皆归，征韩之论，为全国之一大问题。物议嚣嚣，人心悸悸，终归议和，而主征韩者，各怀不平，纷纷去官，于是七年有佐贺之变，九年有长州之乱，十年有鹿儿岛之役，国家之不祥连臻，"龙战于野"之辞，实不虚也。

《易》之前知事变，大抵类此。

〇明治二十七年冬至，占明年之丰歉，筮得坤之剥。

爻辞曰："上六：龙战于野，其血玄黄。"

断曰：坤地有生育万物之性，受太阳之光热，以奏其功者也。然此卦纯阴而无一阳，为多雨少晴之象。爻辞"龙战于野"者，谓阴阳不和，气候不顺，恐难望丰熟，故《象传》曰："其道穷也。"愿当路者，预知年谷之不登，宜讲救荒之策，以备之也。

果是年诸国有洪水之害，暑气亦比他年稍薄，秋收止七分。

用六：利永贞。

《象传》曰：用六永贞，以大终也。

用六之义，已示之卷首。永者，长也、远也。坤卦之象纯阴，为臣妻之义，在人事则柔顺贞正，而悠久有恒，不变其志，可以从君从夫矣。忠臣不事二君，贞女不更两夫，即"永贞"之义也。为人臣为人妻者，从"永贞"之义，则大吉而有终，若少变之，则大凶大恶之道也，故深诫之曰"利永贞"。

盖阴之性，柔躁而难守其常，有易进易退之弊。《象传》曰"以大终也"，谓其不变坤道之顺，而全其终也。若变动则阴侵阳，臣侵君，妻凌夫，逆理背常，乌得全其终哉！又阳为大，阴为小，阴者柔也、暗也、小也，然勤而不怠必强，学而不懈终明，是有"以大终"之义也。

按：乾之用九，以过刚强，宜守无首之道；坤之用六，以阴道、臣道、妻道，宜守恒常之德，不可变动。是警戒之辞也。

䷂ 水雷屯

屯，上"一"象地，中"山"象草，下"乚"象草根之屈曲，即草木穿地始出，欲伸而未能即伸之形。内卦震，震雷也，能以鼓动发育万物；外卦坎，坎水也，能以滋润养成万物。按：卦为雷在水中，当冬至之候，雷欲发于地下，而地上之水，冻冰凝结，为所压抑，不能遽出于地，其象艰难郁结，如物之勾萌未舒也，故名之曰屯。

屯：元亨利贞。勿用，有攸往，利建侯。

"元亨"二字，概括全卦之终始而言也，非谓屯之时即亨通也。凡天下之事，创业伊始，必有屯难，唯能耐其辛苦，勉强不已，自然脱离屯难，终得大亨通之时也，故曰"元亨"。夫人处屯难之会，所当动性忍心，坚贞自持，安于"勿用"，不敢先时妄动，又陷于险。虽明知后日利有攸往，自得亨通，要不可轻用其往也，故曰"勿用有攸往"。此卦阳爻唯二，九五为坎险之主爻，初九为震动之主爻。九五之君，当艰难之日，欲以征伐初九有为之人，必反致招祸也，不如优待之，以为侯伯，斯得共济时艰也，故曰"利建侯"。侯者震之象，故像之象辞，亦曰建侯也。

《象传》曰：屯，刚柔始交而难生，动乎险中，大亨贞。雷雨之动满盈，天造草昧，宜建侯而不宁。

乾纯阳也，坤纯阴也，此卦内初九，外九五，二爻之刚，与四爻之柔，始相交也。内卦之震雷欲出地，而外卦之坎水遏阻之，以成屯难艰险之势，故曰"刚柔始交而难生"。《说卦传》曰"震一索而得男"，即始交之象也。又曰"震动也，坎陷也"，震以阳动之性，在坎阴之下，动而未能出也，故曰"动乎险中"。然在险难之中，能守贞正而不滥，他日自得大亨，故谓之"大亨贞"。震雷者，阳气之奋劲；坎雨者，阴泽之普施，故曰"雷雨之动满盈"。盖初九震之主，九五坎之主，故教之以无相敌害，仿雷雨之作用，使得相亲相助也。阴阳始交，故曰"天造草昧"。《说卦传》曰："震为萑苇。""草"字出于此。坎为月，天未明也，"昧"字出于此。当是时也，六四之宰相，礼遇初九之臣僚，相与辅相，使之共济时艰也，故曰"宜建侯"也。时方创业之世，非升平守成之日，岂可优游逸乐哉？故曰"不宁"。夫当此天地始创，阴阳始交，以精与气交媾，生物成象。震为萑苇，生长于互体坤地，以巩固地盘之组织，继而胎卵孵化，介类繁生。初九、九五二爻，并属阳刚，其中却含柔软坤体，为蚌蛤之象。盖万物之生，各具心灵，自能飞潜动跃，此自然之理也。我国旧俗，谓主泥土之神，曰泥土煮尊，谓主沙土之神，曰沙土煮尊，主动物之神，曰面足尊，主植物之神，曰惶根尊，犹是生人之命，相传南斗主生，北斗主死者是也。故凡一物一命，皆有神主之。大凡始生之时，恰如草木逢春，其繁殖，一雨多于一雨，即"雷雨之动满盈"者也。人类繁殖，不可无大德之君以统御之也；君犹不能独治，必使贤者以为辅弼，是所谓"宜建侯"也。惟天地闭关未久，尤当无教逸欲，自耽安宁逸乐也，故戒之曰"不宁"也。

以此卦拟人事，则为阳刚之君子，与阴柔之小人始交，互异气质，彼此辄生争论，谓之"刚柔始交而难生"。何者？内卦我也，有雷厉之性，欲奋发而立志；外卦彼也，有水濡之性，挟下流之邪计，以妨我行为。凡我所欲振兴者，彼皆阻扰之，使不得成就，欲进不能进，欲往不能往，是谓之屯，故曰"勿用有攸往"。是以百事困难，恰如陷落水中而不得自由，谓之"动乎险中"。虽然，气运变迁，困极必亨，犹冬去春来，冰冻自解，雷气发生，屯变为解，则屯难解散，而气运一新。故不宜急遽而图功，唯当固守以俟命，待气运一转，阳升阴降，自见君子当权，小人退位，是出屯而入亨也。当屯之时，要不忘此义也。

以此卦拟国家，则以下卦为人民，有暴雷上轰之象，蓄异谋，倡异论，欲以撼动上卦之政府；上卦为政府，下令如流水，以遏止下民之妄动，甚至以刑法制之。"刑"字古作"荆"，从"刀"、"井"，谓犯法之人，如陷入井中也。是下卦之屯也。政府虽有政刑，或不能遏止下民，而反为下民所困，以阻国运之进步，是上卦之屯也，谓之"纲柔始交而难生"也。初九者，下卦雷之主，即一阳之微动乎地下坎水之中。夫天下无事，英雄亦与凡庸无异，今当屯难之时，初爻一阳，以君子刚健之才，将奋发而有为，岂可晏然处之乎？在上位者，唯尊其位，重其禄，以礼遇之，使之济世之屯难，不然，欲以威力压之，却生不测之祸乱，争功者并起，人心愈形扰乱矣，谓之"天造草昧，宜建侯而不宁"也。"天造"，犹天运也；草者，谓人心之草乱而失其伦序；昧者，谓冥顽而不明，是即屯之象也。

《易》有四难卦：屯、坎、蹇、困是也。屯者，"刚柔始交"，不知其意之所在，故生猜疑之念，为初酿困难之时。坎者，二人溺水之象，彼我共陷困难之中，唯能耐守当日之困，而得后来之亨也。蹇者，知彼构危险，乃止而不进，犹跛者之不得寸步也。困者，泽中无水之象，恰如盆栽之草木，滋润之气已竭。屯者难之始，坎者难之连及者，蹇者难之央，而困者难之终也。

通观此卦，初九，虽有建侯之才力，以当屯难之时，磐桓不进，居贞正之位，遇险而能自守其正。六二，居九五之应位，而为初九所挑，不能与九五共事，犹贞操之妇，拒强暴者之挑，经十年之久，始归其正应之夫。六三，为喻利之小人，乘此不明之时，欲独博其功。六四，应初九，亦比九五，固有所忌惮而不能共事，虽有"乘马班如"之屯难，终归正应初九之吉。九五，中正而并有位德，然介居二阴之间，不能沛雷雨之泽。上六，居屯难之终，无能为世。盖三与上无应之屯，二与四有应之屯也。六爻共动，当陷险之时，务要谨慎持重，经过屯难之气运，自有得志之日，曰"大亨贞"。大亨者，正屯难已解之时也。

《大象》曰：云雷，屯，君子以经纶。

不言雨而言云者，屯之时，云开于上、雷动于下，未能成雨；未能成雨，所以为屯。君子法此二气之动作妙用，以经纶政教之组织。"经纶"，犹言匡济也。经者机之纵丝，纵丝之不可易也，犹国家之大经，政教人心相合而不可紊也；纶者，机之横丝，犹取宇内各国之所长，见其时宜，而组织政体也。"经纶"者，即综理庶政之谓也。

【占】问功名：内震外坎为屯，震为雷，坎为云，故曰"云雷"；震为出，坎为入，欲出而复入，故曰屯。又震为人、为上，坎为经、为法，故曰"君子以经纶"。是君子施经纶之才，而运当其屯也，宜待时而动。

○问战征：勤兵而守曰屯，"云雷"者，蓄其势也；"经纶"者，怀其才也。然当其屯，宜守不宜进。

○问营商：《象》曰"刚柔始交而难生"，是必初次营商也。凡事始创者，多苦其难。经纶，治丝之事，知其业必在丝棉之类。

○问家宅：震东方，坎北方，震动也，坎陷也，恐是宅东北方有动作，宜经理修治之。

○问婚姻：雷阳气，云阴气，"刚柔始交而难生"，是初婚时，必不和洽，宜正人劝解之。

○问六甲：生男，恐始产不免有险难。

初九：磐桓。利居贞，利建侯。

《象传》曰：虽磐桓，志行正也。以贵下贱，大得民也。

每卦有主爻，皆具本卦之德，例之如乾之九五，具乾之德；坤之六二，具坤之德。屯以初九为内卦之主，故爻辞全类象辞，他卦主爻，都依此例。磐者，大石也，桓者，柱也。此爻以正居刚，处险能动，虽有济屯之才，今居众阴之下，上应坎水之险，深虞陷入危险，未足以自持，唯守其身，贞固而耐困难，以待时机之来也。故如磐桓之居下，为柱石之臣，撑持艰难之象。如因对抗之敌而占之，则有强敌坚固而不可摇动之势，在此时我唯固守持重，不可妄动，若妄进则不惟不得其志，却取其败，故曰"利居贞"。《象》辞所云"勿用有攸往"，亦磐桓难进之意。盖言功业非容易可成，磐桓趑趄，不进不退，以待时会，即所谓"在下位而不获乎上，民不可得而治"之意。必明善诚心信友，而后乘时得位，则功业可得而成，故有大亨之利也。曰磐，曰居，皆震足之象。"利建侯"三字，与象同而其义异也。象辞属九五之君而言，爻辞属初九之人而言，故彼训为建侯，此训为所建之侯。侯之于王，臣也，能安其臣职，而为下不悖，即居贞也。

《象传》之意，贵谓阳，贱谓阴，此爻以一阳居三阴之下，为"以贵下贱"之象。虽时塞位卑，而不得用其力。犹之江海居下，而百川归之，君主能下人，则众庶归之。屯难之世，江山易主之时也，此爻以刚健之德居下，大得人望，为他日立身之基，故曰"以贵下贱，大得民也"。第以磐桓观之，似失阳刚之德，要在内心坚确而不失其正也，故曰"虽磐桓，志行正"也。此爻变则为比，比之初六曰："有孚比之，无咎。有孚盈缶，终来有它吉。"其不遽求成功之意，可推而知也。

【占】 问战征：磐桓，不进之貌，曰"利居贞，利建侯"。尽尝屯难之时，内则居正以守，外则求贤以辅，斯民心归向，众志成城，而终无不利矣。

〇问营商：初九爻，辰在子，北方，上值虚宿，曰元枵。"枵"之为言"耗"，"虚"亦"耗"意，不利行商。能以守贞任人，尚有利也。

〇问功名：初爻，是必初次求名也，"磐桓者"，是欲进不进也。要当志行正直，谦退自下，终有得也。

〇问家宅："磐"字从"石"，所谓安如磐石，知其宅基巩固也；曰"利居贞"，知其居之安；曰"利建侯"，知必是贵宅也。

〇问婚嫁：曰"以贵下贱"，知为富贵下嫁之象，吉。

〇问六甲：初爻生男。

【占例】 明治二十六年十二月，某贵显占气运，筮得屯之比。

爻辞曰："初九：磐桓。利居贞，利建侯。"

断曰：屯者，雷动水中之卦，为冬春之候，雷将发于地下，地上之水，结而未解，不能直升，必待冰冻融解，而后能发声也。以未得其时，故名曰屯，屯者难也。然及其时，水气蒸发而为雨，雷得时而升，雷雨和合，发育万物，成造化之功，谓之"元亨"。时之未至，利艰难贞固，若妄动轻进，则必陷乎险中，故戒之曰"利贞，勿用有攸往"。此卦以拟草昧之初，在上位者宜用在下之志士，以济屯难而安生民也；在下者不宜侵凌上位，宜奉戴元首，以祈国家之安宁也，谓之"利建侯"也。今某贵显占得此卦此爻，贵显于维新之始，整理财务，使无缺乏，以开富强之基，犹萧何之于汉高也，丰功伟绩，焜耀当今。谚曰："功成者坠，名盛者辱。"某因与同列议论不合，一朝罢黜，然报国之忱，未尝一日忘也。兹由此占观之，曰"利贞，勿用有攸往"，所谓"利贞"者，盖利贞守，不利躁进；所谓"勿用"者，即今舍藏之时也；所谓"有攸往"者，即可知后日之再用也。至若组织政党，以冀有为，恐党员中邪正混杂，转致酿祸，且屯之六二、六三，皆为坤阴主利之徒，可以鉴矣。屯之初九，以阳居阳，足见才志刚强，以上有坎水之险，阳陷乎险中，故曰"磐桓"。"磐桓"者，犹以磐石为。柱，未可动摇，言难进也。待至气运一变，春冰解而雷雨作，"百果草木皆甲坼"，屯难去而嫌疑自释，九五之君，以礼聘之，翻然而应君命，得以经纶国家，大显其才德，故曰"利建侯"也。某贵显气运如此，彼既不信此占，余亦不复言矣。

〇秋田县士根本通明，邃于经学，诲人不倦，亦余之益友也。一日访之，出示一轴曰："是轴相传为明人某翁所画，以其无款识，未能辨其真伪，子请鉴之。"然余素昧鉴识，乃为之筮其真伪，遇屯之比。

爻辞曰："初九：磐桓。利居贞，利建侯。"

《象传》曰："虽磐桓，志行正也。以贵下贱，大得民也。"

断曰：此卦内卦震，龙也；外卦坎，云水也，此其画为云龙乎？爻辞"磐桓"，磐，地之磐石也，谓坚固而不可动易也，不可动易，则非伪物可知矣。且曰"利居贞"者，贞者真也，是谓之真品矣。"以贵下贱"者，贵重之物，无人知之，而为所贱也。

迨出画展观，果为云龙之图，笔力遒劲，其非凡笔可知。余即以此卦语为鉴定之。

〇占普法战争之胜败。

友人益田者，尝留学欧洲，通晓西洋各邦事情。明治三年，普法两国交战，益田氏来谓曰："普法开战之电报，昨夜至自欧洲，仆尝久在法国，具知其国强，因与英人某赌两国之胜败。仆期法之胜，今朝互托保某银行以洋银若干，君请占其胜负。"余曰："子已期法国之胜，何须占筮？"氏曰："请试筮之！"恳之不已。筮得屯之比。

断曰：吁！法国必败，子必亡失若干元。子意以法为主，故以法定为内卦，法以内卦初爻为卦主，居屯之初，有雷之性，欲动而为上卦坎所阻，故不能进，是屯之义也。"磐桓"，难进之貌，以敌军坚刚，如岩石不可当也。"利居贞"者，谓不可轻举大事，然今法军妄进，将伐普国，详玩此占，其不能胜也必矣。《象传》曰："以贵下贱，大得民也。"初变为阴，为"以贵下贱"也，法帝其将降敌军乎？国君降，则震一阳，变而为坤，坤为臣，为众，为民，国无君主之象。后其将为民选大统领，开共和国而治乎？内卦震为动，外卦坎为险，是"动乎险中而难生"，今内卦先动，遇外卦之险，法先开战端，为普兵所阻。又阳为将帅，阴为兵卒，外卦普将，居九五中正之位，有兵士护将之象，普国君民之亲和可知。内卦法将居初九，其位不中，法国君民之不亲和亦可知。大将居互卦坤后，身接军事，其心先以国家人民为赌物也，亦明矣。问其战略，见于内卦初爻，应外卦四爻；外卦五爻，应内卦二爻，是互有内应者之象。然应外卦普者，内卦二爻，即法之中正者，故为有效；应内卦法者，外卦四爻，即普之不中者，故为无效。初阳变而为阴，是失将之象，法之败已决矣。原来论两国之交涉，自法见之，自负为震长男，以普为坎中男，因此开战端者也；自普见之，以己虽为坎中男，以法为艮少男而应之者也。屯卦反为蒙，爻辞曰："击蒙，不利为寇，利御寇。"夫酿战者法，而御之者普，是法为蒙，普击蒙而惩之者也。普御法寇，而非为寇者也，普之必胜亦可知矣。又内卦坎险，不易犯也，外卦艮止，不能进也，更可知法之不能胜普也。

言未毕，益田氏嗦然冷笑曰："卦乃凭空之论，犹呓语不足听也。"余曰："余凭象数而推算，以决胜败之机。子虽久留法国，目击富强，信其必胜，是见外形，而未见其骨髓者也。《易》者，示天数预定者也，今既推究此占，又复细论时事。三世拿破仑之升帝位也，初千八百四十八年之乱，与民政党而有大功，遂选而为大统领。乘其威福，破宪法，弄权力，而登帝位。今则富国强兵，殆如欧洲列国之盟主，且与英国联合，而伐露国，陷西边士卜之坚城，实足继第一世拿破仑之豪杰，子之期其必胜，盖在于此。余观拿破仑之英豪，乘时践祚，睥睨欧洲列国，所向无敌，凭藉威势，欲使子孙继承帝位。知有不能如志之兆，与普国构兵，以国赌之，将决存亡于一举，是绝伦之英豪，亦为私利所诳谩，遂兴蒙昧之举，陷屯难之险。卦象时事，历历相符，然子何必疑之？"

其后普王以六十万众，击法军于莱因河畔，连战败衄，终退塞段城，普围益急，殆不可支，至八月三世拿破仑举军而降普。因录以证《易》象之不爽云。

六二：屯如邅如，乘马班如。匪寇婚媾，女子贞不字，十年乃字。

《象传》曰：六二之难，乘刚也。十年乃字，反常也。

凡《易》三百八十四爻中，首揭卦名之字者，多言其卦之时也。"屯如"者，难进之貌；"邅如"者，行而不进，转辗迟回之貌；"班如"者，半欲进，半欲退，进退不决之貌。"非寇婚媾"者，盖六二乘初爻阳，六四之阴应之，谓彼乘马不进者，非逼于寇难，乃我之婚媾。然当此屯时，虽明知为正应，不能直行而遇也，故曰"女子贞不字"。《易》中言"非寇婚媾"者凡三，此爻及贲之六四、睽之上九是也。"女子贞不字"者，此爻中正而应九五之阳，其义可从，然以阴柔，不能往而解屯之厄，救九五坎险之苦，故初九乘其隙来逼，此爻居中履正，执义守节，不敢许也。变则为兑，以少女配坎之中男，故托女子而系辞。曰"字"者，许嫁也，言女子有正应之夫。屯之时，内外相隔，不得从之，进退踌躇，是以"屯如邅如"也。"乘马班如"者，以震坎皆有马之象，故称"乘刚"曰"乘马"。时以初九之男子比我，虽欲娶我，不敢应其求，忌之避之，犹寇雠也。然初九实非寇我者，乃欲与己共事，特本婚媾耳，而我守正而不失其道，即贞而不字之象也。互卦有坤，坤数十，数之极也。又震为卯，坎为子，自卯至子，其数十。十干一周，而地数方极，数穷事变，星移物换，十年之后，其妄求者自去，屯难已解，而始得许嫁九五之应，谓之"十年乃字"此爻犹太公居渭滨，伊尹居莘野，孔明在南阳也。屯难之时，群雄并起，不独君之择臣，臣亦择君，六二之"屯如邅如"，又非无故也。《象传》曰："六二之难，乘刚也。"六二之艰难忧苦如此者，谓乘初九之刚故也。难字释"屯如邅如"之义。凡爻以刚乘柔为顺，以柔乘刚为逆，逆则其情乖而不相得，犹下有强刚之臣，我实艰于制驭。《象》曰"十年乃字，返常也"，十年之久，尚守其贞操，而从九五，复女子之常道，何者？女子生而愿为之有家，人伦之常也。女子二十而嫁，十年乃字，故曰"反常也"。

【占】问婚嫁：爻曰"匪寇婚媾"，是明言佳偶，非怨偶也。但曰"女子贞不字，十年乃字"，知于归尚有待也。

○问战征：六二以柔居柔，有濡滞之象，故曰"屯如"。《春秋传》："有班马之声，齐师乃遁。"古者还师称班师，故曰"班如"，知行师未可遽进也，必养精蓄锐，十年乃可获胜。

○问营商：媾与购音同，义亦相通。以货物求购，有迟回不决之意，故曰"屯如邅如"。又曰"十年乃字"，十者据成数而言，货物未可久积，或者十日十月乎？

○问功名：士之求名，犹女子之求嫁也，曰"屯如"、"邅如"、"班如"，皆言一时未成也。"十年乃字"，此其时也。

○问六甲：生子。

【占例】 明治二十五年，占某贵绅之气运，筮得屯之节。

爻辞曰："六二：屯如，邅如，乘马班如。非寇婚媾，女子贞不字，十年乃字。"

断曰：此卦阴阳始交，为万物难生之时，故名曰屯。屯者难也，大抵事物之初，未有不艰难者也。草木之自萌芽而至繁盛，必先经霜雪之摧折而后得全也，况君子之经纶天下，谈何容易！此卦以震之动，遇坎之险，进必陷于险。凡一事之未成，一念之未遂，皆屯也。然事未有不始于屯，而得成者也，匡世救难，其大者也。《象》曰"元亨利贞"，即是也。人能守利贞之诚，可遂获元亨之时，是以曰"勿用有攸往"。今某占得此卦，在某识见卓越，才高智邃，维新之始，既有大功于国家，后虽辞职挂冠，其志要未尝须臾忘君也。今又奉勅当大任，行将出而有为，爻辞则曰"屯如邅如，乘马班如"。屯者，屯难之义；邅者，迟回不进之貌；"乘马班如"者，乘马将进而复退之意也。此爻居辅相之位，上应九五之君，而以阴居阴，不能解屯难之厄，恐将出而仍不能遽出也。犹女子之思嫁，虽有正夫，因其内外相隔，不得从之，故有此象。盖阴者阳之所求，柔者刚之所凌，时当其屯，六二之柔，固难自济。又比以初九之刚，恐不能免于嫌疑，可不戒慎乎？

后某因与政党首领某相会，致生政府疑忌，遂复辞职。《易》爻之著明如此。然今虽不遂其志，十年之后，则屯极必通。夫以女子之阴柔，能守其节操，久而必得其亨，况贤人君子之守其道，中正以匡家国者乎？

六三：即鹿无虞，惟入于林中，君子几不如舍，往吝。

《象传》曰：即鹿无虞，以从禽也。君子舍之，往吝穷也。

"即鹿"，谓逐鹿也。"鹿"、"禄"同音，又通乎禄利之义。鹿指九五而言。"虞"，掌山泽之官，犹土地向导者也，盖指初爻而言。初爻人位，故曰君子，与乾之九三同例。"几不如舍"，舍者，止也，谓知其功之不成，不如见几而止也。"往吝"者，吝、鄙吝、贪吝之义，谓欲往而遂其志，必致辱名败节也。互卦为艮，艮者，止也。此爻以阴居阳，有阴柔而躁动之性，且乘应皆阴，无贤师良友训导，犹猎者无虞人之向导，而独入林中，虽冒险而进，不能获鹿，日倾西山，马困身疲，不可如何也。且林中之险，非必入而后知之也，无虞人之向导，在即鹿之初，其机已见，然以其贪于从禽，往而不舍。夫舍与入林，均不获鹿，舍则为君子，入则为小人，君子小人之分，无他，利与义之间而已。《象传》"以从禽也"者，谓为贪心所使也。又爻辞曰"几下如舍"，《象传》曰"舍之"者，决去之辞也。此爻变则为既济，既济之九三曰："高宗伐鬼方，三年克之。"建国之意，可并见也。

【占】 问战征：爻曰"即鹿无虞，惟入于林中"，犹言行军而无向导，冒进险地也。当知几而退，否则必凶。

○问营商：玩爻辞，知其不谙商业，不熟地理，前往求货，不特无货，反有损失，舍而去之，尚无大害也。

　　○问婚嫁：是钻穴隙以求婚也，其道穷矣。

　　○问功名：梯荣乞宠，士道穷矣。

　　○问六甲：六三阴居阳位，生男。

　　【占例】　明治十八年应某显官之招，显官曰："予今将为国家进有所谋也，请占其成否如何？"筮得屯之既济。

　　爻辞曰："六三：即鹿无虞，惟入于林中，君子几不如舍，往吝。"

　　断曰：屯者物之始生也，为勾萌未舒之象。阴阳之气，始交未畅，谓之屯；世间有难而未通，又谓之屯；又遇险不遽进，又谓之屯。以人事拟之，则内卦之雷有动之性，欲奋发而有为，以外卦坎水之性，陷下而危险，有动而陷险之象，人苟欲有为，以前有危险，必不能如志也。非其才之不足，实运当其屯之象也。"即鹿无虞"者，欲入山中猎鹿，而无向导，致迷其途，必无所获。盖言此卦无阳爻之应比，其入于林中者，犹言贪位而前往，终不免羞吝也。《象》曰"君子舍之"，为能见几也，小人反是，"往吝穷也"。二爻辞曰，"十年乃字"，今得三爻，九年之后，气运一变，必可达志也。

　　当时显官不用此占，往干要路，终至辞职，不得其志，至二十五年，果后见用，再登显要，计之恰好九年云。

　　六四：乘马班如。求婚媾，往吉，无不利。

　　《象传》曰：求而往，明也。

　　"乘马班如"，解见六二下。六四之位，与九五之君，刚柔相接，然以阴居阴，其才不能救天下之屯，故欲进而复止，"乘马班如"也。夫大臣不患无才，患不能用才，苟能求贤自辅，可谓贤明也。其取象与六二同，盖以初九为刚明有为之才，求之偕往，相与共辅刚中之君，庶几"吉，无不利"，谓其有知贤之明，而无嫉贤之私也。故《象传》曰："求而往，明也。"初九亦然，若不待其招而往，不知去就之义，岂得谓之明哉！此爻变则为随，随之九四，曰"有孚在道以明，何咎？"可以知婚姻之正道也。

　　【占】　问战征："乘马班如"者，不明其进攻之路故也，明而前往，则所向无敌，故曰"往吉，无不利"。

　　○问功名：士者藏器待时，不宜躁进，迫于旌下逮，出而加民，"无不利"也。

　　○问婚嫁：《诗·关雎》云，"窈窕淑女，君子好逑。"逑，求也，必待君子来求，始为往嫁，故吉。

　　○问六甲：生女。

　　【占例】　大仓喜八郎氏干人某来，请占气运，筮得屯之随。

　　爻辞曰："六四：乘马班如。求婚媾，往吉，无不利。"

　　断曰：屯之为卦，我欲奋进为事，彼顽愚而妨之，故不能奏功，是屯之义也。今以四爻观之，四者比五，而在辅翼之位，但以五之不用我策，当变志而应初爻之阳爻。爻辞曰"乘马班如"者，谓欲进而犹未定也；"求婚媾，往吉"者，谓当求阳刚之初爻，以相辅也。

后依所闻，彼大仓之斡人与支配人，共趋广岛为镇台商务，继与支配人不合，意气不平，直辞大仓氏，自行大阪，开店于同镇台之侧。用从前同业某支配人，盖即卦中求初爻相助之兆也。

九五：屯其膏。小贞吉，大贞凶。

《象传》曰：屯其膏，施未光也。

膏者，膏润，坎水为雨为云之象。"屯其膏"者，谓时当屯难，不得下膏泽于民，致财政涩滞，有功而不能赏，有劳而不能报也。五爻中正而居尊位，得刚明之贤臣以辅之，则能济屯矣，以无其臣也，故"屯其膏"。初九备公使之选，在下而遵时养晦，六四应之，民望归之。九五居尊，而陷坎险之中，失时与势，其所应六二之臣，才弱而不足济屯，小事守正则可得吉，所谓"宽其政教，简其号令"，可使之徐就统理也。唯至大事，则不可也，若夫遽用改革，恐天下之人，将骇惧而分散，是求凶之道也。自古人君，时当叔季，往往愤权柄之下移，遽除强梗，而为权奸反噬者不少，谓之"小贞吉，大贞凶"也。夫天子亲裁万机，其中所尤急者，在于抚育教化万民，各使之沐浴泰平之德泽，无一夫不得其所。今九五之君，陷坎险之中，屯难之世，左右股肱之臣，亦皆阴柔，而无免险之力，不得施膏泽于下，故《象传》曰："屯其膏，施未光也。"

【占】问功名：士之所赖以显扬者，全望上之施其恩膏也，若上"屯其膏"，而士复何望焉！

〇问战征：上有厚赏，则下愿效死，若恩泽不下，势必离心离德，大事去矣。凶。

〇问营商：膏者谓商业之资财也，"屯其膏"，谓蓄聚而不流通也，小买卖犹可固守，大经营未免困穷矣。凶。

〇问疾病：膏者在人为脂血，屯而不通，是闭郁之症，初病治之尚易，久病危矣。

〇问六甲：九五居尊，生男，且主贵。

【占例】明治十九年初夏，某法官来访，曰："仆常在某任所，该地有一银行，颇称旺盛。仆偶听友言，为该行株主，购入株券若干，今犹藏之，顷闻该银行生业不佳，若将颠蹶，仆甚忧之。请君占该行盈亏如何？"筮得屯之复。

爻辞曰："九五：屯其膏。小贞吉，大贞凶。"

断曰：屯者，屯难之甚。五爻在天位，而不能施雨泽，谓之"屯其膏"。《诗》曰，"芃芃黍苗，阴雨膏之"是也。以政府言，公债之利子，不能下付之象。据此则如该银行，必会计窘缩，未能获益于株主。然屯之《象》辞曰"元亨利贞"，又《传》曰"君子以经纶"，故今虽陷困难，待时值元亨，必能经纶而奏救济之功。试为之推其数：二爻曰"十年乃字，反常也"，自二而数之，至下卦蒙之五爻，是为十年。今该行既过四年，再后六年，自当偿今日之损亡，必大有起色也。且蒙之五爻曰"童蒙，吉"，是株主犹童稚之无意无我，而受父母之爱育，师范之训示，不劳神思而得利润之象也。请君不患今日之窒滞，拾袭株券，可以待他日之兴隆也。

某氏拍手，感余言之奇，且曰："《易》占诚神矣哉！余之所言，则福岛银行也，该行头某，曩在东京，窃染指于株式市场，大取败衄，余殃波及该行会计，以至不能配赋利润。今得此明断，余心安矣。"

　　〇明治二十七年九月，我国有征清之举，涩泽荣一氏以下，东京及横滨富豪，倡使全国富豪献纳军费之议，报之于余，余乃占其事之成否，筮得屯之复。

　　爻辞曰："九五：屯其膏。小贞吉，大贞凶。"

　　断曰：此卦内卦则首倡者，有雷之性，欲发声而震起百里；外卦则其他富豪，为水之性，就下不能应上，如雷动水中，不得如响斯应，曰屯。屯者事之滞也。今当国家需用孔急而募饷未集，有如密云不雨之象，故曰"屯其膏"。富豪者或能致少额，不能输巨额，故曰"小贞吉，大贞凶"，此举恐难如愿也。夫国家当大事，求微细之资于有志者，犹疗巨创以膏药，物之大小不相适可知，使他人闻之，不免笑我识见之陋劣。余谓国事，当以公议谋之。尔后闻集议员于广岛，立决一亿五千万元公债募集之议也。

　　上六：乘马班如，泣血涟如。

　　《象传》曰：泣血涟如，何可长也。

　　"乘马班如"，解见六二下，"泣血"者，悲泣之切，泪竭而继之以血也。坎为血卦，故曰"泣血"。"涟如"，泪下之貌，此爻变则为巽，以坎水从巽风，涟如之象。上六以阴居阴，在全卦之终，坎险之极，运尽道极，而不能济；三阴而不我应，虽下比五，以屯膏贞凶，不足归之，故困穷狼狈，不堪忧惧，其求救之切，犹欲乘马而驰者也。悲泣之甚，涕泪不绝，真有不堪其忧矣。然物穷则变，时穷则迁，如因忧而思奋，不难转祸为福，则屯可济矣。此爻与三四两爻，有济屯之志而无其才，其占不言凶者，盖因时势使然，非其罪也。《象传》"泣血涟如，何可长也"者，谓其不久而时运将变也。此爻变则为益，益之上九曰："莫益之，或击之，立心无恒，凶。"又可以见其穷之甚也。

　　屯之经纶国家也，初爻公而忘私，国而忘家，为水地比之世，建侯辅治，可得安泰。四爻往而求贤，与初爻建侯同，为泽雷随之世，亦得安泰也。上爻居于上位，奋发有为，为风雷益之世，国运可进步也。然初四二爻，相疑而不相让，上爻欲进复退，则屯难无复解之日也。

　　【占】 问战征：上居屯之极，进退维谷，穷戚已甚，而至泣血，是军败国亡之日也。凶。

　　〇问营商："乘马班如"一句，上已三复言之，是商业之疑惑不决，已至再至三矣。极之泣血，知耗失已多，故曰"何可长也"。

　　〇问功名：上居坎终，更无前进，得保其身幸矣。

　　〇问疾病：知必是呕血之症。凶。

　　〇问六甲：生女，又恐不能长大。

　　【占例】 明治二十四年，占内阁之气运，筮得屯之益。

　　爻辞曰："上九：乘马班如，泣血涟如。"

　　断曰：屯者，雷将奋出于地中，为地上之水所抑制，不得出而踌躇之象，故名曰屯。以国家拟之，下卦之人民，有雷之性，欲奋进激动以长势力；上卦为政府，以水之性陷于坎险，压制下卦之雷，不能发动。现时政府，一为条约改正之事实，二为第二议会之准备，舆论喧扰，事务涩滞，国运正值屯难也。又见上卦之阴，应下卦初爻之阳，恐有在朝之人，与下民之有力者，隐相引援，以致滋事。今占内阁，得此爻，上爻近在君侧，但时当屯难，欲尽辅弼之任，苦无应爻之援，为首相者切思辞职，为侯辅者亦欲避位，正是"乘马班如"，进退未决也。追思曩时木户、大久保二氏，任天下之重，而能济其艰，今无其才，回念及之，不堪叹息忧闷，有"泣血涟如"之象。然他日天运循环，至下卦山水蒙二爻，则政府犹教师，人民犹子弟，可得互相爱敬，有豪杰者兴，自能出险济屯，经纶天下也。

䷃ 山水蒙

蒙字古篆从"艹"，从"冖"，从"豖"。"艹"者草昧，"冖"者掩覆之形，"豖"者众之本字，"众"三"人"，《国语》曰"三人为众"是也。众民未得义方之训，智识未开，昧而不明，犹为物所掩覆之象，是为童蒙之蒙。此卦内坎水而外艮山，山下有水，水气成蒸为雾，昏不见山之义，故名曰蒙。

蒙：亨。匪我求童蒙，童蒙求我。初筮告，再三渎，渎则不告。利贞。

"蒙亨"之亨，与屯之"元亨"同，非谓即蒙即亨，谓蒙昧者能以先觉为师，以启其聪明，斯蒙者亨矣，故谓之亨。"我"指师言，"童蒙"指子弟言，外卦艮少男，故有童蒙之象。童蒙而求聪明，莫善于求师，其得师也，宜以至诚请益。《礼》曰，往教者，非礼也，是师无往教之礼，故谓之"匪我求童蒙，童蒙求我"。盖弟子之求师，与撰筮求神者同，故谓之"初筮告"。初则其发心也，诚一而不杂，迎其机以告之，其道亨也。若至"再三渎"，则私意起矣，杂而不纯，故不告，即《少仪》所谓"毋渎神"之渎；"不告"，即《诗·小旻》所云"我龟既厌，不我告犹"之义。《说卦传》曰"艮为手"，自二爻至四爻，互卦有震，震为草，即以手撰著，"初筮"者，其象取此。且六五有颐口之互象，以虚中之孚而问也。"告"者以九二坎之舌，与震之声应之也。"再三"者，三爻四爻为颐口之象，连渎不已，亨贞之道胥失矣。拒以不告，教者之道正，而求者亦不敢不正，故曰"利贞"。

《象传》曰：蒙，山下有险，险而止，蒙。蒙亨，以亨行时中也。匪我求童蒙，童蒙求我，志应也。初筮告，以刚中也；再三渎，渎则不告，渎蒙也。蒙以养正，圣功也。

屯之后次以蒙，谓山川之位既定，万物繁茂，然犹是蒙昧初启。卦象艮山之下，有坎水之险，水自山上而下，流而为坎。其初为雨为水，不知所自来也。艮止也，故"险而止，蒙"；坎通也，故"蒙亨，以亨行"。艮止则阴气闭结，故暗；坎通则阳光透发，故明，有由蒙生明之象。此卦自三爻至五爻而为坤，坤为地；自二爻至四爻而为震，震为萑苇，山下之地生萑苇蒙茸，是蒙之象也。

以此卦拟人事，有蒙昧无知之象。人幼而智识未发，谓之"童蒙"；不学而不知道义，谓之"困蒙"。六五"童蒙"柔中，天姿本美，幼而无知，功宜养；六四"困蒙"重柔，气禀本昏，而又不知自勉，利宜发。故谓之"山下有险，险而止，蒙"也。九二以刚中而应六五，六五为主，九二发其蒙。以阳爻为师，阴爻为弟子，故师得二爻之阳，以应弟子之求，谓之"非我求童蒙，童蒙求我，志应也"。弟子得五爻之阴，以求师之教，当致其精以叩之，谓之"初筮告"，若再三请益，渎慢不敬，则不告也。《易》之理如此，盖师教通于神道，凡人于未来之事，不得不问之于神，神之教之，所谓"受命如响"也。故告蒙亦曰"初筮"，言神之与人，犹师之与弟，应以诚求，不应以渎慢，谓之"再三渎，渎则不告，渎蒙也"。是以"困蒙"者，圣人所欲启发，"童蒙"者，圣人所欲养正也。养正之道，非由外加，亦即葆其固有之天真而已。凡人之受生于天也，耳自聪，目自明，父子自有恩，君臣自行义，莫不自具也。人能不失赤子之心，则亲亲长长而天下治平。且"童蒙"者人生之初也，"童蒙"而无所养，他日欲望其圣，不可得也，谓之"蒙以之正，圣功"也。

以此卦拟国家，上卦之政府，有山之性，傲然而在高位，固守而不动，乏奋进之精神，怠于政事，而不眷顾下民，惟以刚重镇压之；下卦之人民，有水之性，犹水之就下，陷于困难之中，苦其生活，忘教育之道，不知国家为何物。故屯蒙二卦，皆为洪荒之世，人民逸居而无教，争夺以谋生，弱肉强食，知己而不知有人。夫天下之人，当其智识未开，而导之于善，则其教易行，及其嗜欲既炽，天良已泯，则其教难行。政府当此时，宜开导斯民，使之就产业，待其衣食之丰足，而后可教以礼义。得此卦知政府之施政，未得其宜，国家之教育，亦误其方，人心激昂，不保无冒昧之举动也。政府既导之以德，齐之以礼，而下犹不从，不得不出之以政刑，击而除之，亦势所不免也，是以上爻有"击蒙"之象焉。

蒙之时，君子小人，皆不得其位，是非颠倒，邪正混乱，六四一爻，独得其正，亦不容于世，君子为小人所排挤，而不得于世，是国家之蒙也。蒙之世，六五之君，阴柔而顺良，异日听明大启，必将为圣明之君。以尚在幼稚，其德不普于天下，幸有九二之大贤，与之相应，是朝廷之师傅，而负发蒙之重任者也。此爻非以臣求君，而君求臣也，犹太甲之于伊尹，成王之于周公，谓之"匪我求童蒙，童蒙求我"也。且以此治国家之蒙，包容蒙昧之民，诱掖扶导之，可以全教育之功，若犹有不奉教益、懒惰放恣、不知悛改，初六所谓"利用刑人"者、戒之深矣。

通观此卦，初六与上九，治蒙之始终也。九二当启发众蒙之任，六五"童蒙"之主，六三则女子之蒙也，六四"困蒙"之下愚者也。故初六蒙昧之民，而不知受教，不勤民业，以致陷于困难，处之刑辟，以惩其非，是以曰"发蒙，利用刑人"。九二为师，具顺良宏涵之德，善容众蒙，训导得宜，得继祖先之志，使之守其业，故曰"包蒙吉"，"子克家"。六三，其性奸邪，不从教导，故曰"勿用取女"。六四有顽固强慢之性，不听师教，自陷困苦，故曰"困蒙，吝"。六五犹是赤子，天性纯正，但智识未开，童稚而居君位，克顺九二师傅之教，遂成达识，此圣人之蒙，所谓"聪明睿智而守之以愚者"也，故曰"童蒙，吉"。上九师教不得其正，不以德化，而以刑驱，是为寇也，故曰"击蒙，不利为寇，利御寇"也。

《易》中六爻之义，初爻对上爻，三爻对四爻，其义自易明也。例如此卦初爻用刑，上爻用兵以击之；二爻"包蒙"以应五爻，五爻"童蒙"以从二爻；三爻见二爻而失身，四爻远二爻而失利。诸卦之例，大凡如此。

《大象》曰：山下出泉，蒙，君子以果行育德。

坎为水，今不言水而言泉，《易》之例，以水概取险难之义，故避之，取象于泉之始出也。泉之始出于山下，涓涓清澈，不染尘汙，犹童稚之性，自具天良，得勃然发育之势，故取其义，而名之曰蒙也。得于心曰德，见于事曰行，山有生育之德，泉有流行之状，山之生物无限，水之行地不避险易，注诸于江，朝宗于海。君子法此象，以果决其行，养育其德，所谓"义所当为，勇往直前，无因循畏缩之弊；理之得于心者，优柔厌饫，无虚骄急迫之患。"彼世人之不得实用者，辄云思而不能行，当因此而反省也。此卦自二至四为震，震为行，艮为果；又自二至上为颐，颐为养，即育也。

【占】问战征：《象》曰"山下出泉"，是潜伏之水也，有伏兵之象。"君子"谓军中之将帅也。"果行育德"，果者果敢也，育者蓄养也，谓当蓄其锐势，而果决以进也。

〇问营商：玩《象》辞，想是开凿矿山生意。当果决从事，吉。

〇问功名：是士者素抱德行，伏处深山之象。曰"山下出泉"，终将出而用世也。

〇问家宅：知是宅坐向坎艮。曰"山下"，必近山也；曰"出泉"，必有泉流出其下也。君子居之，其宅必吉。

〇问婚嫁：坎辰在子，上值女，《圣冷符》曰，"须女者，主嫁娶"。艮下兑上为咸，二气相感，故曰"取女吉"。"山下出泉，蒙"，是婚姻之始也。

〇问疾病：艮止坎险，病势必热邪渐陷于内，待初爻发蒙，邪气外发，可保无虞。

〇问六甲：生男。

初六：发蒙，利用刑人，用说桎梏，以往吝。

《象传》曰：利用刑人，以正法也。

凡人而不喻道理，不通事情者，皆谓之蒙。"发蒙"者，启发蒙昧，使之明晓也。"刑"者，所以治违教犯法之人。"桎梏"刑具，在足曰桎，在手曰梏。"说"，脱也。初爻阴柔而失中正，居六爻之最下，陷坎险之底，如入幽暗之地，不见明光，是爻之象也。"发蒙"者，非不欲诱掖之，劝勉之，无如教之不从，则不得不以刑罚齐之，一经悔悟，便脱刑具，不敢或猛，亦足见发蒙者之苦心也，故曰"利用刑人，用说桎梏"。古圣人之治民也，教化以导其俗，刑罚以齐其众，圣人虽尚德不尚刑，而亦未尝偏废也。按，艮为手，互卦震足，手足交于坎险，有桎梏之象。又坎通也，艮止也，如能通达，遂即罢止，有脱之象也。若执法过严，下既改过，上复苛责，不特阻其自新之路，或激而成变，故谓之"以往吝"也。盖治民之蒙，不可太宽，亦不可太急，戒之以刑，改则脱之，所谓"恩威并行，宽猛相济"者，发蒙之道，斯得之矣。用刑固非圣人本意，然国家设法，所以齐不齐，以致其齐也，若使有罪者皆脱网而去，则法将安用？顾刑法所主，宜大公至正，罚一人而使千万人知畏者是也，故曰"利用刑人，以正法也"。此爻变则为损，损之初九曰："已事遄往，无咎。酌损之"。其斟酌适宜之义可见也。

【占】问战征：爻曰"发蒙"，是为伐暴讨罪之师，如大禹之征有苗，格则罢师而还，故曰"以正法也"。

〇问营商：初居内卦之始，是必初次谋办也。坎为难，爻曰"发蒙"，曰"用刑"，知营商必有阻碍，殆将兴讼。得直理宜即止，若欲穷究，恐有害也，故曰"往吝"。

〇问功名：欲往求荣，恐反受辱，宜自休止。

〇问嫁娶：初居始位，爻曰"发蒙"，必在少年订婚。既多事变，罢婚可也。

〇问六甲：初爻阴居阳位，生女，又恐生产有难。

【占例】 余亲族田中平八氏来，以其弟某放荡，欲使之悔悟，将以某托余家，筮得蒙之损。

爻辞曰："初六：发蒙，利用刑人，用脱桎梏，以往吝。"断曰：蒙之卦象，山为水气所蒸，朦胧不明，故谓之蒙。在人为邪欲所蔽，以致事理不明也。某之为人，才智胆力，悉类其父，但年少失教，竟习纨绔，不知艰难，故浪费货财，好与匪僻为伍。今使暂居余家，当先谕以处世之道，禁止他出，使之悔悟前非，是亦"发蒙，利用刑人"之义也。至其兄虽托于余，其母未免溺爱，恐有怨余教诲过严者。谚曰"人莫知其子之恶"，此之谓也。

既而果如此占。教之一年，因其伶俐之性质，遂生后悔，可望后来之成人也。

九二：包蒙吉。纳妇吉。子克家。

《象传》曰："子克家"，刚柔接也。

"包"者，包容之义，"包蒙"者，包容众蒙而为之主也。"纳妇"者，受众阴而为妇也。"包蒙"，言其量之能容；"纳妇"，言其志之相得；"子克家"，言其居下而能任事，故曰"吉"。二爻以阳居阴，具刚明之才、中和之德，当启蒙之任，能以宽严适宜，训导有方，可为君蒙之师也。蒙一卦，只有两个阳爻，余爻皆阴。上九之阳过刚，至于"击蒙"；唯九二之阳得中，故能"包蒙"。且二爻之位，臣也，子也。在臣，则与六五柔中之君，阴阳相应，斯内为同僚所悦服，外为众人所归向，虽妇人之性，柔暗难晓，能以柔纳之，自得亲睦，故谓之"包蒙吉，纳妇吉"也。在子则能事六五之父，统众阴之子弟，以修齐家道，故曰"子克家"。夫子能治家，则家道日隆，父之信任专矣；臣能敷教，则民德日新，君之信任专矣。《象》曰"刚柔接也"，即所谓上下合德也。《象传》之意，以二为臣，则以五为君；以二为子，则以五为父。事虽异，义则一也。刚指九二，柔指六五，九二与六五，阴阳相应。以刚中之子，继柔中之父，能治家道，谓之"子克家，刚柔接也"。以阳刚爱阴柔，故有"纳妇"之象；居下位而能任上事，故有"子克家"之象。互卦为震，震为长子，有主器成家之象。

【占】 问战征：二爻以阳居阴，爻曰"包蒙"，有包括群阴之象。《象》曰"刚柔接也"，刚柔者两军也；"接"，接战也；"克家"，犹言克敌也。占例妇为财，子为福，既克敌军，又纳其财，并受其福，大吉。

〇问营商：二上以两阳包三阴，一阳在内，一阳在外，有包罗财物，出贩外地之象，故曰"包蒙吉"。"纳妇"者，是必旅居纳妇也，有妇复有子。"克家"者，必其子能继父业也。

〇问功名：想不在其身，而在其子也，故曰"子克家"。

〇问家宅：曰"包蒙"，以艮包坎，是必山环水抱之地。曰"纳妇"，曰"克家"，是宅必有佳妇佳儿，克振家业，吉。

〇问婚姻：玩爻辞，有二吉，明言有妇有子，吉莫大焉。

〇问六甲：生男，主富贵。

【占例】友人药师寺氏来告曰："余自少努力，业务励精之久，渐兴家产。然不幸无子，因养亲族之子，以家产托之。故亲族中皆欲为吾子之想，务辅助之，使之各就产业，各营一家。无如彼多不知处世之苦，不思余之家产，出于焦心竭力之余，洵非容易。而一族中互怀不和，颇生嫉妒，余之所言，亦皆阳顺之而阴背之，恐余之殁后，必至亲族敌视，余心所不安也。处之如何而可？为请一筮。"筮得蒙之剥。

爻辞曰："九二：包蒙吉。纳妇吉。子克家。"

断曰：人当幼稚之时，首宜求师就学，教以道义，启其聪明，长则自能兴事立业，克成家道。若弃而不教，不得逶其咎于子弟。谚云"养不教，父之过，教不严，师之惰"，可为戒矣。然教之道，有严有宽，严则致怨，不如宽而有恩，故曰"包蒙吉"。且此卦上互坤，坤母也，下互震，震子也，是教其震子，并坤母，而亦容纳之，是以吉也。迨其子长成，克治其家，斯不负教者之苦心矣。在足下智识活泼，勉强起家，能分财以抚育亲族，使之各居其业，继承祖先，其情可谓挚矣。而欲使亲族，咸知奋勉，一如足下之经营，其望未免过奢也。亲族中既无足下之才，又无足下之运，殊难相强。今占此爻，明示"包蒙"二字，盖劝足下唯以包容为量，不须苛责。人之至亲，莫如父子兄弟，往往父子兄弟之间，性情不同。父不能使其子皆为肖子；兄不能使其弟皆为悌弟，况于亲族者乎？唯一一以包容待之，斯明者必能知恩，而不明者亦将感而自化，斯彼此可以无忧矣。

六三："勿用取女"，见金夫，不有躬，无攸利。

《象传》曰：勿用取女，行不顺也。

"金夫"，犹曰丈夫也。金者，阳爻之称，取刚坚之义，指九二；九二包君蒙，故有富之象。曰"金夫"者，为别上九正应之夫。三爻阴柔而不中正，暗昧而居坎险之极，不能守贞而待时，故求而不止，欲而不择，其行偏僻，其事暧昧，见九二为君蒙所归，得时之盛，因舍上九正应之夫，欲从近比之九二。操行不正，不能复持其身，娶此多欲之女，必无所利也，故曰"勿用取女，见金夫，不有躬，无攸利"。艮山止而不动，坎水流而不止，可见"不有躬"之象。又坎为盗，此爻变则为巽，巽为近利，见人之有金，破节败名，不复知有躬。此爻又变而为蛊，以巽之长女，从艮之少男，惑乱之象。《爻辞》虽指女与夫言，亦喻辞耳，凡阴柔多欲者，皆可类推。九二有刚中之德，必不比六三而为不义之行，唯六三以不中正，欲自比九二，故系辞于六三，以见罪在六三也。《象传》之意，谓阳倡而阴和，男行而女随，顺也；以女求男，于理已悖，况舍正应之夫，而从比近之《金夫》乎？故曰"勿用娶女，行不顺也"。

【占】问战征：爻曰"勿用娶女"，女阴象，凡占书以女爻为财，金亦财也，言行军宜散财以容众，不宜敛财以取怨。如捊掠财物，必致师败身亡，曰"勿用"，戒之深矣。

〇问营商：六三以阴居阳，阴内阳外，是必行商出外也。行商最忌贪色，男恋其色，女图其财，一入骗局，小则破财，大则伤身。《象》曰"行不顺也"，"顺"与"慎"音同义通，可不慎哉！

〇问家宅：玩爻辞，所谓"牝鸡司晨，惟家之索"，是宜深戒。

〇问功名：妇道通于臣道，见财忘义，必致声名破败。为女不贞，即为臣不忠也。

〇问六甲：生男。

【占例】 某贵显当维新前脱藩，而与诸藩浪士交，共倡大义，奔驰东西，偶归乡里，遂为藩吏所忌。亲族多疏散，以致妻女亦不善遇，正如苏秦归来，裘敝金尽，妻不下机，嫂不为炊时也。既而维新之世，仕升显职，设邸东京，招致家族，彼糟糠之妻，性质朴野，容貌动止，多不适意。加以前日疏己之嫌，遂去之，外狎一妇，情好最密，谋纳为妻。一日来谓曰：予将娶妻，请占其良否？筮得蒙之蛊。

爻辞曰："六三：勿用取女，见金夫，不有躬，无攸利。"

断曰：蒙者，物之蒙昧而未发达之称，为幼稚之义。然非专指"童蒙"，凡人无道义之教者，总谓之蒙。今足下欲娶情妇，占得此爻，《爻辞》曰"见金夫，不有躬"，此女必有淫行，想是艺妓之女。"金夫"者，谓将以金赎其躬矣。恐品格不正，难谐永好。此女以一时之举动，投足下之意，足下将欲娶之，若娶此女，后来恐别生葛藤，系累不绝，其有悔必也。足下阀阅家风，素守清白，如娶艺妓，必不适堂上之意，而彼妇暂时忍耐，未必能永守清规，足下即不去之，彼亦将下堂求去也。

某不用余言，纳之，后果如此占。

六四：困蒙，吝。

《象传》曰：困蒙之吝，独远实也。

四爻以阴居阴，其位不中，如艮下山足，牢不可移，谓顽固而不知迁善也。近六五之君，才拙而任重，无贤者以辅导，故不堪困苦，而终为鄙吝之行，所谓"困而不学，民斯为下"者也。盖艮之少男，柔弱不中，昏蒙未启，与群宵为伍，是自困也。况上有艮山而不能进，下有坎险而不能退，应比皆阴，无刚明之亲援，凡亲我者皆阴柔不正之徒，则聪明无自发，昏昧无由开，是以其为事也，无不困也，谓之"困蒙，吝"。室而不通曰困，纳而不出曰吝；困犹病者之忌医。吝犹过者之讳师，如此者，教之虽以其道，不能从也，其吝甚矣。《象传》之意，此卦初爻比九二，三爻应上九而比九二，五爻应九二而比上九，各有阳刚之应比，得贤师良友之辅导，独此爻陷三阴之中，而不得刚实之师友，故曰"困蒙之吝，独远实也"。独者，无助之谓，阳以生为主，故称实也；"远实"者，自我远道之义也。人而远道，孟子所谓自弃者。

【占】 问战征：行军宜深入显出，曰"困蒙"，是人阴险之地，而不能出也，故困。足以济困者，在初爻之阳，六四距初间隔二爻，阳为实，故"远实"，是知救兵在远，不能及也。凶。

○问营商：经商之道，宜亨不宜困，宜通不宜吝。"实"资本也，"远实"则伤其资矣。"困蒙"之吝，其道穷矣。

○问时运："蒙"，暗昧也，"困"，厄穷也，蒙而困，其终困矣。

○问家宅：据《爻辞》观之，家业困苦，宅地亦幽僻。《象》曰"独远实也"，是必孤村而乏邻居也。

○问六甲：生女。是女必少兄弟，故曰独。

【占例】 乌尾得庵居士，余素所敬信也。明治二十三年十二月，与古庄嘉门氏等数人访余，曰：明年以国会开设之期，吾辈立一主义，欲有所倡导，请占其气运如何？筮得蒙之未济。

爻辞曰："六四：困蒙，吝。"

断曰：此卦山前水气蒸发，朦胧不明之象。《易》有屯、困、蹇、坎四难卦，其当之者，不能容易脱险。如蒙则否，虽陷坎险，由其爻之所居，有智识者，自得免险也。今以四爻观之，承乘应皆阴柔，无助吾之力，在人则无贤师良友，不得启发其蒙之时也，故曰"困蒙，吝"。君学通古今，才兼文武，其所欲倡导之主义，为天下之公道，加之以卓绝之识见，豪迈之胆力，故以理论之，如天下无敌者。然得蒙卦则天下之人，总如童蒙，不识是非邪正，犹暗夜不辨鸟之雌雄，是以君虽说得中正道理，终不能开发其悟。"困蒙"者，是无其效也，然过此一年，至五爻"童蒙吉"之时，下有九二阳爻之应，得以辅导，自可大遂其志也。

后果如此占。

〇明治二十七年冬至，占二十八年贵族院院议，筮得蒙之未济。

爻辞曰："六四：困蒙，吝。"

断曰：此卦山下有水之象，水自山上流下，前途不知所之。人亦如此，故虽贤哲之士，得此卦则固有之智识，为物所蔽，为言行蒙昧之时也。今以贵族院见之，若不觉自己之蒙昧，而焦虑国事，犹瞽盲之人，不见全象，而评其形状，谓之"困蒙之吝，独远实也"。为明年院议不举之占也。

六五：童蒙，吉。

《象传》曰：童蒙之吉，顺以巽也。

五爻以阴居阳，柔顺谦虚，下应九二；艮之少男，得柔中之德，而居尊位，幼主临下之象。九二之贤臣，有刚中之德，能辅佐六五之君。在幼主自知年少，委政贤相，无为而治，如成王之于周公是也。人主能不挟威权，舍己从人，任贤不二，如"童蒙"之得贤师，专心听受，故曰"童蒙，吉"。《象传》之意，以人主之尊，生长富贵之中，不知处世之艰苦，往往疏忠言，远耆德，以致败乱国家，在所不免。今六五能顺九二，故曰"童蒙之吉，顺以巽也"。此爻互卦为坤，坤为顺，变则为巽，"顺"、"巽"二字，出于此。

《易》中以九居五，以六居二者，虽当其位，其辞多艰；以六居五，以九居二者，虽不当其位，其辞多吉。盖君贵以刚健为体，在虚中为用；臣贵以柔顺为体，以刚中为用，斯上下交而其志同也。是卦之通例也。

【占】 问战征：五互坤，辰在未，值井，弧矢九星在井东南，主伐叛。又东为子孙星，爻曰"童蒙"，是帅子弟以从军也，故吉。

〇问营商：五为卦主，爻曰"童蒙"，是必店主尚在童年。五应二，《正义》云"委物以能"，谓委付事物于有能之人，是委二也。盖五爻店主，自知年少，顺从二，以为经纪，故曰"童蒙吉"。

〇问功名：年在"童蒙"，功未成，名未就，惟能顺听二爻师教，则成就未可量也，故曰"吉"。

〇问婚姻：蒙上体艮，艮为少男，是以幼年订姻也，故曰"童蒙吉"。

〇问六甲：生男。

【占例】 友人福原实君，一日来访，告以荣转冲绳县知事，且请占前途吉凶。筮得蒙之涣。

爻辞曰："六五：童蒙，吉。"

断曰：此卦事物之理未明，蒙昧幼稚之象，故谓之蒙。按此卦以阳爻为师，以阴爻为弟子。今六五阴而应阳，以位得中正，犹童蒙之天禀本美，绝无私欲，故吉。足下之性质温厚沉实，余之所知也，赴任之后，接待僚属，宜磊磊落落，不挟一私，豁达大度，虚怀听受，自然上下同心，彼此相待，公私皆有益也。以蒙卦见之，足下初莅其任，风俗人情，未免蒙昧无知，择属官中通达事务者委任之，藉彼之明，启我之蒙，是为紧要。此占有实与足下之性质符合者，足下能体认是理，而从事县务，后必奏实功也。是所以曰"童蒙吉"也。

〇明治二十七年冬至，占明年众议院之形势，筮得蒙之涣。

爻辞曰："六五：童蒙，吉。"

《象传》曰："童蒙之吉，顺以巽也。"

断曰：蒙者山下有水之象，在人为智识不明，不知事理之向方也。先是众议院创议，节省政费，每年减之，不详度政府之动为，不留意各国之形势。此议纷起，政府颇以财费不足为忧。后有忽有征清之敕，于是众议员辈，皆作青天霹雳之想，在广岛集议，不终日而决公债一亿万元募集之议，是谓"发蒙"也。蒙也者，非谓愚也，幼而智识未开之谓，故曰"童蒙"。今得五爻，有"童蒙"受教，启迪聪明之意，故曰"童蒙吉"。为明年院议之占也。

上九：击蒙。不利为寇，利御寇。

《象传》曰：利用御寇，上下顺也。

"击蒙"者，谓不能"包蒙"，而杖作教刑，怒而出之以击也。此卦四阴二阳，四阴皆蒙昧，二阳均有刚明之才德，足以击蒙也。九二有刚中之德，训导中节，宽严适宜，其于蒙能包之，所谓"董之用劝"；此爻以阳居阴，刚极失中，其于蒙也，乃击之，所谓"戒之用威"。此击字，比"包蒙"之包，"发蒙"之发，凌厉严刻，不言可知矣。然"童蒙"而不从教，初发之而不知感，继包之而不知悟，教之术亦几穷矣，上九亦出于势之不得已也。至击之太甚，未免过于凶暴，是击之者，反为寇也，故曰"不利为寇"。然因其蒙顽不灵，一味优容而不惕之以威，将恐蒙极而流为寇，是宽之适以害之。击之者，治蒙虽严，正所以御其为寇也，故曰"利御寇"也。曰"为寇"者，寇在我也；曰"御寇"者，寇在彼也。艮为手，有击之象；坎为盗，有寇之象；艮止于上，有"御寇"之象。上九虽应于三，三之行不顺，是寇也，非婚媾也，故利御之也。此爻变则为师，师又有击之象，乃寇之象。《象传》之意，此卦有刚明之德，比六五而辅翼之，应六三而训导之。且自上九至六三，其应比之间，无有一阳之障碍，是为柔顺之极，故曰"利用御寇，上下顺也"。

【占】 问战征：上辰在戌，上值奎，奎主库兵，禁不违时，故曰"利御寇"。

〇问营商：商业一道，全在利用，又贵顺取。逆取为寇，顺取则为御寇。"上下"者，卖买两家，卖买和洽，则上下顺矣。吉。

〇问婚姻："击蒙"，马郑作"系蒙"，恰合月下老人红丝系足之意。屯卦两言"匪寇婚媾”，是佳偶为婚，怨偶为仇之谓也。利用御寇，必为佳偶。妇道贵顺，《象》曰“上下顺也”，是必家室和平也。吉。

○问六甲：生男。此男童年，必宜严教。

【占例】 某氏为朋友调排事务，恐反生枝节，请占一卦，筮得蒙之师。

爻辞曰：“上九：击蒙。不利为寇，利御寇。”

断曰：此卦内卦为水，外卦为山，山被水气所蒙，故有朦胧不明之象。水阴也，山阳也，君之朋友，想为阴柔者所蒙，以致多事，君将居间而处置之，则必去其蒙，而后其事得以就理。始君举正理而婉说之，彼等蒙顽性成，固非可容易了解，于是君乃盛气相争，直摘其奸，攻击太甚，在朋友不特不感其情，反将以寇雠视君也，故曰“不利为寇”。不知朋友之所以不悟，实被阴柔者所蒙，彼阴柔者乃真寇也，君当击而御之，斯其事可理，故曰“利御寇”。

某氏谢而从之。

○明治二十七年冬至，占二十八年我国与英国交际，筮得蒙之师。

爻辞曰：“上九：击蒙。不利为寇，利御寇。”

断曰：此卦山下有霱，朦胧不可远望之象，故名此卦曰蒙。人得此卦，为彼我之情不通，而不知所为也，国家之交际，亦犹是耳。夫智识未明者，谓之“童蒙”，此卦各爻有教蒙之义。阳爻为师，阴爻为弟子。上爻阳而失中，持之过激，未免薄于情义，甚至反招其怨，故谓之“击蒙，不利为寇，利御寇”。今得此卦，以我国拟纯良之弟子，以英国为傲慢之师，当我国与清国交战得胜，彼因之起妒忌之念。上爻幸居无位之地，故不须劳心，即不以师视之亦可，惟敬而远之，温言宽容，以敦交谊。彼虽有干涉之举，婉辞谢之，不可结寇也，谓之“不利为寇，利御寇”也。

䷄ 水天需

“需”字，古文作“霙”，本从“天”，非“而”字，即下卦乾天，上卦坎云之象形也。《大象》曰：“云上于天，需”是也。音须，从“雨”得声，此字训待之义。详《彖传》下。

需：有孚，光亨，贞吉，利涉大川。

九五以阳陷阴中，待三阳之进；三阳亦欲进而未进，是以得同心之孚。虽在少时、阴暗未消，而乾阳方升，自能光显亨通，而安贞有吉也。险莫如大川，上下相孚，阳长阴衰，往而涉之，必有利，唯在需其时而已。坎乾两卦，其中实，故曰“孚”；互卦离，为光为舟；坎水为川，以乾健临之，故“利涉”也。

《彖传》曰：需，须也，险在前也。刚健而不陷，其义不困穷矣。需“有孚，光亨，贞吉，”位乎天位，以正中也。利涉大川，往有功也。

此卦水气蒸发为云，云升于天，则大雨之来可立待也，故曰需。又乾为老父在内，坎为中男在外，倚阁之望，待子归来；又乾为进，坎为川，欲进而遭大水，必待水退而进，皆需之义也。凡需之为象不一，而莫急于饮食，外卦坎为饮食，而互兑口，是以九五曰"需于酒食",《象传》曰:"需,君子以饮食宴乐。"盖万物必需雨泽而得生,人则需饮食而养生,是需之义也。

以此拟人事,内卦为我,具刚健才力以求进也;外卦为彼,设危险之策略以阻我也。进则必陷于险,未可妄动,唯宜需时,或需彼之奸计败露,或需我之气运亨通,斯进而谋事,方无险阻之患矣。然世人往往虚浮轻躁,不待时机,而任气直前,未有不身陷祸患者也。此卦下卦为乾,惟"刚健而不陷",故"其义不困穷"也。至九五之时,危险解释,得志尤易,自可成就大事,谓之"需'有孚,光亨,贞吉',位乎天位,以正中也,'利涉大川',往有功也"。凡《易》中曰"光",曰"光大"者,皆谓其光明正大,能奏成功也。六十四卦中,曰"利涉大川"者凡七,需居其首。自古创造舟揖,以济涉川,然时或风涛凶恶,多以不能忍耐,致遭覆溺,需卦故首戒之。唯其能需,是以"利涉大川"也。谚曰"急行者要迂回",此之谓也。大凡人之为事,皆不当顾虑目前,与其速进而有悔,何如后时而圆功?大而求功名,以匡济国政,小而谋财产,以振兴家业,无不当待时而动也,故曰"往有功也"。

以此卦拟国家,下卦乾为人民,挟刚健之才力,欲进而参与政事;上卦坎为政府,禁下卦人民之暴进,示以法律。人民恐陷于危险,而不敢进,必待法网稍宽,斯可谋进矣。上卦政府,知下民有待泽之意,怜其陷于困难,布施雨泽,以苏民生,或减其租税,或谋其衣食,或开垦荒田,以资耕种,或赈发米粟,以济凶歉,故《系辞》曰:"需者,饮食之道也。"下卦之人民,具健行之德,非不思进谋国是,因时运未通,不得不隐居求志。是上下共守需道,庶几可得幸福,谓之"需,有孚,光亨,贞吉,利涉大川"也。

通观此卦,初九从二阳之后,有进行之志,虑遇险而难为,未敢轻进。九二,为三阳之主,本可进行,但以坎险在前,恐进而有咎,是以从容待时,即所谓"君子居《易》以俟命"也。九三,重刚而不中,独进而涉坎险,以致酿灾,唯能敬慎,尚不败。六四,位邻九五,虽能尽其忠诚,而乏匡济之才,为下三阳所疑,未免受伤,仅得以身免而已。九五,秉刚健中正之德,以待天命,是能尽需之道也,故曰吉。上六,当爻之终,险陷已极,无复可需,虽有非意之来,"敬之终吉"。乃知需之为时,能含忍守敬,皆可免祸。需之时义大矣哉!

《象》曰:云上于天,需,君子以饮食宴乐。

坎云在上,乾天在下,阴阳之气未交,而不成雨。盖云在天上,虽有雨兆,或散而复晴,犹之君子养其才德,虽欲出而济世,而风云未会,不得施其膏泽。若怨天尤人,梯荣干进,是小人不知时命者之所为也。所谓"饮食"者,非侈意醉饱之谓,如孔子之饭蔬饮水,颜子之一箪一瓢也。所谓"宴乐"者,非溺情逸娱之谓,如考磐之足以悲歌、卫门之可以栖迟是也。以其能素位而行,不愿乎外,故曰"饮食宴乐"。余谓我国商人,以当地经营不合,出游外国,劳心劳力,自谋衣食,及一旦报内地凶歉,在外洋贩运米谷,赈济饥馑,藉以获利者,亦需之道也。

【占】问战征:需,待也,云在天上,阴阳未交,未可战也。乾为君子,又为武人,属主帅言。坎为酒,故曰"饮食宴乐"盖言行军先备军粮也。

○问营商:玩爻辞,想是贩运粮食,或开设酒馆之业也。曰"云上于天",是云在上而雨未下,想是资本未集也,故曰需。

○问功名：是风云未际其会。尚有待也。

○问疾病：宜以饮食调剂，安乐自遣，遣久自愈。

○问六甲：生男。

初九：需于郊，利用恒，无咎。

《象传》曰："需于郊"，不犯难行也。"利用恒，无咎"，未失常也。

"郊"者，偏鄙之地；坎者，水也，险也。"需于郊"者，前途为坎水所阻，必待川水减退，故需。又乾为金，如旅客怀金，中途被水，以致滞留者。以乾三爻，对外卦之坎，各以所居远近系辞，曰"郊"，曰"沙"，曰"泥"，取渐次近险之象。此爻去水最远，不敢进而冒险，故曰"需于郊"，所谓"危邦不入，乱邦不居"之义也。躬耕郊野，无求于世，历久而不改其节，故曰"利用恒"。"恒"、不变动之义。"用恒"者，始终不变也。初九之患，相去尚远，然思患预防，恒守其贞，可以免祸矣，故曰"无咎"。此爻体乾，乾者刚健，其道以上行为常，且以初九与六四正应，苟急其应，则必有冒险之虞。今僻处远郊，以待时机，是以《象传》曰："不犯难行也。"

【占】问战征：爻曰"需于郊"，是必屯营于郊也。坎为险，为难．是必前进有险，故《象》曰"不犯难行也"。初为卦之始，知初次出军；曰"恒"，曰"需"，知宜久待。恒而后进，必无咎也。

○问功名：卦属初爻，知为初出求名也。郊为草莽之地，"需于郊"，谓宜退居于野也。恒，久也，"利用恒"，谓宜久待而后可利见也。《象》曰"不犯难行也"，谓其不涉于难；"未失常也"，谓其能守其恒，故无咎。

○问营商：行商之道，以恒久为利。"需于郊"，知必前途有险，暂以货物堆积于郊，以待时而行也。《象》曰"未失常也"，知货物无损失也。

○问疾病："郊"者，田野空旷之处，谓宜就野外，幽居以养病也。"无咎"，即病无害之谓也。

○问六甲：生男。

【占例】友人左右田金作氏来告曰：有一会社，咸云利益甚多，将谋入社，请占前途吉凶。筮得需之井。

爻辞曰："初九：需于郊，利用恒，无咎。"

断曰：此卦内卦乾，乾纯阳属金；外卦坎，坎属水，有去高就下之性。且坎为险，谓彼设危险之计，募株主之金，将使入者皆陷之于险。然能察彼社之举动，审彼社之虚实，待其险陷既平，而后入之，是需之作用也。《象传》曰，"需，须也，险在前也，刚健而不陷"也。初爻之辞曰"需于郊"，郊者，郊外之地，幸去危险尚远，足下不被其所诱，不陷于奸策，持重不变，可谓能守其常也。至五月之后，该社必有祸难，斯投机者皆退，株券亦当下落，此时买株券而入社，其后此社运必当盛大。爻象如此，是宜暂待时机也。后果如所占。

九二：需于沙，小有言，终吉。

《象传》曰：需于沙，衍在中也。虽小有言，以吉终也。

"沙"者，近水之地，比九三之"泥"尚远，比初爻之"郊"近矣。"小有言"者，谓有言论之争。凡《易》之辞，患难之小者曰"小有言"。二爻进初九一等，渐近于险，有"需于沙"之象；虽有刚阳之才，足以济险，以上无君长之应，中无同僚之助，唯居柔守中，宽裕自处，是需之善也。然以去险渐近，虽未至大害，已有小言矣，故曰"小有言"。互卦为兑，兑者口也，悦言之象；坎者舌也，怒言之象，谓彼出怒言，而我能和解之，故曰"终吉"。"衍"，宽绰也，谓胸中宽衍，又能忍耐，终得济焉。故《象传》曰："'需于沙'，衍在中也。虽'小有言'，以吉终也。"凡《爻辞》变而之成曰终，为原始以要终。"终吉"者，前凶而后吉也。此爻变则为既济，其《爻辞》曰，"妇丧其茀，勿逐，七日得"，亦可以见终吉之义也。

【占】问战征：坎为隐伏，玩爻象，谓宜伏兵于沙漠之地。或因间谍致误，小有挫折，终必吉也。

〇问营商：二爻辰在寅，上值天江四星。石氏云，"天江明动，大水不具，津梁不通"，因之货物不能通运，故"需于沙"，沙，水岸也。虽小有口舌，无害商业，故"终吉"。

〇问时运："沙"从"水"从"少"，是少有水之处，不能通舟楫也。"需于沙"，犹言时运之不通也。二爻辰在寅，又上值箕，《诗纬》云："箕为天口，主出气"，小有言，是谗言也。然需以待之，故"终吉"。

〇问六甲：生男。

【占例】友人永井泰次郎氏，贷与金于北海道商人，某逾期未返，发信督促，未得回报。因欲自赴彼地，请占一卦。筮得需之既济。

《爻辞》曰："九二：需于沙，小有言，终吉。"

断曰：需者，坐而待时之卦也，不宜自进而赴彼地。于《象》曰"有孚"，见之知彼非故意延缓，因商业上有意外纷纭，为之奔走不遑也，谓之"小有言"。今后四月，即至第五爻之时，彼必可返还其金，谓之"终吉"。

永井氏守此占，而不行，后至四月，果如所占。

九三：需于泥，致寇至。

《象传》曰："需于泥"，灾在外也；自我致寇，敬慎不败也。

"泥"者，水际湿土，即水际之地也。"寇"者，坎之象，灾之大也。初九之郊险尚远，九二之沙险渐近，九三之泥，身已接险，祸在目前。此爻居乾卦之极，过刚而不中，故当险难在前，复不介意，恃己刚强，见上位之应我，不辨时机，不察事情，一意妄进，将以救在前之险，故非坎险来迫人，人自进而逼险，譬如水不溺人，人自冒险狎水，以致其溺，故曰"致寇"也。然当此时，能操谨思持重之心，戒轻举妄动之失，及早悔悟，犹得免于灾也。《象传》曰"灾在外也"者，坎险在外卦之义；又外者，谓意外之事也。我欲救彼而却为彼所害，九三之意外也。且非灾之来害我，自我去招致其灾，故曰"自我致寇"。若能敬慎自持，量宜而进，虽坎险围绕，亦不能如我何，我自得以不败，故曰"敬慎不败也"。凡争名者毁，争利者夺，是皆非寇之罪，自招之孽也。此爻变则为节，其辞曰，"不节若，则嗟若，无咎"，可以见敬慎之义矣。又如九三六四虽阴阳相比，不相为助，而却相为害，《易》中此类之比，谓之害比。

【占】 问战征：九三居内卦之终，逼近外卦，坎为寇，亦为灾，故曰"灾在外也"。有敌来寇者，谓"寇至"，有我自去招敌者，谓"致寇至"。必谨慎自持，先立于不败之地也。

○问营商："泥"，拘泥也。行商之业，宜流动，不宜拘泥。若拘泥不化，内有疑忌，遂致外生变端。慢藏诲盗，即以"致寇"也，可不谨慎哉！

○问功名：爻曰"需于泥"，泥水际污泥也，需于此，则必将下流而难期上达矣。其不败也，亦仅免焉。

○问婚姻：《易》以寇与婚媾并言，谓寇则必非婚媾，是怨偶也。"需于泥"，不进之象，于婚事则必不成。

○问六甲：生男。

【占例】 佃岛在监之时，占西村三濑及余三人之身事。余之谪佃岛也，与同囚西村胜藏、三赖周藏，最亲密。一日二人叹曰："我侪有一大难事，须相与计划之。"余问故，曰：昔役所有大会议，吾二人为所驱使，事繁议长，入夜渐散，因窃叩所议何事。或曰："狱官等议，谓方今菜油价低，菜种价贵，购贵价菜种，制低价菜油，徒劳役徒，反遭损失。今后废制油之业，用此役徒，从事于横须贺船渠之造筑。役徒中有嘉右卫门者，长于指挥，委以指挥之任；胜藏者，长于计算，委以计算之任；周三者，善医，使以诊视役徒之病，亦今日之良策也。且熟见此三人，皆有一癖，非可以寻常视之，他日赦免，恐生他事，再罹刑狱，使渠等罪上累罪。是亦可悯，不如长拘留驰使工事，免生他祸，是亦仁术也。会议如此，盖狱官等为此议者，凡幕府之例规，官所收入，以其半额称役得，吏员取之半额贮蓄之。此事若行，吾三人之灾害非浅，子请筮之。乃先为胜藏占之，遇需之节。

断曰：需，须也，坎险在前，乾健临之，将涉水而不轻进之卦也，辞曰"需于泥，致寇至"。九三居内卦之终，最近外卦之坎险，可谓危地也。《象传》解之曰："灾在外也。"按此灾非横须贺之事，曰"在外"者，必别致之者。吾子有远虑，非犯法而脱役，亦必不复犯他罪者。然则吾子之灾，其或病乎？若有罹病，吾子须自爱。《象传》曰："自我致寇，敬慎不败也。"

次占周三，遇鼎之旅。

爻辞曰："鼎有实。我仇有疾，有我能即。吉。"

断曰：吉也。鼎者，重器而不可容易动者也，况其中有实乎？且风变而为山，山者止而不迁者也，可知其身依然不动。又欲动我者，即"我仇"也，今曰"我仇有疾，不我能即"，"有疾"者，无力，其不能动我可知也。横须贺之事，不足忧也。

终乃占余，遇艮之渐。

爻辞曰："艮其辅，言有序，悔亡。"

余惑之，熟考者久之，既而乃得其悟曰：辅者，口颊也，"艮其辅"者，不妄言也。其下曰"言有序，悔亡"，余他日必有得言语之秩序，为在上者所赏识，可得免罪也。

断虽如是，当时尚不知后日应验如何。后胜藏果罹脚疾，殆陷危笃，得周三敬慎看护而愈。周三由当任吏员免职，横须贺之事遂废，皆得赦免。余为占吏员和田十一郎氏身事，以事能中理，许期半而赦。

○明治二十七年五月，朝鲜国东学党乱起，我国与清国有《天津条约》，六月六日，我国派军前往，至二十三日，朝鲜兵与我兵争斗。其事专依清国政府之命，于是有与清国开战之兆。筮得需之节。

彖辞曰："需：有孚，光亨，贞吉。利涉大川。"

《彖传》曰："需，须也，险在前也。刚健而不陷，其义不困穷矣。需有孚，光亨，贞吉，位乎天位，以正中也。利涉大川，往有功也。"

爻辞曰："九三：需于泥，致寇至。"

《象传》曰："需于泥，灾在外也；自我致寇，敬慎不败也。"

断曰：此卦有水在天上之象，黑云在天，，势将降雨，待时而举，必能奏功也。以内卦为我，乘阳健而将进，外卦为清国，设坎险而陷我，唯我刚健不陷，故不至困穷，待五爻之时，可以进师，谓之"需，有孚，光亨，贞吉，位乎天位，以正中也"。"天位"指九五之时；"利涉大川"者，谓海军必能获利；"往有功也"者，谓陆军必得成功。盖此卦五爻六爻阴阳各得其位，谓得天时之象；三爻以阳应阴，四爻以阴后阳，谓得人和之象；唯二爻阳在阴位，于地利大有所缺。今占得三爻，是本年六月，已将向危险之地，谓之"需于泥"，《传》曰"自我致寇，敬慎不败也。""需于泥"者，谓进退不得如意；"自我致寇"者，谓自我进入也。四爻当七月，辞曰"需于血，出自穴"，此爻居三与五之间，有火，谓穴出火而见血，当预防地雷。按凡四十日间，须择屯营要地，使敌不能袭我，八月上旬，待五爻之气运，一举可以奏大功也。

反是而观，此卦于清国气运，将转入需之下卦，为讼。如左：

彖辞曰："讼：有争窒，惕中吉，终凶。利见大人，不利涉大川。"

《彖传》曰："讼，上刚下险，险而健，讼。讼有孚窒，惕中吉，刚来而得中也；终凶，讼不可成也。利见大人，尚中正也；不利涉大川，入于渊也。"

此卦上卦天为日本，下卦水为清国。天气上腾，水流陷下，以卦象见之。天者刚健而威，水者陷下而危险困难。然困而思奋，欲藉公言而争是，是以得占讼卦也。清国遭此逆运，计谋筹策悉不达，谓之"讼，有孚窒"。天运如此，故曰"惕中吉，终凶"。且讼之时，非成事之时，故曰"讼不可成也"。但至五爻之时，从大人之意而处事则可，故曰"利见大人"。又于此卦用海军则大败，有军舰覆没之患，故曰"不利涉大川，入于渊也"。

呈此占于大本营某贵显，是月二十八日，《国民新闻》及《报知新闻》皆揭载之。我国得需之盛运，凡四十日后，陆军胜牙山及成欢之役，海军于丰岛及黄海得大捷。清国遭讼之逆运，陆军大败牙山及平壤，军舰至沉没，"入渊"之辞，为不虚也。就占后四十日计之，恰于三十九日得大胜也。又此战终局，需之上六，"有不速之客三人来，敬之终吉"，后果俄、英、美三国公使来议和，敬而容纳，则终吉也。

六四：需于血，出自穴。

《象传》曰：需于血，顺以听也。

坎阴为血之象，坎险为穴之象。此爻与上六同言穴者，以体坎也。血者杀伤之地，穴者险陷之所。此爻入坎险杀伤之地，为寇所伤，故曰"需于血"。"需于血"者，承前爻"致寇"而言也。盖六四重阴才弱，居坎险之初，以一阴柔之资，为三阳所迫，临大难之冲，唯能顺以从时，不竞于险难，虽受小伤，不至大凶，终得出险。六四上比九五，为九五所救，出九死而得一生，故曰"出自穴"，犹孔子解匡人之围，文王脱羑里之难也。夫云出于地，升于天，无不由穴，故有"出自穴"之义。且此爻居外卦之始，又有出之象；变则为夬，有决出之义。《象传》"顺以听也"者，谓能顺从九五之训诲也。坎为耳，有听之象。

【占】 问战征：四为坎之始，坎为血卦，"需于血"是战之受其伤也。"出自穴"，是虽伤而犹能出于险也。其所以出险者，盖不在强争，而在顺听也，顺斯免害矣。

○问家宅：曰需血，曰出穴，有出幽谷迁乔木之象。顺者家道顺也，吉。

○问营商：玩爻辞，想必是采取矿产也。"出自穴"斯得利矣。

○问功名：所谓呕尽心血，方得出人头地，故有需血出穴之象。

○问疾病：想是呕血之症，必须调养气血，使阴阳和顺，自可出险得生。

○问六甲：生男。虽小有险难，终获安产。

【占例】 明治十九年，知友英国人工学博士某来告曰：余有一女，为法国公使馆书记官某氏之妻，今将分娩，适遭难产，命迫旦夕，愿一筮而卜吉凶。筮得需之夬。

爻辞曰："六四：需于血，出自穴。"

断曰：需者，待也，万事以待为义。今临难产，唯待其分娩之速也。爻辞曰需，是不能速产也。九五，尚有可待，至上六无可复待矣。知此《易》理，以应其事变，当别求施治之策而已。以全卦象产妇之妊体，九三居阴门之位，阳爻变阴，即得安产之意。今筮得六四之阴，以阴柔而处于险，显见难产之象。且四爻位属腹部，有截开母腹之象。何者？爻辞"需于血"之血，非产血，乃鲜血也；"出自穴"之穴，非阴门，乃截开之穴。宜延外科，别施妙术。若夫侥幸九五之酒食，因循姑息，以延待分娩之期，恐至上爻"入于穴"之时，母子俱难保矣。爻象如此，宜速施应急之术，以图妊妇之安全也。

某氏闻此占断，大喜，速告医师，截开腹部而产，其子虽死，其母幸得生全。

九五：需于酒食，贞吉。

《象传》曰：酒食贞吉，以中正也。

五爻阳刚而居尊位，居中得正，克尽其道，以此而需，何需不获？《纂言》曰："万物需雨泽，人需饮食，天下需涵养，需之时义大矣哉！"饮食者，人各需以养生，唯人君不需自养，而需饮食以养天下。斯休养生息，使天下之民，人人乐其乐，利其利，咸餍饫于深仁厚泽之中，故曰"贞吉"。然或狃于豆区釜钟之小惠，逸乐自耽，不知警戒，则坠其成业者，往往有之，是谓失其中正也。《象传》曰，"酒食贞吉，以中正也"，戒之深矣。且九五君德，尚在险中，需人共济。初爻乐躬耕以求志，二爻惕人言而复退，三爻守敬慎以免灾，至四爻则出穴而进也，上爻则不速而来也。五爻数来时可，众贤并进，斯时人君适馆授餐，礼隆养贤，贤才亦各效才能，以匡济天下。教稼明农，画井授田，首为民生谋衣食之源，不复使天下有一夫冻馁，即遭荒凶，亦必蠲赈周济，倍切人饥己饥之忧。是王道之久而成化者，其即在需之道乎？《象传》曰，"需，有孚，光亨，贞吉，位于天位，以正中也"，此之谓也。此爻变则为泰，天下泰平之象也。

【占】问战征：爻辞曰"需于酒食"，是得胜旋师，有犒赏策勋之象，故曰"贞吉"。

○问功名：是为鹿鸣宴乐之时也，吉。

○问营商：五互离，辰在午，上值柳，附星有酒旗，有外厨，主宴享饮食，知必是酒馆粮食等业。又坎为人，为纳，知其商业必输入有余也，故"贞吉"。

○问婚嫁：需五爻为泰，泰六五曰"帝乙归妹，以祉元吉"，又九三曰"于食有福"，此即"需于酒食"之义也。"有福"，故"贞吉"。《象》曰"以中正也"，是谓得婚嫁之正也。

○问六甲：生男。得子必置酒设席，古今皆然，故爻曰"需于酒食"。

【占例】 某氏来自某县，曰：今欲谒某贵显，有所恳请，请占贵显之待遇如何？筮得需之泰。

爻辞曰："九五：需于酒食，贞吉。"

断曰：需者，须也，待也。凡疏远未晤者，偶然相会，必多欢乐。卦象如是，由是观之，足下访贵显，贵显必悦而迎之，加意厚待，淹留京中，屡得招待飨宴，共话旧事，可受敬爱也。故曰"需于酒食，贞吉"。

其后某氏来谢曰：依君之占筮，往访贵显，甚为厚遇，且得达志愿。神《易》妙机，甚灵！

上六：入于穴。有不速之客三人来，敬之终吉。

《象传》曰：不速之客来，敬之终吉，虽不当位，未大失也。

上与四共坎阴，有穴之象。上爻居外卦之终，出而无可行，故曰"入于穴"。"有不速之客三人来"者，谓内卦三阳，不招而皆来也。唯柔顺不拒绝，无妒嫉争竞之心，一以敬礼相待，彼三阳虽刚断，无争夺之意，故曰"敬之终吉"。"敬之"二字，暗含前爻"酒食"之意；"终吉"之义，与九二同。上六阴而居险，无复可需，然能敬而下贤，是无失也，故《象》辞曰："虽不当位，未大失也。"

按，位者六爻六位，位当者，谓得正位，位不当者，谓不得正位也。是《易》之通例也。然其中亦有差别，《象传》曰位者，多指九五之君位；又《象传》中为生卦法而说位者，六爻之正位也，小畜、同人、大有、噬嗑、家人、归妹、渐、涣、既济皆是也。又《象传》中说位亦有数义。说六爻之正不正者，履之六三，否之六三，豫之六三，噬嗑之六三，晋之九四，蹇之六四，解之九四，震之六三，丰之九四，旅之九四，兑之六三，中孚之六四，小过之九四，未济之六三，皆是也。于三四两爻说之者，盖二五之位虽不正，有刚中柔中之义。又以初上为无位之地，不主说位。位当者吉，位不当者凶；然又有以位不当之为吉者，大壮六五之《传》是也。又于九五有专说君位者，比、否、巽、节之《传》是也。又有系不当位之辞者，需上六之《传》、噬嗑之《象传》、困九四之《传》是也。盖不当位与位不当，其义稍异。不当位者，本非正不正之谓也，故需之上六，以阴居阴，虽得正者，尚有不当位之称。位者谓五之君位也，故需之上六及困之九四，共于君位比近之爻说之。又按此卦中曰"难"，曰"败"，曰"寇"，曰"血"，曰"穴"，曰"陷"，曰"有言"，曰"孚"，曰"入"，曰"酒"，曰"食"，曰"宴"，曰"乐"，曰"郊"，曰

"沙"，曰"衍"，曰"听"，皆坎之象，可知圣人观象，自有妙用也。一说"不速"，谓非不召而来也，需待也，谓需缓之意。观初、二、三、四诸爻，曰"于郊"，曰"于泥"，曰"于沙"，曰出穴，皆渐渐而进，不速而来，谓其迟缓而来也。"三人"者，即乾卦三阳。此说亦通。

【占】 问战征：上为坎之终，穴谓坎险，"入于穴"，谓凭险以自守也。"三人"者，谓内卦三阳；"不速"者，自来也，谓有敌兵三面来围。既入险地，不宜再战，宜以礼貌相接，以和解之，故曰"敬之终吉"。

○问营商：坎劳卦，万物之所归也，故曰入穴。穴窟也，谓贮藏货物之地。"三人来"者，买客也，敬礼以接之，是得价则售，故"终吉"也。然坎为水穴，不宜藏货，幸而客来即售，故曰"虽不当位，未大失也"。

○问家宅：此屋必幽暗潮湿，幸有三面阳光来照，故曰吉。

○问婚姻：需六变小畜，小畜上九曰"妇贞厉"，称妇谓已嫁之女，故曰"不当位"，以其"贞厉"故"终吉"。"入于穴"，有生同室死同穴之义。"三人来"者，媒人也。

○问疾病：曰入穴，凶象也；曰"终吉"，终而后吉，于病亦凶。

○问六甲：生男。曰"终吉"，必少男乃吉。

【占例】 明治二十二年十二月，友人神保长兵卫之妻，罹胃癌而卧，余占其生死。筮得需之小畜。

爻辞曰："上六：入于穴。有不速之客三人来，敬之终吉。"

断曰：需者待之意，又为游魂之卦。游魂者，即人之魂魄离其体而出游之谓也。是天命既绝，然需缓有待，暂时犹可保余命也。

此占以上爻居全卦之终，无所可往，往则复也，故病不愈而死，魂魄复其本也。爻辞"入于穴"者，埋葬之兆；"有不速之客三人来"者，谓僧之来而送葬也；"敬之终吉"者，谓安心坚固，得成佛也。此卦虽原来非归魂之卦，由爻辞而知其必死也。

后不日果殁。

○中野梧一氏，向住大阪，余之所知，偶新闻纸报其自杀，众说纷纷。余惊其事之意外，以为斯人之俊才，何至穷迫如斯？若生前闻之，尚代为处置，今无如之何也，亦可惜矣！适友人来谈，又及此事，讶其致死之由未明。友人请余筮一卦，筮得需之小畜。

爻辞曰："上六：入于穴。有不速之客三人来，敬之终吉。"

断曰：中野氏从事于商业，商业中所谓"入于穴"者，其矿山采掘之事乎？"有不速之客三人来"者，以事业不如心愿，得失不相偿，资金之负债，迫其偿期，屡受财主苛督，无策可出，遂忍心而自灭也。坎为加忧，为心病，互卦巽为风，是疯癫病之象也。又此卦为游魂之卦，是神魂不定也。

其后传闻事实，果如此占。

○一日友人伊东贞雄氏来告曰：余小儿自幼为京都吴服商某之干人，近来久绝消息，余甚忧之，幸请一筮。筮得需之小畜。

爻辞曰："上六：入于穴。有不速之客三人来，敬之终吉。"

断曰：需者待也，内卦乾为老父，待外卦坎中男，消息之象。今得上爻，其辞曰"入于穴",想必令郎与同僚三人,流连花柳之巷,耽女色也。然此爻变则为巽,巽为风,为入,是本月之末,可必与同僚归宅也。果如此占。

爻神之验,随时随变,不可拘执。如此卦"入于穴"一语,皆当活用,方见灵变。读者宜玩味之。他各爻亦皆如此例。爻辞得豕字,小为鼹鼠,大为象,就其形而活用之类,是也。考《易》象者,不可不知此义也。

○明治三十一年,占陆军之气运,筮得需之小畜。

爻辞曰:"上六:入于穴。有不速之客三人来,敬之终吉。"

断曰:需者,险在前,故有待时而进之象,是以曰需。我国憾兵备之不足,将扩张军备,充实国防。在欧洲各邦,赞我进步之速,而益知将来之可畏,尝遣海陆军参谋,屡来观我兵备。故内则要整顿兵备,外则礼遇来宾,使邦交益密,不启猜疑,谓之"有不速之客三人来,敬之终吉"也。

䷅ 天水讼

讼字从言,从公,《说文》曰,"争也"。《六书通》曰:"争曲直于官有司也。"盖坎为言,为平;乾为公,为决,为争,为直,故取乾刚坎险之义,名此卦曰讼也。

讼:有孚窒,惕中吉,终凶。利见大人,不利涉大川。

《彖传》曰:讼,上刚下险,险而健,讼。讼有孚窒,惕中吉,刚来而得中也;终凶,讼不可成也。利见大人,尚中正也;不利涉大川,入于渊也。

此卦上卦为天,气清有上升之性;下卦为水,流动有下降之性。一升一降,各自为行而不相得,则有所争而至于分辨也。故占人事而得此卦,则彼上我下,彼我互异,互不相容,遂各上言于公,以求分别,是讼之卦名所由起也。盖下卦伏坎险之性,上卦挟刚健之行,其心既忍于害物,其力又足以遂奸,谓之"上刚而下险,险而健,讼"。且上位得占乐地,下位陷于困难。居困者必致势穷力竭,既羞且怒,不得已而反唇相争,争之不已,不得不诉之于官,此讼之所由来也,故曰"讼有孚窒"。"有孚"者,必其中有可信之实,无其实,即是虚妄。然在我有可信之实,而为彼所窒塞,则可信者不能自伸,是以有讼。至既讼矣,虽有可信之实,亦当惕厉恐惧,得伸而止,尚可获吉也;若健讼不已,终极其事,则必凶也,故曰"惕中吉,终凶"。讼有原告被告两造,有实者直也,无实者曲也,当讼之时,直者固直,即曲者亦必饰曲为直,且用巧辩之辩护士,为之架辞以饰其非,据律以辨其诬。听讼者一不明察,必致坠其计中,而曲直每多颠倒,甚或曲者行贿,听者受贿,势必以曲为直,则直者受冤难伸,是不利也,故曰"利见大人"。"大人"者,刚健中正,居九五之尊位者也。刚而能察,健而能决,中则无偏,正则无私,故能是非立判,曲直无枉也。盖利者利矣,其不利者即陷于危险之地,如涉大川而遇风波。讼为口舌之风波,故讼亦曰"涉"。《象传》曰,"不利涉大川,入于渊也,"其戒之深矣。讼之为事,大则为战斗,故讼继之以师。一以口舌争,一以干戈争,皆危事也,凶象也,故以惕为吉,以终为凶。玩《易》者宜知所惧焉。

通观此卦，初爻以柔弱居下，不永其事，虽"小有言"，终得吉也，故曰"讼不可长"。二爻刚健，将讼者也，与五爻相应，以卑讼尊，势不能敌，知其不克，归而逋窜，尚"无眚"也。三爻以柔从刚，能安分守贞，处危知惧，故初之"不永"，三之"从上"，皆终吉也。四爻与初爻对讼，初以"不永所事"，四亦复而"即命"，故不克，必将敛其欲讼之心，以守其安贞之道，斯无不吉矣。五爻明主当阳，用其中正，以断枉直，辟以止辟，刑期无刑，在斯时乎？吉莫大焉。上九，讼之终也，即使善讼能胜，得邀命服之荣，然悖得悖失，其能久保乎？至"终朝三褫之"，故《象传》曰，"以讼受服，亦不足敬也。"读初、二、三、四爻辞，惕之吉可征；读五爻之辞，见大人之利可征；读上九之爻辞，所谓终讼之凶，与涉川之不利，又足征也。讼者能翻然而悔，惕然而省，斯有吉而无凶矣。盖惟上有元吉之君。初六之讼，可无以永；九二九、四之讼，不以克；六三可食旧而守贞；终讼如上九者，虽胜终败。是使民无讼者，权在君上。讼之占尽此矣。

《大象》曰：天与水违行，讼，君子以作事谋始。

上卦为乾，天阳上行，下卦为坎，水性就下。上下异其性，各进反对之方向。在八卦中刚健充实者，无如乾，艰难忧苦者，无如坎，其行相背。是相违也。相违必至相争，讼之所由起也。君子见于此象，察其为争为讼之因，在事物之行相违，彼我之情相背，相违相背，不在于成讼之后，而在于作事之始，故曰"作事谋始"。言交朋友者，慎之于相知之始；结条约者，审之于立券之始。盖作事必慎于先图，斯不遗后患；必精其智虑，斯不启祸端，如此则讼自无也。孔子曰："听讼我犹人也，必也使无讼乎！"是知使讼之无者，全在听讼者之默移潜化也。九五曰"讼元吉"，其庶几乎？

【占】问战征：天乾也，乾为刚武，水坎也，坎为寇盗，故主讼事，亦主军事。两军相违，以致相战，而其所以相违者，则在未战之始，故曰"君子作事谋始"，即孔子慎战之旨也。

〇问营商：讼卦内互离，离为资斧，外互巽，巽为商，有营商之义焉。营商之道，相合则成，相违则败，且乾为始，坎为谋，故曰"作事谋始"。善其始，乃可图其终，斯商业得久大矣，吉。

〇问功名：乾健也，坎险也，是乾欲进而陷于坎险，此功名之所以难也。

〇问婚姻：婚姻者，合两姓之好而成，有相合，无相违也。男有家，女有室，为人伦之始，故君子必求淑女，是谋始之道也。

〇问疾病：病之始起，必由阴阳不和，不和则行违，行违即成疾。治之者，宜先慎夫始。

〇问六甲：生男。

〇问失物：此物在高处，坠落水中，不可复得。恐大有口舌之争。

初六：不永所事，小有言，终吉。

《象传》曰："不永所事"，讼不可长也。虽小有言，其辨明也。

"事"，即讼也，以其事之小，故不曰讼而曰事。"有言"者，即诉讼之言。"小"者，与需之九二小言之小同，谓言论之伤，灾之小者也。此爻阴而居下，其身微贱而无诉讼之势，其性柔暗而乏辩论之才，且畏上怖官，虽内实吞恨，不能遂讼而止。以其力弱，却不至凶，终得吉也。初六事之始，争讼未深，止之亦易，故曰"不永所事"。虽有小伤，以不遂讼得吉，谓之"小有言，终吉"。此爻变则为兑，兑者，悦也。不永所事，变而有悦也。此卦六爻中，惟九五刚健中正，为听讼之君，余五爻，皆讼者也。其中九二、九四、上九三阳，才逞而志强，贪必胜而遂讼者也，故直指其辞曰"讼"；初六、六三二阴，柔弱无才，虽一旦起讼，不遂其终者也，故初六曰"事"，六三曰"旧德"，并不指其为讼。此可知《易》爻扶阴抑阳之义矣。又《象辞》曰"终凶"，此爻"终吉"，同一"终"字，显分吉凶之异，《象》为讼者言，爻为不讼者言也。讼本凶事，既得"辨明"，可止即止，若永讼不已，仇怨日深，必至贻累身家，故《象传》曰"讼不可长也"，又曰"其辨明也"。盖以初六之讼不为讼，先是被告也，且不为九二所笼络，虽为六三所疑，小有言语之伤，以上有九四之应，乃得辨明利害，故得"不永所事"也。

【占】问战征：讼者，两人相争；战者，两国相争。故终讼与穷兵，皆凶事也。爻曰"不永所事"，是谓一战而胜，不复黩武，益见圣人不得已而用兵也，非好战也。

○问疾病：初爻者，初病也，"不永所事"，谓不久即愈也，故曰"吉"。久病则凶。

○问功名：初爻居卦之始，是初出而求名也。"不永所事"，谓不久困于人下也，故曰"终吉"。

○问营商：爻曰"不永所事，小有言"，谓商家贩售货物，宜即售脱，或卖买小有争论，亦无大碍，故曰"终吉"。

【占例】友人某来告曰：仆意欲求仕，向托某局长引援。某局长者，与仆有旧好，且必为仆尽力，请试占其成否？筮得讼之履。

爻辞曰："初六：不永所事，小有言，终吉。"

断曰：此卦天气上升者属彼，水性下降者为我。彼我心思，两不相合，取象曰讼。我虽有孚实之诚，彼则绝不相顾也，事必难就，宜作变计，谓之"不永所事"。在足下未免心有不平，稍出怨言，转而他求，却可望成也，谓之"小有言，终吉"。

后果如此占。

九二：不克讼，归而逋，其邑人三百户无眚。

《象传》曰：不克讼，归逋，窜也。自下讼上，患至掇也。

"不克讼"者，不遂讼而止也。"归而逋"者，以归窜而避眚也。"眚"者，灾也，自为孽曰眚。九二自外来，以刚处险，为讼之主，与五为敌，五居尊位，自知不免，归而逋避，故曰"不克讼，归而逋"。"其邑人"者，附讼者也，主讼既逋，附讼者皆得免灾，故曰"其邑人三百户，无眚"。虞氏曰，坎为隐伏，有逋窜之象；李氏曰：乾为百，坤为户，下卦三爻，故曰三百户。二变而之正，则坎化为坤，故曰"无眚"，是《象辞》所谓"中吉"也。若归逋而据强地，虽不克讼，尚有相抗之势。至"三百户"，邑之小者也，下既悔罪，上亦免穷。《象传》曰，"归逋，窜也"，按窜字从穴。阴柔之物也，窜之义，曰入穴，可知必窜入阴柔以求免也。项氏曰："一家好讼，则百家被灾"，今起讼者既逋，余党亦无连坐之患矣。《象传》曰，"自下讼上，患至掇也"，以二讼五，五居尊位，故谓之"以下讼上"；"掇"，自取也，言下讼上，势既不敌，祸患之至，犹自取之耳。一说掇作惙，即《诗》"忧心惙惙"之意，言下与上讼，深为可忧。坎为加忧，与爻辞"惕中吉"惕字意同。

此说亦通。凡爻曰"不克"者，皆就阳居阴位者而言，以阳讼阴，故不克。如此爻示人当见机而止，退而避祸，虽非君子所为，处浊世亦足以保身，并可为邑人免患也。此爻内卦变则为坤，坤顺也，有柔顺而止讼之义。

【占】问战征：二应在五，五在尊位，大国也，二势弱，自知不克，坎为隐伏，故"归而逋"也。三百户小邑，二既归逋，五亦罢战，故三百户得以无眚。

○问营商：九二爻辰在寅，上值尾箕斗，附星天弁，主列肆闹阓，有营商之象。二变为否，否败也，故曰"不克"，有耗败之象。外互巽，巽为归，故曰"归逋"。三百小数也，故曰"无眚"。

○问疾病：玩爻象，是必在外得病，宜速归家调治。病人既归，病气不致传染，故曰"邑人无眚"。

○问功名：爻曰"不克"，是一时不克成名也，退归隐居，亦无害也。

○问婚嫁：二五相敌，尊卑不相偶，宜罢婚，无眚。

○问六甲：生男，恐不举。

【占例】友人北泽正诚氏，信州松代藩士，维新之际，奔走国事，与当时名士相交。氏精坤舆之学，尤长汉学，后任外务省某官，居数年，转任华族女学校干事，一日来告曰：予顷因事故罢职，颇不满意，欲与长官辩白其事，请烦一筮。筮得讼之否。

爻辞曰："九二：不克讼，归而逋，其邑人三百户，无眚。"断曰：此卦上卦乾气上升，下卦坎水下降，是反对之象，主彼我情意不通也。不问事之曲直，论之当否，讼必不克也。唯宜静以处身，不然不特自身有灾，恐祸及他人也。足下翻然中止，无复口舌相争，退藏于密，斯无害矣，谓之"不克讼，归而逋，其邑人三百户，无眚"也。余为之细绎爻象曰："三百户"，小邑也，邑之小者，称岩邑。又《象传》曰"归逋，窜"，按窜字从穴，穴，岩穴也。且卦秉乾阳，必非凡民，意其为岛民之长乎？

北泽氏首肯而去，未几北泽氏果有任伊豆岛司之命。

六三：食旧德，贞厉，终吉。或从王事，无成。

《象传》曰：食旧德，从上吉也。

"旧"，昔也；"德"，业也。"食旧德"者，犹曰食旧业也。此爻以阴居阳，志强而才微，从九二而起讼，九二以不克而归逋，六三亦归旧居而食旧业，守分安常，不敢复与竞争也。"贞"固守也，"厉"危也，谓虽处危地，能知危惧而贞固自守，终必获吉也。"或从王事"者，上九为此爻正应，或将与之共从王事，然上九"终朝三褫"，是无成也，谓以阴柔不中而无功也。"或从王事"一语，与坤三同，坤以地道，故代而有终。此以讼故，不言有终，即讼不可成之意。此爻以柔从刚，以下从上，有功而不自居，故能不失旧德。盖有退让之心，无忿争之念，忧勤惕厉，自知才力柔弱，一唯从上所为，即有成功，不敢自居，故"无成"而终得吉也。此爻内卦变则为巽，巽者顺也，即从上之象。夫讼凶事也，观初三两爻，以柔不克讼者曰"终吉"，可知刚而好讼者必凶也。

【占】问战征：六三居坎之终，逼近乾位，所谓"阴阳相薄"，"战乎乾"也。坎本为乾再索之男，乾为旧，为德，"食旧德"，是子食父遗禄，安常守分，保其旧业，无事争战也，故吉。若欲兴动王师，坎为破，为灾，必无成功也，故曰"无成"。

　　○问营商：爻曰"食旧德"，知其商业为先世遗产，谨慎固守，终得吉也。

　　○问功名：宜继守先人旧业，或欲出而求仕，必无成也。

　　○问疾病：须仍眼前医方剂为吉。

　　○问家宅：宜守居旧宅，不须别建新居，恐无成也。

　　○问六甲：生男。此子长成，亦以继承父业为吉。

　　【占例】　友人某来告曰：仆向奉仕某局，黾勉职务，不获长官之意，同僚中皆有升级，仆独屈而不伸，不堪惭愧。因欲谋转他官，既恳请于某长官，请筮一卦，以占成否，并卜日后气运。筮得讼之姤。

　　爻辞曰："六三：食旧德，贞厉，终吉。或从王事，无成。"

　　断曰：占得此卦，显见气运否窒，一时难期如愿，唯宜顺时安分，以俟时运。所谓"食旧德"者，明明言当仍安旧业，不必一谋转他任，坚贞固守，终必获吉。"或从王事，无成"，或，疑词，谓即或改谋别事，虽殷勤恳请，终难成功也。

九四：不克讼，复即命，渝，安贞吉。

　　《象传》曰：复即命，渝安贞，不失也。

　　四爻承五履三而应初，初既"不永所事"，四虽刚健欲讼，无与对敌，亦即得中止。且所谓"不克讼"者，与二爻同，然二爻以势不敌而归逋，四爻以理不足而自返。"复"者，返也；"即"者，从也；"命"者，止理也；"渝"者，变也；"贞"者，正也。祛其刚忿好讼之心，以复改过迁善之念，一就定命，变不安贞为安贞，故曰"渝，安贞，吉"。此爻以阳居阴，在乾之初，有"潜龙勿用"之义。外卦变则为巽，《说卦传》曰，巽为不果，有踌躇之象。《象传》曰"不失也"者，谓能量终始之势，复就正理，虽讼犹不失君子之道也。

　　【占】　问战征：四与初为敌，初既"不永所事"，四亦克无可克，故曰"不克"。乾为君，"命"君命也，凯旋而复命于君。战，危事也，变危而安，故吉。

　　○问营商：玩爻象，知其商业必与初爻合办，初既"不永所事"，四亦复而"即命"，复命犹言罢事也，故吉。

　　○问婚姻：内卦坎为女家，外卦乾为男家，坎初曰"不永所事"，乾四亦复而"即命"，是变计改婚也。《象》曰"不失也"，谓不失其道也。

　　○问疾病：至致不克，是凶象也。"复"谓重生也。坎为疾，为炎，乾为生，为庆，复命即复乾也。变而得安，故吉。

　　○问六甲：生男。

　　【占例】　友人某，商店甲干也，一日来告曰：余自主人开店之始，拮据勉励，以兴主人之家产，近来主人因世运变迁，改其面目，别兴新事业，又雇聘学士等，给之以过分之金，某则依然甲干而已，其给金亦不及学士等。某屈居人下，不堪遗憾，意欲向主人诉此情实，冀达平素之志愿。若不见许，余请以此数年来之勤劳，求相当之恩给，欲独立而营商业。请筮一卦，以卜成否。筮得讼之涣。

爻辞曰："九四：不克讼，复即命，渝，安贞吉。"

断曰：此卦上卦强健，为主人，下卦困难，为足下。足下虽欲陈述苦情，恐未必许可，宜依旧从事，百般忍耐。爻辞所谓"不克讼"者，言足下即向主人陈说，必不伸理。所谓"复命"者，劝足下返而自审，安命守常。所谓"渝，安贞"者，劝足下变其不安贞而为安贞，则得吉也。细绎爻辞，是明明教足下无复多言，安常俟命，他日主人，自有优待，必获吉也。

九五：讼元吉。

《象传》曰：讼元吉，以中正也。

此爻为一卦之主，五居尊位，中正刚健，能听天下之讼，辨是非，析曲直，《象辞》所谓"大人"也，讼者得此，吉莫大焉。自来无讼，固非易期，而听讼亦难。其人听讼而不刚，则威轻而民不服；听讼而不中，则意见多偏，而讼必多枉；听讼而不正，则性情固执，而断不当理。今五爻具刚健中正之德，居乾之中，乾健也，变体为离，离明也，健以致决，明以察几，听讼之能事尽矣。爻辞曰"讼元吉"，《象传》曰"讼元吉，以中正也"，元吉者，吉之尽善者也。

此卦初爻不永讼，六三不讼，九二九四"不克讼"，九五以"元吉"化讼，是此卦虽名曰讼，意在化讼，实即"使无讼"之圣训也。

【占】问战征：五居尊位，是主战之大君也，师出有名，得其中正，是王者之师，无敌于天下者也，故曰"元吉"。

○问商业：乾为利，坎为平，商业固在谋利，亦要公平正直，斯不致于争夺，商业乃得其正矣，故吉。

○问功名：讼字从言从公，五为主爻，求名者，盖以言而求主公之知也。"元"谓三元，是功名之魁首也，吉莫大焉。

○问婚姻：五为卦主，与五结姻，是以贱从贵，以贫从富也，故曰"元吉"。

○问六甲：生男。此儿品貌端正，且有福泽。

【占例】 北海道厅官某来告曰：长官常忧土人之户口，逐年减少，必由内地人民，役使土人，过于苛酷。今后许内地人民，与土人婚姻，使彼此亲睦，以冀蕃殖，愚意亦然。请筮一卦，以占得失。筮得讼之未济。

爻辞曰："九五：讼元吉。"

断曰：此卦上卦为政府，阳气上升，下卦为人民，水性下流，显见上下之意隔绝不相合。以不相合之甚，极而出于之讼，斯土人之情，藉得上达，以求伸理，故谓之"讼元吉"。于是上官感土人之情，悯其穷苦，改其条教，乃颁内地人民，许与土人婚姻之令。

后闻酋长等相集会议，颇以为难，上官招酋长问之，曰：美妇与丑妇孰好？吾知好美而恶丑者，人情相同也。吾土人中非无美女，内地之人求之，喜而许之，至土人欲取内地美女，恐内地人而不之许，是土人有失而无得也。且美者为内地所娶，则我同族中，丑者益多，为之奈何？长官亦服其理，遂废此令。

上九：或锡之鞶带，终朝三褫之。

《象传》曰：以讼受服，亦不足敬也。

"或"者，不必然之辞；"鞶带"者，命服之饰也；"终朝"者，自旦至暮，一日间也；"褫"者，夺也。彼讼而得胜，非理之本直者，无非以机诈遂其谋，以私曲济其奸，是理不可胜者而幸胜之，其曲直真伪，固不待辨也。爻辞所谓"赐之鞶带"不必实有此荣，而若或有之；所谓"终朝三褫"，不必实有此辱，而若或有之。盖极言虽得胜，终必败，虽膺荣，终必辱。盖见荣骤者，夺之速也。"终朝"者，暂时之义；"三褫"者，多数之象。《象传》曰"以讼受服"，言其受服不正，如沐猴而冠，何足敬哉！故曰"亦不足敬也"。"亦"字，深可玩味。《象辞》所谓"终凶"者，于是可见矣。乾为敬，为衣，上九变则乾体坏，即不足敬之象；兑为毁拆，即褫之象。此爻不系讼字者，与初爻之不系讼字同。初爻不言讼，杜其始也；上爻不言讼，恶其终也。益见圣人"使无讼"之微意也。

【占】 问战征：上居乾阳之极，阳极而战，胜已难矣，至一日而三胜三败，败固为辱，即胜亦不为荣也。

○问功名："锡"赐也，"褫"夺也，或者未然之辞。而设言赐之，至终朝而三夺之，是亦一患得患失之鄙夫也，何足敬哉！

○问商业：玩爻辞，是屡得屡失，终至得不偿失。且问其所得者，尚非正路之财，所谓悖入悖出，非其财者也，亦可鄙矣。

○问疾病：是必其病乍愈乍发，一日之间，病势不一。在上爻，处卦之极，势极难返，恐终凶矣。

○问六甲：生男。恐生男多不育，必至四胎可育。

【占例】 明治二十三年，爱知县某来告曰：今当名古屋市长选举，有候补者三名，余不识可当选否，请占之。筮得讼之困。爻辞曰："上九：或赐之鞶带，终朝三褫之。"

断曰：此卦上卦为天，上升也，下卦为水，下降也，性情不合，故名曰讼。讼者以意不合，诉之于公，以待判也。今际市长之选举，市中人情，互生轧轹，是非莫定，今虽一旦得之，恐人心不服，难以永保，谓之"或赐之鞶带，终朝三褫之"。是求荣而反辱，不如不得。

某因感此占，遂辞职云。

䷆ 地水师

师篆书左旁为阜；右旁为帀。帀上加一者，为能一人指挥众人也。师承讼来，讼必有众，师者，众也，故师继夫讼。顾师有二义，一为教导子弟，一为统领军旅，是皆有率众之象。以九二为成卦之主，统率五阴而济坎险。坤上坎下，地中有水，水依地而安居，地得水而滋润，生育万物，相助为功。水土之性，原来相亲。此卦水在地下，是至险起于至顺之下，为聚众据险，扰乱不定之象。师者，以一人统众而平定之也。盖未乱之先，以师道训导之，格其非心，可戡乱于未形；既乱，则统师旅以征伐之，枭其元恶，可戡乱于方作，皆为师也。此卦初爻，柔而不得其正，为"起难之首；二爻在险难之中，能率众以平难，故为一卦之主。

师：贞，大人吉，无咎。

爻辞皆系以军旅之义，故《象辞》亦从之，读者当以类推。夫军旅者，起大众，动干戈，伤人命，糜国帑，国家不得已而用之也。其得已而兴者，是谓穷兵黩武，无道之甚者也，故戒之曰"师贞"。"贞"者，正也，谓师道而以正为本也。兴师动众，以毒天下，苟不以正，民不从也。"大人"，坊本误作"丈人"，独《子夏传》作"大人"，与困卦《象辞》同。以大人为元帅，谓必能拨乱反正，除暴安民者也，故曰"大人吉"。兵者凶器，战者危事，本属有咎，"大人"者，应天顺民，为天下除暴，是王者之师也，纵有杀伤，亦无害天地生生之道，故吉而无咎。

《象传》曰：师，众也；贞，正也。能以众正，可以王矣。刚中而应，行险而顺，以此毒天下，而民从之，吉，又何咎矣。

"以"，《春秋传》："能左右之曰以"，以犹用也。元帅能以严正而用众，可谓王者之师矣。"刚中"者，谓一阳居内卦之中，上应六五之君。内卦坎为险，外卦坤为顺，故曰"行险而顺"。"毒"，马云"治也"，王云"役也"，又古毒育二字，音义通，亦作育解，盖谓以此治天下，以此役天下，于义均顺。汉儒释毒为害，是以此害天下，民必不从，何以能王？若谓以民治乱，犹以毒药攻疾，说之牵强。夫众以正举，民以顺从，顺则获吉，正则复有何咎？"吉"者主事而言，"无咎"者主理而言也。

以此卦拟人事，则坎为中男，宜在外而在内；坤为老阴，宜居内而在外。母子位置，颠倒失伦，不安之象，是必启家乱也。当于家长内得刚中者，以贞正而治之，斯家道齐矣。

以此卦拟国家，上卦为政府，得坤之顺，阴弱而少威严，不能箝制下民；下卦为人民，得坎之险，阴险而好生事，动欲上抗政府，譬如水在地下，泛滥无归，有聚众据险，扰乱不顺之象。此卦五爻皆阴，惟九二独秉阳刚，当以九二受六五之君命，膺元帅之专任，率众兴师。以此毒天下，谓之"刚中而应，行险而顺"，"而民从之，吉，又何咎矣"。

通观此卦，九二为元帅，五阴从之。初六为师众，九二为主帅，六三六四为裨裨，六五为临敌，上六为赏功之时。又以内外卦见之，九二为将帅，六五为君主，将帅承君命而出征，所谓"礼乐征伐，出自天子"。将帅者，佐主成王，相与有成者也。故"能以众正"者，属九二之将帅言之；"可以王矣"，属六五之君言之也。

屯以下六卦，皆圣人济险之业，天下之事，未有不先难者也。《序卦》曰："讼者必有众，师者，众也，故受之以师。"以坤众，履坎险，即兵凶之象；九二一阳率五阴，行师之象。人或曰师比两卦，均是地水相遇，而爻象大异者，何也？曰：比者一阳在上，是人君居尊临下者也；师者一阳在下，是人臣奉命出征者也。坤卦曰战，而此曰师者何也？师者民也，国以民为本。天道好生而不杀，圣人容保如伤，然欲恶形而相歧，五兵作而相戕，是天地之闰数，不得已而用者也。故卫灵公问陈，孔子不对，子路问子行三军则谁与，曰"必也临事而惧，好谋而成"。曰"惧"，曰"好谋"，何等郑重！知圣人未尝轻言兴师也。此卦九二为刚中之贤将，六三贪功而取败，六四无功而守常，六五为君任将不专，挠权偾事，是卦可备观军旅之情形矣。大抵三军和，将帅贤，裨将奉令，委任专一，班师行赏，崇德报功，是帝王之举也。要旨所归，全在"容民畜众"，以六爻不取全胜，其义可知也。

《大象》曰：地中有水，师，君子以容民畜众。

坎在坤内，故曰"地中有水"，水藏地中，无地非水，犹兵藏民中，无民非兵。藏兵于民，有兵之利，无兵之害，犹水藏于地，有水之利，无水之害也。"水在地中"，显见地能包水，有容民畜众之象。又坤为民，坎为众，"容"者，保也，"畜"者，养也，兼养育教化之义。九二将帅，德量宏大，能包容亿兆，养育众庶，故无事之日，散兵为农，有事之日，集农为兵。其不曰治民，而曰"容民"者，治之则尚严，容之则尚宽也；其不曰动众，而曰"畜众"者，动之则劳，畜之则在逸也。所谓兵可百年不用，不可一日不备，"容民畜众"，盖讲兵于平时之道也。师旅本残民害众之事，然圣人取象，曰"容民畜众"。不杀为武之意，即此可知矣。

【占】问战征：卦以师名，爻义甚明，可就各爻推究，吉凶自验。

○问营商：坤为财，为聚，坎为人，为纳，自有容保之量。坎水在地中，为地所包容，财源如水，流而不息，可知商业之富有也。吉。

○问功名：水在地中，犹土尚伏处，未显达也，而其德量，自能包容民物，一经进用，如水之朝宗于海，敷施甚广。"君子"者，有德有位之称也。吉。

○问婚嫁：按坤坎互用，地水相亲，是必旧亲联姻也。大吉。

○问疾病：是必水满腹胀之症，坎为心，为忧，宜息心调气，解忧取乐，自愈。

○问六甲：生男。

初六：师出以律，否臧凶。

《象传》曰：师出以律，失律凶也。

此卦内坎外坤，自内而外曰出。"以"，犹用也。坎为律。"律"法律，即号令节制之谓也。初为爻之始，即为出师之始。所谓临事而惧，言当谨其始也。师旅之事，率大众而临危地，国家之存亡，人民之安危系焉，苟纪律不严，人心不协，三军覆败，凶莫大矣。"否"，不也；"臧"，善也，与《诗·卫风》"何用不臧"同训。盖"师出以律"，胜负尚未可预决，故不言吉；至不善用其律，则陷于危险，势必凶矣。《象传》曰"失律凶也"，"否臧"即失律之谓也。一说：否，塞也，谓军心隔塞，不得和协；臧藏古字通用，臧即藏字，谓深藏不发，是畏敌也，即使纪律严明，亦必取败。况"否臧"者，必不能"以律"，其凶必矣。此说亦通。

此爻居坎险之始，故以失律为戒，所谓"作事谋始"也。此爻内卦变则为兑，坎水变而为泽，停止而不流，是纪律不行之象。

【占】问功名：初爻者，初出而求名也。"出师以律"为正，犹士之以道为重，失其道，虽荣终辱，凶。

○问营商：初爻，知为新立之业；水在地中，知为海运商务。总之谋利以义者吉，失义为凶。

○问家宅：师卦内坎外坤，是宅必坐子兼丑，向午未也。宅中人口最多。出师有律，犹言治家当以法也。否，不也，臧，善也，不善治家，家道必凶。

　　○问疾病：师卦一阳五阴，是必寒多热少。症在初起，宜延良医调治，否则凶。

　　【占例】　或人以有组织工业会社，募集株金，设定款，请占其社之成否。筮得师之临。
　　爻辞曰："初六：师出以律，否臧凶。"
　　断曰：此卦九二，一阳统众阴，是必有刚健之人为社长，指挥众人之象。今定款既完全无间，即见规律整肃也。然依此爻辞，此社之盛衰，全在作事之纪律。我国方今集合株金兴会社者，皆以欧美各邦为模范，欧美各邦舟车之便，非本邦之比，是以贩运各种货物，最为适当。凡合众资，购备器械，人力既省，制费亦廉，大得胜利，至于小本营生，独立工业者，无不取败。今我国仿之，欲设立会社，然集合众资，洵非易易，且役员从事营业，亦难得其人。故立会社，第一在社长得人，社长得人，则事可成，业可兴；不得其人，即成亦败。今初爻居事之始，未可以定款判吉凶，必俟社长选举既定，方可卜工业之兴废也。

　　九二：在师中，吉，无咎。王三锡命。

　　《象传》曰：在师中吉，承天宠也。王三锡命，怀万邦也。
　　师卦，九二为五爻正应，以一阳为众阴所归，乃师中之主将，得专主战伐之权。"在师中"者，谓居军阵之中，又得中正之道。"王三赐命"者，命者恩命，谓邀荷宠遇也。"三"者，言宠赐之频也。此爻以阳居阴，在师之中，当互卦震之主爻，为居将帅之位。坎为智，震为勇，以阳爻之德居中，智勇兼备，威信并行，洵足膺元帅之任，即《象辞》所称"大人"者是也。承六五之君命，统率师众，且得六三之同僚比亲之，初六之众庶比顺之，上下咸相比应，并为参谋，所谓战必克，攻必胜者，唯在此九二之师也。六五之君，倚任既专，宠赐又厚，九二自得专制其权，所谓阃外之事，一以委卿者。其任既隆，其令必行，故成功也易。古来权臣在内，即有坤岳之将，未能克敌者，皆由信任之不专故也。此爻曰"王三赐命"，可见任之专，宠之渥也。《象》曰"承天宠也"，"天"即王也，王而曰天，可知王之明于任贤。《象》曰"怀万邦也"，谓王之所赐命，不在用威，而在用怀，即怀保万民之意也。

　　此爻变则全卦为坤，去坎险，就坤顺，有拨乱反正之象。地水师忽变坤为地，有拓地开疆之象，此爻为成卦之主，故以《象》辞"吉无咎"属之也。

　　【占】　问功名：九二以一阳统率五阴，爻曰"在师中，吉"，是鸡群一鹤，杰出之才也。"王三赐命"，谓以能授爵，显膺王命也。
　　○问营商：九二为一卦之主，必其人谋为出众，在商务中称为老成练达，可举为商社之长者也。吉。
　　○问家宅：曰"师中吉"，是家必为一乡之巨室，即为一乡之善士也。
　　○问婚姻：九二变为坤，坤地道也，妻道也，水土之性相合，故吉。
　　○问疾病：知为水气停积中宫，必使水气流动，中焦宽舒，病无害也。吉。
　　○问六甲：生男。

爻辞曰："九二：在师中，吉，无咎。王三锡命。"

断曰：此卦九二以一阳统五阴，以人事拟之，则阳刚之教师，教导众阴之子弟，故名此卦曰师。以国家拟之，九二为阳刚大臣，入则为相，出则为将，国家有事，则受王命以专征伐，权无旁落，威信并行，谓之"师众也，贞，正也，能以众正，可以王矣"。《易》六十四卦，三百八十四爻中，教导人民，用其威严，保有国家，唯此一爻而已。天命所归，宜上承君令，下顺民心，正大人致身报国之时也。今筮议会，得此爻辞，亦当上承君令，下顺民心，斯议得其中矣。若其议上不能见信于君，下不能见信于民，议必不能行也。

翌二十六年十二月，议会使议长退，是二爻阳变为阴，再次有停止之命；至三次，遂有解散之命，果符此"王三锡命，怀万邦也"之占。呜呼！天命之严确如此，可不畏敬乎！

六三：师或舆尸，凶。

《象传》曰：师或舆尸，大无功也。

"舆尸"者，谓军败而战死者多，载尸于车而归也。此爻内卦变则为巽，巽为进退，有疑之象，故曰"或"。古语曰，三军之灾，生于狐疑，疑者行军之所大戒也。六三以阴居阳，不中不正，进而无所应，退而无所守，居内卦之极，对外卦之敌，正当交锋接刃之际也。三以柔居刚，如小人之才弱志刚者，窃二之权，而恃强妄进，遂致失律丧师，舆尸而归，谓之"师或舆尸，凶"。《象传》曰"大无功也"，犹曰大败也。军旅之事，信任宜专，二为主帅，三为偏裨，偏裨擅权致败，主帅亦不能辞咎，故曰"大无功也"。如城濮之战，左师右师败，子玉不败，然子玉帅也，故败师之罪，子玉不免。盖以全卦言之，六爻皆师徒也，独以三言，内卦为先锋，外卦为敌，外卦坤为众，敌兵众多也。至四则又以五上为敌；五君位而非敌，是卦爻之变例也。《易》之取象，概如此，学者不可不知。

【占】 问商业：坎为舆，舆所以载货物也；坎又为陷，为破，舆而遇陷，则舆破而货覆矣。人死谓尸，犹车败物亡也。"或"者未然之辞，"大无功"者，大失利也。行商未必遇此凶险，亦不可不防此凶险也。爻象戒之如此。

○问功名："君子得舆"，得为德，舆所以载德而行也。君子有德位之称。或曰，"舆尸"是无德而尸位者也，故凶。

○问家宅：阴阳家称堪舆，堪天也，舆地也，舆尸是地有尸气，安得不凶！

○问婚嫁：三爻居坎之终，得乾气，乾下巽上为小畜，小畜三爻曰"舆说辐，夫妻反目"，《象》曰"不能正室"，其凶可知。

○问六甲：虽生男，凶。

【占例】 明治三年，横滨商人三名，搭载舶来物品于蒸气船，贩赴箱馆。适际舶来物品匮乏，获利三倍，因再购巨额物品，将往得大利。其一人某氏来，请占损益，筮得师之升。

爻辞曰："六三：师或舆尸，凶。"

断曰：此卦有自水上投土之象，例之商业，其目的未定，混杂不可言也。况今得三爻，足下等以廉价购入目下在东京横滨不通销物品，贩卖于边鄙之地，将得大利。在他商闻之，亦谋置各种物品，多欲争著先鞭。然此不适时之物品，当众人竞争贩运，转必抬价，至箱馆各自竞卖，已为彼地商人所料。将来货到不售，势必跌价，极之贱亦不售，则必转运而归。往复装运，费耗殊大，及至售得，不特无利，反致伤本。其舆物而返，恰如载尸而归也，故不如止。

某氏闻之，大感，遂止北地之行，后果如此占。他商人赴箱馆者，皆多损失。

六四：师左次，无咎。

《象传》曰：左次无咎，未失常也。

左者右之对，不用之地。人手有为便，左为僻，故称不正之术，曰左道，称谪官曰左迁，划策不适，曰左计。"左次"者，谓退舍也。左氏曰"不进曰次"，又曰"凡军三宿为次"，又《易》阳为右，阴为左，六四以爻位俱阴曰左。此爻阴柔而不中，志弱而不能克敌者也。自知不能克敌，量宜而退，克保全师，愈于三爻之覆败者远矣，故"无咎"也。《象传》曰"未失常也"，谓不违"左次"之常道。古语所谓见可而进，知难而退，军政之善也。若可进而退，何得无咎？《易》之发此义，为后世行军不量力而妄进者戒。

【占】问家宅：四出坎历坤，坤西南，是宅必朝西南。吉事尚左，是宅逼近东方，青龙主喜，吉无咎也。

〇问功名：凡官职下降称左，所谓左迁是也。曰"左次"，不吉。

〇问营商：右高左下，次亦为下，占此爻，知其货财必非高品。然货虽次，尚可获利，故曰"未失常也"。

〇问婚姻：男尚右，女尚左，爻曰"左次"，或者入赘于女家乎？然赘亦无咎。

〇问疾病：按春生于左，得其生气，疾必无咎。

〇问六甲：生女。

【占例】余在热海，会陆军中将某，陆军少将某来游，为亩傍舰归港过迟，占其吉凶如何，筮得师之萃。

爻辞曰："六四：师左次，无咎。"

断曰：师者以一阳统五阴，众阴从一阳之卦也，故曰师。六四以在阴位，退避战地而休息，爻曰"无咎"，《象传》曰"未失常也"者，谓其如平常而无事也。今占亩傍舰得此爻，师即军舰，"左次"者，有暂退航路之外，而休泊之象；"无咎"者，补过之义，谓修缮舰体。想是此舰，现在碇泊而修理舰体也，不可不速探而谋救助。来月为第五爻之时，其辞曰"长子帅师，弟子舆尸"。"长子"即大夫，可保无事；"弟子"谓舰中杂役，恐有灾害。又此爻外卦变则为震，坎水之上，见震木之浮，亦可知舰体之无事也。

此占一时流传于世，其后以不得该舰踪迹，政府定为沉没者，征保险金百三十万元于法国保险会社，以救恤金给我海军士官及水夫等同舰者之遗族。

余占往往历数年而经验，百占百中，未尝或失。唯《易》三百八十四爻之活断中，独水雷屯之上爻，尝不用辞，用变而偶误也。又此爻虽受不中之评，或由探索之未至邪？又两月间无事，而其后遭遇事变，亦不可知，故此占尚在中不中之间。如此爻，非当今浅学之土所可容喙，后世有笃志《易》学如余者出，始可判断其是非矣。

六五：田有禽，利执言，无咎。长子帅师，弟子舆尸，贞凶。

《象传》曰：长子帅师，以中行也；弟子舆尸，使不当也。

"田"者，艺禾之地；禽者，鸟兽之总称。"田有禽"者，谓有禽兽来害稼，犹言寇贼来害人民也，故驱逐之，捕获之，不可不保持防御也。此爻五居尊位，其德柔顺，见有寇贼来犯，执言下命，委任将帅，以主征伐，故曰"利执言"。此爻互卦，变则为艮，艮为手，又为执，即执言之象。九二秉刚中之德，上承天宠，奉辞讨罪，所谓"师出以律"，必有功也，故曰"无咎"。奈何既任长子帅师，复任弟子，以分长子之权，是六五之君，信任不专也。长子指九二，弟子指六三。盖九二刚中有才，其出师也，纪律严明，故吉；六三阴柔不中，无智无谋，是以一败涂地，舆尸而归，故曰"长子帅师，弟子舆尸"。此长子即《象》辞所谓"大人"也。自《象》称之曰"大人"，自君命之曰"长子"。《篡言》曰："凡次子以下，皆长子之弟，曰弟子。"此卦九二为主帅，六三六四分将一军，举九二、六三，不及六四者，以九二大吉，六三大凶，六四能不失其常，故无咎也。"贞凶"者，谓命将出师，必宜择贤而任，所谓"贞"也，反是则虽贞亦凶。此"贞凶"二字，包括一章之要。此爻因彼来寇，而我讨之，是曲在彼也，是以"无咎"。《象传》"以中行也"者，谓九二之长子，具中行之才德，能奏征讨之功也；"使不当也"者，谓六三阴柔不中之弟子，失律丧师，是任使之不当其才也。

【占】问营商：爻曰"田有禽"，犹言农有谷，商有利也。"执言"者，谓约证之券也。在商业一道，总宜以老成练达者为主，则利，否则凶。

○问家宅：此宅想是立约新售者，利在长房，不利众子。

○问功名：知其人才能素著，有一朝获十禽之技。然要在德长于人，若德劣于物，虽正亦凶。

○问婚姻："有禽"者，奠雁之仪，"执言"者，媒妁之书。所约之婚，当以长子长女为吉。

○问六甲：生男，是震之长男也。

【占例】明治十八年一月，余以避寒游浴热海，时有朝鲜京城之变，政府将对清廷有所诘责。朝野汹汹，人皆注目使任之谁属，并论辩之何如。余为之占其使命之任，筮得师之坎。

爻辞曰："六五：田有禽，利执言，无咎。长子帅师，弟子舆尸，贞凶。"

断曰："田有禽"者，谓禽来害我禾稼。所谓"长子帅师"者，或者长州男子任其选乎？一曰"长子"，一曰"弟子"，皆使任之人也。当今庙堂中，称老练政事家者，莫如伊藤伯，伯者长州之男子也，"长子"之占，其在此人乎？今回之谈，依"帅师"之言考之，其实际原期平和，然亦不可不预整备，非我有和战两备，意到底难讲平和。此议实一大关系，若让却一步，其破裂也必矣，能弥缝之，使两国不陷于厄难，唯在遣使得其人而已。伊藤伯而当此大任，缓急得宜，必能平和于樽俎之间，毋复疑虑，故曰"以中行也"。"中行"者，《易》之所尚。谓能守中正，得其宜也，即赞美之言。若以他人任之，恐有

"使不当"之虞。一"使"字，是民命之生死，国家之安危所系，由其当否，而吉凶成败，实有霄壤之别。今得此卦如此，知《易》之垂诫深矣。现却未可详说，惟推察爻辞，可知其吉凶也。

未几伊藤伯果膺遣清大使之命。

上六：大君有命，开国承家，小人勿用。

《象传》曰：大君有命，以正功也。小人勿用，必乱邦也。

"大君"指六五之君；"有命"，谓论功行赏；"开国"，谓新封建诸侯也；"承家"，谓使之为卿大夫也。此爻外卦变则为艮，艮为门阙，有家之象；坤为土，有国之象。上爻居上卦之极，在师武功之终，即战定功成，旋凯行赏之时也。九二主帅，首功也，以"开国"封之；六四"左次"，与有功也，以"承家"赏之；六三以柔居阴，舆尸败北，是小人也，诫勿复用；上六在大君左右，于师无所事，然在内而参赞王命，以尽将将之道，功亦大焉，故赏亦同之。审其功之大小，辨其罪之轻重，赏必公，罚必行，是皆大君之命也，故曰"以正功也"。若夫汇缘以邀功，遮饰以免罪，则非九五之命，是失其正矣。至于小人在军旅中，或以驰驱而效力，或以勇敢而获胜，未始无功也，但当赏以金帛禄位，不可使"开国承家"，以杜后患。《象传》曰，"小人勿用，必乱邦也"，戒之深矣。此爻居上卦坤之极，伏卦为乾，大君之象。下卦坎为盗，盗即小人，故以"勿用"警之。

【占】问家宅：爻曰"大君有命，开国承家"，知是家必是阀阅巨室也。"小人勿用"，为其后嗣戒也。

○问营商：上六辰在巳，得巽气，巽为商，"近利市三倍"，此家必由商业兴家。巽又为命，爻曰"大君有命"，又将因富致贵，家道日隆。但因富生骄，比昵小人，所宜戒也。

○问功名：上六居卦之终，谓当论功用赏之时，正见功名显赫。在震之长子，自能克家，惟坎中男为不可用也，故曰"小人勿用"。

○问婚姻：师三至六为坤，坤妻道也。爻曰"开国承家"，两姓俱是巨室；曰"大君有命"，媒妁必是贵人。吉。

○问六甲：生男，主贵。

【占例】某贵显罹胃癌之病，余访问之，适有元老院议官三人在坐。议官问余曰：此君维新际，与元老诸公同有伟功，他人俱邀爵位恩典，此君独未得其荣，今患大病，恐罹不测，我辈以朋友谊，将以此有请于君，未知得达其愿否？请占一卦。筮得师之蒙。

爻辞曰："上六：大君有命，开国承家，小人勿用。"

断曰：此公有功于国家，人之所知，朝廷必有以酬之，固不俟言。今此卦曰"大君有命"，知爵位之赐，即在此数日内也。

后果六日，承赐男爵恩典。

（附言）六十四卦中，师、比、同人、大有、随、蛊、渐、归妹八卦，谓之归魂，人若占命数，而得此卦上爻，为命尽之时。《系辞传》曰"原始反终，可知死生之说"，由此卦而知其终也。盖人之生死，有正命非命之别。心魂之依附肉体，譬如人身之寄寓家宅也；心神脱离肉体，犹家宅之惜限已满也。魂去身死，谓之正命；限期未满，或家宅破坏，遂臻疾病，其他非常灾眚，肉体已殪，心魂遽绝者，谓之非命。欲救此非命之死，恐良医亦无可如何也。三百八十四爻中，得正命而死者，唯此八爻而已。呜呼！人之死生，亦可哀矣。

䷇ 水地比

"比"字篆书作二人相比之象。比则亲，亲则相辅，相辅则乐。又作炊，炊以联属一体为义。此卦坎水在坤地之上，水得地而流行，地得水而滋润，故相亲辅而和合，因名此卦曰比。《彖传》曰，"比，辅也"。《序卦传》曰，"比者，亲也"。《杂卦传》曰，"比乐"，皆同义也。以卦象言之，九五一阳位中正，上下五阴爻皆比而从之。

比：吉。原筮，元永贞，无咎。不宁方来，后夫凶。

此卦坎上坤下，惟五爻一阳主全体，五柔皆归，故曰比。"原"，推原也，谓原其所始也。"筮"者，分析辨别之意，或作筮著解，然皆所以决疑，意亦相通，不必拘泥。"元"，即坤元之元。"永"者，长也，有坎水长流之象。"贞"谓道得其正。上之比下，要必有此三者；下之从上，亦必求此三者，斯无咎矣。"原筮"者，谓推原诸柔来从，果得此"元永贞"之道否。坎为加忧，"不宁"之象，民有不宁，必从君以求安；君有不宁，必得民而共保。上下相应，则来者自宁。四柔既比，其比在前，六来独后，故曰"后夫"，五不受之，其道穷矣，是以凶也。

《象传》曰：比，吉也。比，辅也，下顺从也。原筮，元永贞，无咎，以刚中也。不宁方来，上下应也。后夫凶，其道穷也。

"辅"者，助也。九五一阳居尊位，与五阴亲比，有下助上之象。孟子所谓"多助之至，天下顺之"是也，吉莫大焉，故曰"比吉也，比辅也，下顺从也"。"原筮"以下七字，主九五而言，九五为成卦之主，具阳刚之德，居中正之位，故曰"以刚中也"。"不宁方来"一句，就初、二、三、四四阴言，九五以刚中施亲比之道，则天下众阴，皆服从而来，故曰"上下应也"。"后夫凶"一句，就上六而言，上六处阴之极，刚愎不逊，是为顽梗之夫，归附独后，为众所疏，故曰"其道穷也"。

以此卦拟人事，父子兄弟夫妇，彝伦之中，自然亲比。朋友以义合，有贵贱、长少、亲疏、贤愚之等差，择之最宜分明。别其是非，辨其邪正，谚曰"近朱者赤"，交之不正，相匿而并入歧路，所谓小人比也。故当推原筮决，必其人有"元永贞"之德，然后相与亲比。"原筮"者，筮之于相亲之始，慎之至也。"元"者，统万善也；"永"者，谓能久于其道也；"贞"者，谓得正道而固守之也。比非其人，后必有咎，故曰"原筮，元永贞，无咎"。如孔子所云，晏平仲善与人交，久而敬之是也。夫人心莫不欲求友，比得其正，虽疏远之人，亦感其德义，自求亲睦，谓之"不宁方来"。然君子小人，各异其趣，往往有顽梗之夫，不服德化，虽后亦归附，其来已迟，是比道穷也，故谓之"后夫凶"。

以此卦拟国家，九五之君，施膏泽于下，六四、六二，皆奉戴九五君意，尽力于国家，于是亿兆之民，感其威德，上下亲比。此卦坎上坤下，恰如水土相济，融洽为一。以上比下，为一人而抚四海；以下比上，自四海而仰一人。上下相助，君民一体，谓之"比吉也，比辅也，下顺从也"。"比辅"者，臣亲其君也；"顺从"者，民亲其上也。然上非有刚中之德，不足当下之亲比；下非有"元永贞"之德，不足当上之亲比。是以必当推原而占决之也，谓之"原筮，元永贞，无咎，以刚中也"。比之初，上下之情或犹未通，不来者不宁，来者自宁，谓之"不宁方来，上下应也"。"方"者，来而不已之辞，取下四阴顺从也。当此时有不服风教，不服德义，刚愎负气，自取困难者，是为顽夫，其凶可知也。穷而后求比，其谁亲之！上六居比之极，以不得比，穷无所归，谓之"后夫凶，其道穷也"。郦生所谓"后服者先亡"是也。

　　通观此卦，初爻为远人，二爻为贤士，三爻为求进之士，四爻为在位之宰相，五爻为君，上爻为化外之民。此皆莫非王民，而休咎不同者，物情自不能齐也。此卦次师，师比二卦，同是一阳五阴。《易》中一阳之卦凡六，其最吉者莫如比卦，以其九五一阳居天位，而"上下应之"也。又师、比共为得位之卦，得君位者为比，得臣位者为师。"师者，众也"，众不能无争，争则乱。靖乱以武，孚之以德，所以比次于师。师之群阴来而居下，载九五阳刚中正之君，有乱后得明主，各安其位之象。

　　《大象》曰：地上有水，比，先王以建万国，亲诸侯。

　　水之性平，地之道顺。水在地上，散则为万，合则为一。先王见此象，而分封有功之臣于各地，以为王室之藩屏，，亲抚战后穷民，轻减其租税，平均其法律，沛其恩泽，如水之润物，无不浃洽。夫天下之大，可以一人统之，不可以一人治之。必建国置侯，有朝聘往来之礼，以结其欢；有巡狩述职之典，以通其情。天子犹大海朝宗之众水，其亲诸侯，犹身之使肱，则诸侯服顺君德之渥；其于民犹肱之使指。是封建之制，虽与方今郡县之治异其体，君主统治臣民之意，无有差违，谓之"先王以建万国，亲诸侯"。内卦为坤，万国之象，初爻变则为震，建侯之象。

　　【占】　问战征：玩爻象，其军威之盛，有如水就下，沛然莫御之概。一战平定，即当列土分封，建立屏藩。

　　○问营商：水在地上，无处不流通，商业亦以流通为利。比，亲比也，得亲比之人以共事，斯商业可垂永远矣。

　　○问功名：建国封侯为士生荣显之极品。比反师，师上六曰"大君有命，开国承家，"此之谓也。

　　○问家宅：是宅必低洼近水，亦比近贵人之宅。宅基大吉。

　　○问婚姻：比，比好也，地与水，本相亲比。占婚得此，必卜百年好合，且主贵。

　　○问疾病：坤为地，亦为腹；坎为水，亦为心。恐是心腹水肿之症。诸侯能治国，犹医能治病，宜切近求治。吉。

　　○问六甲：生女，主贵。

　　初六：有孚比之，无咎。有孚盈缶，终来有他吉。

　　《象传》曰：比之初六，有他吉也。

　　"有孚比之"者，谓诚信充实于中，如物之盈满于缶中。缶者，上古之土器。郑云："缶，汲器也。"此卦以五阴比九五一阳为义，与他卦应比之例不同。比之道以诚信为本，若中无信实，虽欲亲人，人谁与之！此爻居比之初，与九五犹远，本非其应，然比之道在初，初能积诚于中，率先三柔而从五，五比由初而始，故"无咎"也。譬如以诚事神，神必来格，有酒盈缶，神必来享也。"缶"指六二，中虚能受之象。"之"字指九五而言。缶者质朴而无文饰，喻人之质朴正直，不事虚饰，以此交人，人亦乐推诚相与，即素未识面者，亦将乐与比助，共得欢心。谓之"终来有他吉，""终来"者，谓将来也；"他吉"者，谓意外之吉。九五本不相比应，而亦比之，是意外之吉也。《象传》一"也"字，示其心之不可疑。此爻变则为屯，其辞曰："磐桓，利居贞，利建侯。"磐与盘通，有缶象。"磐桓""居贞"，"有他吉"者，建侯也。

【占】问战征：有如禹征有苗，干羽来格之象，故曰"有孚比之，无咎"。

〇问营商：商业专以信实为主，斯远近商客皆亲比而来，贸易广，而获利亦厚矣。吉。

〇问功名："有孚比之"，即中孚卦所云"信及豚鱼"之谓也。中孚九二曰，"我有好爵，吾与尔靡之"，靡共也，言我与尔愿亲比而共升荣也。故曰："比之初六，有他吉也。"

〇问婚姻：玩爻辞，谓既得相孚，又复相比，亲之至也。以是订婚，吉无咎也。

〇问家宅：比，比邻也，近者既信义相孚，往来亲密，远者亦闻风愿来比邻，故曰"终来有他吉"。

〇问六甲：生女。

【占例】 某氏之子，多年留学英国，归朝之后，奉职某省。一日来访，请占气运，筮得比之屯。

爻辞曰："初六：有孚比之，无咎。有孚盈缶，终来有他吉。"

断曰：比卦地上有水，水土和合，故曰比。比者，亲也，占得此卦，可知足下家庭完好，和乐无间；且天性温和，久游英国，而熟谙外交之道。比之为卦，可谓适合足下焉。所谓比者，以亲好为立身之本。持躬以诚而无伪，交友以信而无虞，则人亦将推心置腹，和好无尤，故曰"有孚比之，无咎"。盖人必真诚积于中，而后光辉发于外，犹缶之必有酒醴盈于中，而后芬香达于外，此谓之"有孚盈缶。"终来有它吉"者，谓足下以孚信待人，斯上信下效，他日禄位升迁，不特得意中之吉，且更有望外之喜也。可为足下预贺之。

六二：比之自内，贞吉。

《象传》曰：比之自内，不自失也。

"自内"者，自心也。古称中心曰内，书多其例，如《大学》"诚于内必形乎外"之类是也。此爻为内卦之主，柔顺中正，与五为正应，能以中正之道相比者也。盖其抱道在躬，而不愿夫外，故曰"比之自内，贞吉"，若急于用世，出而求君，虽有其道，已自失矣。必其秉中正之德，贞固自守，以待上之下求，而斯出而相辅，如商汤之三聘伊尹，刘先主之三顾诸葛，斯谓"不自失也"。此爻之辞为士之抱道者劝，即为士之失身者戒。

【占】问战征：士卒同心，上下一体，战无不克，故曰"比之自内，贞吉"。

〇问功名："内"，我也，以我有实学，足以感孚于人，所谓实至而名归也。吉。

〇问营商：一店伙友，性情比洽，自然百为顺从。以此出而贸易，人皆信服，无不获利，故《象》曰"比之自内，不自失也"。

〇问疾病："内"谓心腹也，凡病总宜心平气和。中藏通利，外邪自消，故吉。

○问六甲：生女。
○问婚姻：必是内亲重联姻，吉。

【占例】 某县知事，将荣转某省，请占其气运及升迁。筮得比之坎。

爻辞曰："六二：比之自内，贞吉。"

断曰：此爻以柔顺中正之德，应九五刚健中正之主，阴阳相应，其吉可知。足下为某省次官，负任省中巨细之政务，与某大臣相辅为理者也。是足下为某大臣素所亲信，今又将转任某省，可期而俟也，故爻辞曰"比之自内，贞吉"。

未岁，某知事果荣转某省次官。

六三：比之匪人。

《象传》曰：比之匪人，不亦伤乎！

此爻阴柔，居坤之终，不中不正，承乘应皆阴，有远君子而比小人之象。所交非其友，所事非其君，不以正道相助，而以私谊相亲，是巧言孔壬之小人也。初应四为比，比得其人；二应五为比，比得其人，皆正人也。三乃应上，上处卦之终，是为"后夫"，即"匪人"也。上比"无首"，"无首"，有伤之象。例如范增之从项羽，不能展其才力，忧辱而死。故《象传》曰"不亦伤乎"，谓其意之可悯也。此爻变则为蹇，蹇九三辞曰，"往蹇来反"，可以知"比之非人"之凶也。

【占】 问战征：观军而任用阉寺，参谋而偏听佞人，爻辞所云"比之匪人"是也，安得不败！
○问营商：商业之盛衰，惟在其人。其人而日与市井无赖之辈，征逐往来，非人曰亲，正人曰远，不特其业立败，其人亦不堪问矣。
○问功名：交道不正，士品日下，不特声名破裂，祸亦随至。
○问婚姻：女贵贞洁，男效才良，人伦正道，苟非其偶，致误终身，不亦伤乎！

【占例】 友人某来告曰：仆近与友某相谋，兴一大商业，请占其成否。筮得比之蹇。

爻辞曰："六三：比之匪人。"

断曰：比者，地上有水，有往来亲洽之意也。然依其所亲，其中显分利害，与善人亲则吉，与不善人亲则凶。此爻曰"匪人"，显见非善人也。今足下共谋之友，余却不知其人，就爻辞而论，三与上爻既相应，三之所云"匪人"，即上爻所云，"无首"，人而无首，恐难免祸。足下与之共兴商业，凶莫甚焉，谓之"比之匪人"，故《象传》曰，"不亦伤乎"。

友人闻而大惊，未岁而西国乱起，此友果处重罪云。

六四：外比之，贞吉。

《象传》曰：外比于贤，以从上也。

四本应初，不内顾初，而外比五，谓之"外比"。二之应五，在卦之内，故曰"比之自内"；四之承五，在卦之外，故曰"外比之"。内外虽异，而皆得比于五，五刚阳中正，贤也；居尊位，上也；亲贤从上，比之正也，故曰"贞吉"，如夫周公之吐哺握发，以下天下之士，辅翼君德，下亲贤人，比爻之义也。《象传》曰"外比于贤，以从上也"。此爻于九五，象则为外，德则为贤，位则为上也。变则全卦为萃，九四之辞曰"大吉无咎，"可以见此爻之吉也。

【占】 问战征：爻曰"外比之"，得外夷归服之象，故曰"贞吉"。

○问营商：想是海外营业，货物流通，无远不居之象，故曰"外比之，贞吉"。

○问功名：四外比五，五居尊位，有简在帝心之象，功名之显赫可知也。

○问家宅：二居内卦，四居外卦，皆曰"贞吉"，自得内外亲比，一家和睦。

○问婚嫁：玩爻辞，想在外地订亲。吉。

○问六甲：生男。

【占例】 明治二十一年，占某贵显之气运，筮得比之萃。

爻辞曰："六四：外比之，贞吉。"

断曰：比者，地上有水，亲和之象。今得四爻，此人在九五君侧，以尽精忠，大得君宠，上下亲比之占也。某贵显任宫内大臣之职，其爻辞适合。

九五：显比。王用三驱，失前禽，邑人不诫，吉。

《象传》曰：显比之吉，位正中也。舍逆取顺，失前禽也。邑人不诫，上使中也。

"显比"者，明亲比和顺之道于天下也。"三驱"者，《礼》所谓"天子不围"，天子之畋，合其三面，开其一面，使之可去，不忍尽伤物命，即好生之德也。"失前离"者，以禽之前去者，失之不追也，商汤之祝网，即是此义。"邑人不诫"者，谓王者田猎，与民同乐，不烦告诫，如归市不止、耕者不变之意，故吉。诸爻之比，皆以阴比阳，五爻则以阳比阴，以阳故曰"显"。且九五阳刚中正，为比之主。阳刚则光明而不暗，中正则公直而无私，此其所以为"显比"也，比之至中而至正者也，故《象传》曰"位中正也"，位即九五之位。顺逆以去就言，前去之禽，任其失之，不复穷追，来者抚之，去者不追，谓之"舍逆取顺"也。"上使中也"者，言上之使下，中平不偏，是下民熙皞之象也。比师二卦，五爻皆取田之象，然师喻除忧，比喻同乐，故《杂卦传》曰"比乐，师忧"也。又师自二至五，比自五至二，师曰"三赐"，比曰"三驱"。师比皆禽，师之禽在内害物，为境内之寇，故"执"之，王者之义也；比之禽在外而背己，为化外之民，故"失"之，王者之仁也。

按：六十四卦中，有坎者十五，屯、蒙、需、讼、师、比、坎、蹇、解、困、井、涣、节、既济、未济是也。其中虽有轻重大小之别，皆不免艰难劳苦，以坎有险难之义。唯比之一卦，独无艰难劳苦之象，得为最上之吉。卦全由九五为主，爻具阳刚之盛德，读者玩索其义，可自得也。

【占】 问战征：有降者不杀，奔者不禁之恩威，故曰"王用三驱，失前禽也"；有耕者不变，归市不止之德化，故曰"邑人不诫，吉。"

○问营商：玩爻辞，不贪目前小利，不图意外资财，舍逆取顺，虽前有耗，后自得盈余也。

○问疾病：症象已显，前服驱邪之剂，邪已若失。不必警戒，病自愈也。吉。

○问功名：驰驱生事，前功虽失，后效自必显著。吉。

○问六四：生男。

【占例】　明治二十四年三月十四日，众议院议长中岛信行、前长崎县知事日下义雄两氏来访，谈及横滨《每日新闻》所译美国波斯顿府新闻所载美国猎船一事，言所雇美国人四人，与日本人二十四人，在亚细亚俄领海岸，为俄国人所捕，充当苦役，数年内死几人未明，唯有美国二名，最耐苦役，已得无事归国。俄国者目下宇内强国也。美为民主之国，亦称强大，本邦介立两国之间，政府不知将如何处置？请占之。筮得比之坤。

爻辞曰："九五：显比。王用三驱，失前禽，邑人不诫，吉。"

断曰：此卦地上有水之象，水与土两相比辅，故曰比也。维新以来，我国与欧美各国，订盟联约，通商往来，正两相亲比之时。今为美国猎船被捕之事，占得此卦，曰"王用三驱，失前禽"，见俄国政府，未尝有捕之之令；"邑人不诫"，或者出于俄国土人所为也。考俄国西比利亚地方旷远，万里只有督统御之，为政府政令所不及，前欧美各邦人民。每每滋事，虽各国政府责问俄国，俄政府答曰：彼地有总督统理，我当谕令总督查办。终至迟延岁月，迄无结局。今回之事，不过北方边陬之一琐务，即今责问俄国，彼之所答，亦必如前所云，渝令该地总督查办而已。况此卦曰"显比"，是明言光明正大，与万国相亲比，我国亦何必以此一小事，伤国家大体之亲睦也？唯今后须议定西向利亚海，两国人民互渔之规则，凡两国人民，非得其国政府免许，匆论港内，连络其国所属两岬线内，禁渔业，在线外，无论何国人，任其渔猎，亦可谓之"王用三驱，失前禽"也。

中岛氏等为之感服《易》理之妙。

○占明治三十一年内务省之气运，筮得比之坤。

爻辞曰："九五：显比。王用三驱，失前禽，邑人不诫，吉。"

断曰：比者，地上有水之象，水得地而流行，地得水而滋润，是两相亲比，故名此卦曰比。比者，亲也。今占得五爻，以奉戴九五之君意，抚育万民，行公平之政，五阴之臣民，顺从阳刚之君也，谓之"显比"。在众民中，或有不从教化者，宜举直错枉，使之自化，谓之"王用三驱，失前禽，邑人不诫，吉"。本年内该省之措置，必得善良之结果也。

时板垣伯为内务大臣，既而辞职，西乡侯代之。当时内阁，颇为政党纷扰，内务省之施政，独无一毫之障碍。

上六：比之无首，凶。

《象传》曰：比之无首，无所终也。

此爻阴柔不才，居比之终。阴以阳为首，诸阴皆比五，上居五上，不下从五，是无阳也，无阳，即"无首"。胡氏云，"无首者，无君，"是所谓"后夫凶"。至众阴皆比，比道已成，于是欲比于五，不可得矣，故曰"无所终也"。天下有其始而无其终者，往往有之，无其始而有其终者，未之有也，是以"比之无首，"至终则凶也。

【占】　问战征："首"，军中之首领，谓元帅也。"无首"者，亡其主帅也。凶。

○问营商：五为卦主，上不与比，犹营商之伙，不与店主相亲比，是"无首"也。凡有所谋，必无所终也。凶。

○问功名：凡求名以高等者为首，曰榜首，曰魁首，"无首"则名于何有？凶。

○问家宅：恐丧家主，凶。

○问婚姻：不知何以无主婚之人？婚家来历，不甚明白。凶。

○问六甲：生女，恐有奇疾。

【占例】某县人携友人某氏绍介状来，告曰：生今有志上京，某贵显者，为生同县人，素所相知，欲往求引援。请占诺否如何？筮得比之观。

爻辞曰："上六：比之无首，凶。"

断曰：比者地上有水。水土相亲，显见有同乡之谊。今得上爻，曰"比之无首"，想是未尝谋面也。足下虽云与贵显有旧谊，平生之交际，恐不信实，或疏阔已久，今往请托，未必见许、故爻辞曰"比之无首，凶"。

后闻往见，果如此占。

○明治三十二年，占我国与德国之交际，筮得比之观。

爻辞曰："上六：比之无首，凶。"

断曰：比者地上有水，水之在地，遍处流行，无远不居，有万帮亲睦之象。德国财力，并臻富强，与各国素敦亲好，此爻爻辞曰"比之无首，凶，"殊为可疑。既而思之，我国与德国交际，所称首领者，唯在该国驻在公使，或者此人近将易任乎？故曰"无首"。

䷈ 风天小畜

畜字从玄，从田。玄者，水也，田中蓄水以养禾，兼有蕴藏含养等义。"小"者大之反，谓物之微细者也。此卦六爻，唯六四一阴，能畜五阳，为成卦之义。阳大阴小，以阴畜阳，故谓小。卦体下乾上巽，乾者刚健，巽者柔顺，乾下三刚，巽一柔二刚，巽以一柔为主，蓄藏群刚，故谓之小畜。《序卦传》曰："比必有所畜，故受之以小畜。"凡物相比附，则必聚积，是卦之所以次比也。

小畜：亨。密云不雨，自我西郊。

"畜"者，止也，"亨"者，通也，其义相反。然此卦二五皆阳而得中，有健行之象，虽一时为六四所止，终得亨通也，故曰"小畜亨"，犹屯曰"元亨"。"密云不雨，自我西郊"，此二句专就六四成卦之主而言。乾者天也，巽者风也。内卦为天，太阳热气，照射大地，水气感触，阳气蒸腾为云，乾为密，故曰"密云"。天上有风，云欲为雨，为风吹散，故"不雨"。凡云气自东而西则雨，自西而东则不雨，今云气虽密不自东而自西，故不成雨。云，阴气，西，阴方，阴倡而阳不和。且自二至四，互卦有兑，兑为西，乾为郊，故曰"密云不雨，自我西郊"。当时文王因于羑里，岐周在其西，故称"我西郊"。是小畜之象也。

《象传》曰：小畜：柔得位而上下应之，曰小畜。健而巽，刚中而志行，乃亨。密云不雨，尚往也；自我西郊，施未行也。

六四者阴柔之正位，即为阳爻之正应。此卦六四为主，上下五阳皆应之，以一柔而畜五刚，故曰"柔得位而上下应之，曰小畜"，是所以释卦名也。内爻虽健，外爻居巽，是以健而能巽。且二与五居内外卦之中，其志能行，故谓之"刚中而志行，乃亨"。刚健者，内卦之象；巽者，外卦之象。五阳为一阴所畜，故不成雨，然其前进之气，岂能终已？至上九变为坎水之雨，故曰"密云不雨，尚往也"。此时密云自西而起，是阴先倡而阳不和，不能成雨，故曰"自我西郊，施未行也"。"往"、"行"、"施"三者，皆得阳刚之气，乾之象也；"未"者，阴柔之气，巽之象也。盖巽之畜阳，以柔克刚，其畜虽小，而牵制殊巨。譬如三寸之键，可以闭厄险之关；一丝之纶，可以掣吞舟之鱼，不可以其小而忽诸。且巽为长女，象妇，九三曰"夫妻反目"，上九曰"妇贞厉"，皆以阳受制于阴。历观夏桀以妹喜亡，殷纣以妲己诛，幽王以褒姒灭，一妇为累，祸延宗社，阴之累阳，夫岂在多哉！

以此卦拟家，六四居辅相之位，仰膺君宠，然秉性阴柔，器识不大，不能任用贤才，唯以巽顺畜阳，以致膏泽不下于民，谓之"密云不雨"。小畜之象，国运如此。然以一阴止五阳，毕竟不能持久，至上爻阴极则亢，风变为雨，遂有"既雨既处"之象。若其时犹未至，而强欲施行，不能也，谓之"自我西郊，施未行也"。盖九二之大臣，与九五之尊位，两阳不相应，上九与九五，两阳亦不相比，故意见不和，是气运使然，不复如之何。是以五阳并为一阴所畜，谓之"柔得位而上下应之，曰小畜"。凡君子之行事，小人得以扰之，大事之将成，小物得以阻之，皆小畜之义也。国家然，即拟之人事，亦无不然。

通观此卦，六四以柔虚孚于九五，专以优柔抑制群阳。初九与六四，阴阳相应，阳为阴所畜，不宜躁动，是自复于道，潜伏下位，故"无咎"而又"吉"也。九二以阳居下体之中，能与初九牵连而复，亦吉道也。九三与六四相比，刚而不中，止于阴而不得进，如车之脱辐，而不可行也。始则相比，而终则相争，则不和如"夫妻反目"，而不安于室也。六四处近君之位，以信实相孚，是能畜君者也，而众阳亦并受其畜；然以一阴敌众阳，因循姑息，势或攻击致伤，于是六四逃避而去，故有"血去惕出"之辞。九五在君位，任用六四，今见六四之去，怜其诚孚，有所赐与，故有"有孚挛如，富以其邻"之辞。至上九之时，处畜之终，六四之一阴已退，巽风变为坎雨，是为畜道之成也。

《大象》曰：风行天上，小畜，君子以懿文德。

宇宙之间，太阳热气，彭薄郁塞，充满太虚，不能复行，冷气来而填其后，其气之流动，谓之风。此卦风在上而得位，故在下之气，亦受太阳之热，而欲上升，然为上卦之风所畜止，不能复进，谓之"风行天上，小畜"。君子见此象，能于潜伏之时，修文学，勉德行，以立身命。"懿"者修饰而示章美之意，容仪之温恭，言辞之和婉，皆德之文饰也。君子言语有章，威仪有度，以风动天下，犹风之鼓动万物，无所远而不居。盖文德之所化，无有穷极也。

【占】 问时运：目下平平，有动作被人牵阻之患。
〇问商业：有外观完美，内多耗失之象。
〇问出行：主有风波之患。
〇问家宅：主小康之家，防有口舌之祸。
〇问战征：虽有雷厉风行之势，而恩泽不孚，只可小捷，难获大胜。
〇问六甲：生女，又防小产。
〇问行人：恐舟行阻风，迟日可归。无咎。
〇问婚姻：主得懿美淑女，吉。

○问年成：主多风少雨，收成平平。

○问疾病：主风火之症。小儿吉，大人凶。

初九：复自道，何其咎？吉。

《象传》曰：复自道，其义吉也。

"复自道"者，谓知时之不可进，而自复于道。此爻居乾卦之初，是君子隐于下位者也。以阳居阳，位得其正，才力俱强，志欲上行，为六四之正应所畜，故返于本位，而复守其正。虽为彼所畜，而终不失其道，是不降其志，不辱其身，乃吉之道也，故曰"复自道，何其咎，吉"。"何"者，谓不复容疑之辞，叹美初九之能明道义，不吝改过，中途而复也。"何其咎"而后言"吉"者，谓不待其事之吉，而其义自吉也。

【占】问时运：目下平常，宜退守，无咎。

○问商业：宜稳守旧业，不宜创立新基。

○问家宅：所谓"士食旧德，农服先畴"，返而求己，不愿夫外，家道自亨。

○问疾病：宜静心自养，自可复原。

○问六甲：生男。

○问行人：即归。

○问年成：佳。

【占例】 某县学务课长，常谈论国事，意气慷慨，以志士自任。顷日怀一书来，告曰：仆近日将面谒贵显，为国家述一意见，请占其成否，如何？筮得小畜之巽。

爻辞曰："初九：复自道，何其咎，吉。"

断曰：小畜之卦，犹利刀切风，腕力虽强，无所见其交也。知足下往告，必不能达其意趣，故不若止。何则？上卦为政府，当维新之际，执兵戎以定乱，其后事务多端，各守职任，断不容下僚妄参末议。且上卦为风，有进退不定之象。足下以刚健之意气，欲达其素志。风主散，散则不成，若强行之，不唯不得面谒贵显，恐为门街巡查所拒，激昂之余，或反受警察之诫谕。至此而悔其事之不成，不若中止，谓之"复自道，何其咎，吉"。

某不信余占，乘气往叩某大臣之门，强请不已，果受其辱，悉如此占。

九二：牵复，吉。

《象传》曰：牵复在中，亦不自失也。

"牵复"者，谓与初九牵连而复也。此爻亦秉乾体，具阳刚之性，上进而为六四所止。然以阳居阴，位不得正，故欲进而有障；见初九之复，亦即牵连而复本位，故曰"牵复"。盖以刚中从容之德，自审进退，不失其宜，是以吉也。《象传》曰，"牵复在中，亦不自失也"，谓其有中正之德，能适进退出处之宜，自不失其节操。"亦"字，承初爻《象传》而言。

【占】问时运：因人成事，自得获利。大吉。

○问商业：宜创立公同社业，或旧业重振，皆得吉也。

○问家宅：主兄弟和睦，恢复先业，必致家道兴隆，大吉之象。

○问疾病：必主夙疾复发，小心调治，无妨。

○问行人：即日偕伴同归。

○问战征：主连日得胜。

○问六甲：生女。

○问年成：丰收。

【占例】余有熟知商人某氏，以某局有购旧罗纱之命，乃至横滨外国商馆，先取样品进呈某局。时适有他商二名，亦进呈样品，某局员以某氏所进为良品，以他二名所进为劣等。二商人愤愤不平，来告曰：同一物品，而局员妄以一心之爱憎，漫评货品之高低，其中不无贿嘱。余将告发于长官，请占前途得失。筮得小畜之家人。

爻辞曰："九二：牵复，吉。"

断曰：此卦君子为小人所止，有屈而不伸之象。今二爻与五爻，虽同秉阳刚，本非正应，恐告于长官，未必能达，以止为可。夫商人贩旧货物，同业相妒，亦事之常。在该局员妄评货品，与之争论究亦无益，足下即使议论得直，货物未必得售，不如中止。劝二商牵连而归复其本业，谓之"牵复在中，亦不自失也"。"不自失"者，谓思后日之利益，忍而归也。

○明治二十四年，邮船会社汽船东京丸，值朝雾昏迷，误搁房州洋之浅洲，以军舰并他汽船，极力牵引，毫不能动。或来请占是船之利害，筮得小畜之家人。

爻辞曰："九二：牵复，吉。"

断曰：依此占，今东京丸，已得他汽船引出，其船体无所损，可安全而还也。《象传》曰"不自失也"者，即无所损之谓也。

后果如此占。

九三：舆说辐，夫妻反目。

《象传》曰：夫妻反目，不能正室也。

"舆"者，人所乘以行远也。"辐"者，轮中之直木，或作輹；"说"者，脱也。"夫妻反目"者，谓妻瞋目而视夫，夫亦瞋目而视妻，故曰"反目"。此爻以阳居阳，刚而不中，才强而志刚，其性躁妄而不能自守，先众阳而锐进，为六四所止，故比之车之运行，脱辐而不能进，曰"舆脱辐"。九三之阳，比六四之阴，有夫妻之象，但夫为妻所制，阴阳不和，致夫妻不睦，则其妻之不顺不敬，固不俟论，其夫亦不为无罪。何则？夫之素行，苟能庄重笃实，闺门之内，相敬如宾，夫何反目之有？反目之来，实由于夫之素行有缺：始则溺于私爱，继则疏于自防，终则为妻所制。阴柔渐长，而阳刚无权，此家之所以不齐也，故《象传》曰，"不能正室也"。盖妻正位乎内，夫正位乎外，今以妻制夫，出而在外，是闺门之不正也。九三至九五，互卦为离为目，巽为多白眼，皆反目之象。

【占】问时运：阴盛阳衰，内外不安，最宜慎守。

○问商业：有积货，急宜脱售，凡众所争售者，切勿售，众所不售者，急进售之。此谓反其道而行之，得利。

○问家业：阴阳颠倒，家室不和。

○问疾病：防医士不察，以寒作热，以虚作实，药不对症，是阴阳相反也。宜急别看良医，病必脱体，吉。

○问战征：军心不和，防有辙乱旗靡，倒戈相向之虑。

○问行人：即日可返。

○问出行：恐中途有险。

○问六甲：生男，主有目疾。

○问年成：不佳。

○问婚姻：不利。

【占例】 明治六年，岩仓右大臣及木户、大久保、伊藤、山口诸君，奉命使欧美各邦。当派遣之初，使臣不得与各邦擅订条约。在朝者，为三条太政、副岛后藤、板垣大隈、江藤大木诸君，使臣未归之先，不得创议新政。后因海军省所辖云扬舰，测量朝鲜仁川海岸，彼国炮击我舰，庙议将发问罪之师，欧美派遣诸君，亦遽相继归朝，共参朝议，遂分为征韩非征韩二派。某贵显来，请占朝议归结，筮得小畜之中孚。

爻辞曰："九三：舆脱辐，夫妻反目"。

断曰：此卦下卦三阳，欲牵连而进，为六四一阴所止，而不能进，乃以大为小所畜，故名曰小畜。下卦三阳，有锐进之性。在主征韩者，谓我国三百年来，以锁国为国是，故致文化后于欧美各邦，今模仿欧美之进化，非力图进取，恐难独立于东洋。其奋激锐进，殆有不可遏之势。在主非征韩者，目击欧美之文化，与夫陆海军之全备，专划远大之策，戒轻举之生事，辩征韩之不可，大反其议。盖谓征韩之举，虽一旦遂志，在朝鲜人，或逃赴清国，与清国政府谋恢复，或脱走于俄，乞俄国之救援。又清俄两政府，受朝鲜再兴之依赖，不无责问我政府之由；至英、法、德各邦坐视我东洋有事，亦将藉生口实，皆可预料也。此番出使诸臣，归而作是议者，洵有见而言之。后朝旨一从罢征之议，主征韩者愠其言之不用，群相辞职，谓之"舆脱辐"也。征韩非征韩二派，至相仇视，恰如夫妻不睦，谓之"夫妻反目"。

后果主征韩者，悉辞其职。

六四：有孚，血去惕出，无咎。

《象传》曰：有孚惕出，上合志也。

"血"者，恤也。恤字古文作血。曰恤，曰"惕"，皆忧惧之甚也。"血去"者，远伤害也，"惕出"者，免危惧也，皆所以解脱优患。此爻成卦之主，以一阴之微弱，止五阳之刚强，盖畜得其时，又得其位，故能畜止众阳。自全卦言，为以小人畜君子；以一爻言，为以孤柔敌群刚。五为君位，四与五相比，是以臣而畜君者也。始如不足，终乃有济，有因人之功，无偾事之失。但在下三阳，为柔所制，欲锐进以害柔，亦势所不免。惟六四阴而中虚，能以中孚感君，君臣契合，以至诚相畜，故五阳亦终服六四之制。非其力能止之，实本孚信有以感之也。且六四不以获君为荣，转以位高为惕，退避三阳，而不妨贤路，如六四者诚辅相之贤者也，谓之"有孚，血去惕出，无咎"。《象传》曰"上合志也"者，以六四之大臣，比于九五之君，尽心谋国，上下交孚；又以九五之君，爱庇六四之臣，恩遇优渥，始终无间，故曰"上合志也"。

【占】 问时运：目下不免忧虑，切忌与人争斗，防有损伤。宜出门远避，斯无咎也。

○问仕途：必得上官契合，即有升迁，大吉。

○问战征：利于出军进攻，可以获胜。

○问家业：姬妾仆从，御之宜得其道，否则防反受其制。

○问行商：利西北，不利东南。

○问疾病：是寒里热之症，治之宜宽解，不宜燥烈药品。

○问谋事：有得邻里相助之力。

○占行人：恐中途遇险，宜微服潜行，忍而避难。

○占六甲：此胎生女。后胎可连举五男。

【占例】 明治五年，占某贵显气运，筮得小畜之中孚。

爻辞曰："六四：有孚，血去惕出，无咎。"

断曰：此卦六四一阴，在九五之下，奉戴君德，制伏上下四阳之锐进。一阴之势力本孤，惟以真诚相孚，能使群阳受畜。然阳亢则变生，不无可虑。曰"血去惕出"，其虑患也深矣，故"无咎"。因呈此占于贵显，贵显唯首肯而已。

后闻某贵显驾过赤坂，果罹暴徒之难，被轻伤。"血去惕出"之占，可谓先示其兆也已。

九五：有孚挛如，富以其邻。

《象传》曰：有孚挛如，不独富也。

"挛"与恋通，"挛如"者，相连之意。"富以其邻"者，邻指六四，谓九五之君，能信任六四，与之合志而畜乾。六四之臣，积诚以格其君，九五之君，推诚以待其下，上下相孚，而畜道成。九五之富，皆六四之功也。此爻中正，以阳居尊位，而密比六四之宰相，唯其有孚，则群阳亦牵连以相从也。九五居尊，所谓贵为天子，富有四海，与上爻四爻，同居巽体，并力畜乾，以御众阳锐进之锋，方张之势。曰"富以其邻"，是以四爻为邻也。然九五之君，当以大赉天下，泽被群生，若第挛如六四之宰相，其富厚之泽，未免偏而不公，故曰"有孚挛如，富以其邻"指臣位而称邻者，可见君德之不满。又爻辞不系吉凶者，亦以君德之未美也。《象传》曰"不独富也"者，以爻辞"以"字读为助之义也。

此卦初九九二二爻，虽复道，不过独善其身；九三与六四为敌，遂至反目；独九五终始信任六四，以共天下之富，是小畜之所以亨也。

【占】 问商业：有百货辐辏，群商悦服之象，大利也。

○问时运：一生气运亨通，无往不利。

○问仕途：主连得升迁，禄位双全

○问家业：主累代忠厚，惠及邻里，不独富有，且得贵显。

○问战征：主军士同心，有国境日辟之象。

○问六甲：有孪生之象。

○问疾病：主麻痹不仁，手足挛拘之症。

○问失物：宜从邻近寻觅，自得。

○问出行：宜结伴而行，不宜独往。

【占例】 明治四年三月，友人冈田平藏氏来曰：余今将创一业，请占其成否。筮得小畜之大畜。

爻辞曰："九五：有孚挛如，富以其邻。"

断曰：此卦有畜积货财之象，定可得商利之满足也。但必得一信实伙友，以主其事，获利之后，当分肥及之，庶几相与有成也。

后果如此占。

上九：既雨既处，尚德载。妇贞厉，月几望，君子征凶。

《象传》曰：既雨既处，德积载也。君子征凶，有所疑也。

"既"者，事之既成也。"既雨"者，此爻外卦变坎，前之"密云不雨"者，今则既雨矣。"既处"者，止也，谓阴阳相和，各得其所。阴之畜阳，不和则不能止，既和而止之，畜道成也。"尚德载"者，尚即《论语》"好仁者无以尚之"之谓，美六四之孚信充实，众阳感孚，明小畜全卦之成功也。九五、上九，同属巽体，知乾难畜，故积德而共载之。"望"者，满月也，"月几望"者，喻阴德之盛。此爻以阳居阴，小畜之终，畜道已成之时也。《彖辞》曰"亨"，即指上爻而言。盖此卦一阴，以巽顺为性，顺者妾妇之道，且巽为长女，象妇，故以妇为喻。六四阴象为女，九五信任不疑，六四之威权已重，恰如月之几望，满盈而敌九五之尊。"妇贞厉"之贞，谓以阴制阳，即以妇止夫。妇宜贞固自守，若以此道为常则厉，当此时虽有贤人君子，不能复如之何，故曰"君子征凶"。且阴之既胜，固无可为之道，方其将盛未盛之间，君子所最宜警戒。此爻"月几望"、"凶"者，阴之疑阳也；归妹之六五，"月几望，吉"者，阴之应阳也；中孚之六四，"月几望，无咎"者，阴之从阳也。"妇贞厉"者，以理言之，戒小人也；"月几望"二句，以势言之，戒君子也。《象传》曰"有所疑也"者，盖以阴敌阳则必消，犹言小人抗君子则有害，君子安得不疑？一说，疑者碍也，谓于道义有所碍塞，义亦通。雨与月皆有坎象，此爻外卦变为坎，故有此辞也。

【占】 问时运：有昔时希望不遂，今得如顺之意。

○问家业：有前困后亨之象。

○问营商：宜得利则止，若贪得无厌，终恐盈满致凶。

○问战征：既得战胜，宜即罢军，若复进攻，不利主帅。

○问年成：旱，不为灾。

○问六甲：生女。

○问行人：即归。

○问出行：不利。

【占例】 明治二十二年某月，某贵显来访谈时事，请试占政党首领某氏之气运。筮得小畜之需，应其请而讲小畜全卦之义。

爻辞曰："上九：既雨既处，尚德载。妇贞厉，月几望，君子征凶。"

断曰：此卦上爻。乾天，天气上升，有云随之，被风吹散，不得为雨，谓之"密云不雨"。以风之小，止天之大，故名此卦曰小畜。以国家拟之，四爻一阴，得时得位，上下五阳，牵连应之。阳大阴小，以一阴止五阳，是小畜之义也，故曰"柔得位而上下应之，曰小畜"。

此占为政党首领所关，其所从来者久矣，请推其原而说之。

明治之始，某缙绅为众所推，奉勅令为相，奉侍九五之君，尽见信任，一时群僚皆受其畜，诚千载一时之会也。就小畜之卦言之，以某贵显当六四之位，下卦三阳，牵连被畜，虽众阳有健行之性，欲进而谋事，六四虑其躁动，悉被抑止，独以孚信感君，巽顺行权，谓之"健而巽，刚中而志行"也。明治元年三月，虽有万机之勅命，究末施行，谓之"密云不雨"。

初九："复自道，何其咎？吉。"

此爻以阳居阳，虽有才力，未得信用，与六四之阴相应，见六四专权，难与共事，中途而返者也。

九二："牵复，吉。"

此爻亦虽欲进，见初爻既复于道，是以牵连亦复，进退审详，不失其宜，以中正也。

九三："舆脱辐，夫妻反目。"

此爻与六四，同居重职，先众阳而锐进，为六四所抑止，志不能行，辞职去官，谓之"舆脱辐"。"夫妻反目"者，以九三阳爻为夫，六四阴爻为妇。阳为阴制，犹夫为妻制，愤懑而争，故曰"反目"。

六四："有孚，血去惕出，无咎。"

此爻为全卦之主，以一阴止五阳，独得权势。然阴孤阳众，抑亦可危，唯在六四能以孚信感君，故九五之君，爱识六四，不使群阳得以相犯，故曰"血去惕出，无咎。"

九五："有孚挛如，富以其邻"。

此爻居尊位，与六四之阴，挛系而御小畜之世。九五六国，皆曰"有孚"，是以积诚相感，上下交孚也。下卦三爻，同为乾体，故曰"挛如"，赏赐之厚，如富人之以财产分赐邻里也。今以某贵显拟之，朝廷录维新之功，恩赐优渥，且政府以数万元，买置其第宅，即是也。

上九："既雨既处，尚德载。妇贞厉，月几望，君子征凶。"

"既雨既处"者，小畜之终，风变雨为水。前之"密云不雨"者，今"既雨"也。明治创业以来，某首领有功于国家，人所皆知，但政令随时更变，惟在积德累仁，励精图治，国家大权，不容旁落，亦不可偏任。明治十四年，请开国会，至今二十三年，有众议院开设之议，谓之"尚德载"也。在大臣谋划国计，未免擅权，以臣制君，犹之以妻制夫，谓之"妇贞厉"。"月几望"者，月满则亏，几望则将近于亏，是即阴阳消长之机。"君子征凶"者，谓当戒其满盈也。

䷉ 天泽履

履者，冠履之履。篆书从尸，从彳，从舟。尸者，像人身；舟者，载也；彳者，行也。

即所谓步履而行，可以运动人身者也。故此卦以此取名，《象》辞曰"履虎尾"者是也。转而为礼，礼者，人之所践行也，故《序卦传》曰，"物畜然后有礼，故受之以履"。《大象》曰，"以辨上下"。又转为福之义，《诗》曰"福履绥之"也。人能守礼，则天赐之以福。此卦外乾内兑，乾天，兑泽，天在上，泽居下，上下尊卑之分正，故有礼之象。又乾为行，兑为和，《论语》曰："礼之用，和为贵。"《象》有"履虎尾"之辞，故即取其首字以名卦也。

履虎尾，不咥人，亨。

《彖传》曰：履，柔履刚也。说而应乎乾，是以履虎尾，不咥人，亨。刚中正，履帝位而不疚，光明也。

此卦乾上兑下，乾为老父，前行，兑为小女，追随在后。凡以刚健践弱之后易，以柔弱践刚健之后难。就卦面观之，以六三一阴之柔弱，介五阳刚强之中，有欲行难行之象。以至弱之质，蹑于至刚之后，犹"履虎尾"，最是危机。文王就其难行之道，系其辞曰"履虎尾"，危之也。乾为虎，虎指刚健者。人者对虎而言，"不咥人，亨"。此卦二五两爻，皆得阳刚之中正，九五尊位，居至高至贵，而能不疚于心，必有光明之德也，谓之"刚中正，履帝位而不疚，光明也"。《彖传》三句，专就五爻而言，此爻卦变则为离，离为火，为日，为电，有光明之象。

以此卦拟人事，内卦兑为我，外卦乾为彼，我柔弱而彼刚健。例之古人，如上杉谦信、织田信长等，刚毅果敢，为其臣仆者，一不顺从，每遭惨祸，谚云"伴君如伴虎"，此之谓也。嗟乎！世路险阻，无往而非危机，虎之咥人，不独山林，凡一切利害所关，即为危机之所伏，皆可作虎观也。唯以不敢先之心，后天下之人，以不敢犯之心，临天下之事；以不敢轻进之心，处天下之忧患，敬以持己，和以接人，以此履虎，虎虽刚猛，必不见咥。由是观之，人能行以卑逊，何往而不亨通哉！行于强暴，则强暴服，行于蛮貊，则蛮貊化，行于患难，则患难弭，皆和悦之效也。以卦体言，初爻虎尾，至九五之时，危险既去，身安心泰，自具光明之德也。故履之时，柔能制刚，弱能胜强，虽刚暴难制者，皆可以柔和之道制之。若欲以刚制刚，必有大咎，此履卦所以贵和悦而应上也。

以此卦拟国，上卦为政府，下卦为人民，上刚强，下卑屈，名分悬隔，刚强者进于前，卑屈者随其后，谓之履，柔履刚也。上下之秩序如此，下以和悦爱敬，服从夫上，上亦乐其柔顺，不复以强暴相凌，谓之"悦而应乎乾，是以履虎尾，不咥人，亨"。九五之君，德称其位，垂拱而天下治，上不愧祖宗之鉴临，下不负臣民之瞻仰，何疚之有？于是功业显著，德性光明，谓之"刚中正，履帝位而不疚，光明也"。

通观此卦，高者无若天，低者无若泽，上下尊卑之分，昭然若揭。六三以一阴，介在五阳之间，为全卦之主，才弱而志刚，体暗而用明，不自量力，而敢于前进，致蹈危祸也。初九在下，素位而行，不关荣誉，虽涉危险之世，行其固有之业，而自得其安乐也。九二居内卦之中，不系情于名利之途，坦然自乐，不陷于危险也。九四上事威猛之君，下接奸佞之侣，处危惧之地，小心翼翼，位尊而主不疑，权重而人不忌，终得遂其志也。九五居尊位，雄才大略，独断独行，以刚猛而御下者也。上爻熟练世故，洞悉人情，建大业，奏伟功，而克享元吉者也，是履之终也。

《大象》曰：上天下泽，履，君子以辨上下，定民志。

此卦"上天下泽"，尊卑贵贱之等级分明，是不易之定理也。君子见此象，"辨上下，定民志"，使之各居其所，各安其分，不相紊乱，自无僭越，礼制之要也。夫宇宙间，莫低于泽，莫高于天，譬诸在人，莫尊于冠，莫卑于履，上下之分如此。履者，礼也，君子体乾之强，庄敬而日强，所以行礼也。兑之德悦也，悦者和也，礼以退为让，履以下为基，故曰"履，德之基也"。天而不下交于泽，则江河无润；泽而不上交于天，则雨露无滋。惟天高而能下，故水土草木之气，蒸而为云雨，而天益高；惟君尊而能卑，故亿兆臣民之分辨，而为礼让，而君益尊。若上下不辨，民志不定，则等威无别，民情骚动，天下纷然，乱自此起，如之何其能治也？此卦上自天子，下至庶人，安尊卑之分，联上下之情，君怀明德，民无二志，天下所由治也，谓之"君子以辨上下，定民志"。

【占】问家业：有门庭肃穆，仆妾顺从之象。
〇问任官：有品级渐升之象，若攀援干进，反致不利。
〇问营商：宜辨别货品，实察商情，待时而售，必得高价。
〇问出行：利于滨海之地。
〇问六甲：得女。
〇问疾病：宜疏通中焦。
〇问遗失：一时为物所掩，久后自出。

初九：素履，往无咎。

《象传》曰：素履之往，独行愿也。

"素"者生帛，取天然之色而无饰也。"素履"者，谓直行本分。此爻以阳居阳，虽得正位，上无正应，在下位，不援上，《中庸》所谓"君子素其位而行，不愿乎其外"者也。以居履之初，去虎犹远，守当然之本业，独善其身，不求闻达，一旦得位，亦不改其"素履"之守，所谓"穷不失志，达不离道"，故曰"素履，往无咎"。《象传》曰"独行愿也"者，谓己之所愿，不在乎外也。此爻无正应，故曰"独"也。

【占】问功名：宜安居乐道，待时运亨通，往无不利。
〇问营商：宜守旧业，久后必获利。
〇问谋事：宜缓待，不宜急迫。
〇问战征：宜独行潜往，刺探敌情，无咎。
〇问家宅："福履绥之"，门庭吉祥。
〇问六甲：生男。

【占例】横滨商人某氏来告曰：近来商业不振，得不偿失，欲移居于东京，别创事业，请占前途吉凶。筮得履之讼。

爻辞曰："初九：素履，往无咎。"

断曰：此卦兑之少女，履乾父之后，明明教人以谨守先业。商务之通塞，未可拘一时而论，物价高低，随时变换，前失后得，亦事之常，何必遽作改计？不如守旧，久必亨通也，故曰"素履，往无咎"。某氏闻之，随绝改图之念，仍在横滨，从事旧业，未几而商机一变，大获利益。

九二：履道坦坦，幽人贞吉。

《象传》曰：幽人贞吉，中不自乱也。

"坦坦"者，道之平也；"幽人"者，谓隐居山林之士也。此爻当履之时，得刚中之位；中则不偏，不偏则不危，履行其道，犹行平坦之道路也，故曰"履道坦坦"。夫行道者，履于旁则危险，履其中则平坦，必其中心淡泊，忘情荣辱，以道自守，斯得幽人之贞也，故曰"幽人贞吉"，若欲急进而从事，恐履虎而招祸。盖此爻虽有才德，以上无应爻之助，故未得出而用世，唯其穷居乐道，遵时养晦，故吉。《象传》曰"中不自乱也"者，谓不降其志，不辱其身，是不以利达乱其心者也。一说"幽人"为幽囚之人，如文王之囚羑里而演《周易》，文天祥之囚土室而作《正气歌》之类，虽在患难，不乱其志也。此爻内卦变为震，震为大途，有道之象；又以兑泽，有幽谷之象，故曰"幽人"。

【占】 问功名：有高尚其志之象。

○问营商：一时物价平平，可得微利。

○问出行：平稳，获吉。

○问终身：有恭敬修身之意。

○问家宅：有分析财产之意。

○问失物：有意外损耗之虑。

【占例】 一夕有盗入某贵显邸宅，窃去衣服若干。贵显请占盗之就捕与否，筮得履之无妄。

爻辞曰："九二：履道坦坦，幽人贞吉。"

断曰：此卦兑之少女，履乾父之后。老父为盗，少女者改造其藏品，或变其体裁，而转卖之，是父女共为盗者也。一时不得显露者，盗中之最狡者也。然互卦有离火，火之明，即探索吏也，互卦之主爻，即六三之探索吏。《象传》所谓"眇能视，不足以有明也"，故现时不能捕获。至上爻有"视履考祥，其旋元吉"之辞，自此爻至上爻，爻数五，必在五月之后，藏品暴露，盗贼即可就缚。后五月，此盗就缚，果如此占。

六三：眇能视，跛能履。履虎尾，咥人，凶。武人为于大君。

《象传》曰：眇能视，不足以有明也；跛能履，不足以与行也。咥人之凶，位不当也。武人为于大君，志刚也。

"眇"者，目之偏视也；"跛"者，足之偏废也。"武人"者，文官之对，"大君"者，尊贵之称。此爻以阴居阳，不中不正，无才无德，以刚暴取辱者也。盖于履为成卦之主，欲恃其势而统辖群刚，不自度才德之微，不足负担大事。目之眇，自以为能视，足之跛，自以为能履，不避危险，勇往直前，自蹈履虎受咥之祸，故曰"眇能视，跛能履，履虎尾，咥人，凶"。曰"眇"曰"跛"者，示六三之柔暗，能视履者，谓恃九二而冒险躁进。虎之不咥我，以我背后有乾也。六三见虎之畏乾，以为畏己也，去乾而自用，遂为虎所咥。《象》曰"不咥人"，爻曰"咥人"，其义相反。盖《象》取内卦兑之柔和爱敬而立义；爻主中正，以六三阴柔不中正，独与上九之一爻相应，上九虎之首也。履尾而首应，故有咥人之象。六三不自知其量,放肆横行,武人而干犯九五之大君,其强暴而无所忌惮如此,大凶之道也。《象传》曰"眇能视,不足以有明也;跛能履,不足以与行也"者,谓其识暗,故视不能明,谓其才弱,故行不能远。"位不当也"者,谓以阴居阳;"志刚也"者,谓其阴柔而不中正,志刚而触祸也。兑为毁折,互卦离为目,巽为股,离目为兑所毁折,有眇之象;巽股为兑所毁折,有跛之象。又兑为口,有咥之象;"武人"巽之象,巽之初六"利武人之贞"可见也。"武人",武士也,如《诗》所咏"赳赳武夫"是也,其职掌专主军政,奉王命以讨伐不庭,效忠于疆场者也。"武人为于大君,"刚强自用,干犯名分,孔子所谓"暴虎冯河,死而无悔"之徒,其甚者窃弄兵权,不奉朝命,如北条义时足利尊氏者也。我国维新以来,军政严肃,海陆两军,类皆桓桓武士,干城之选,好谋而成,固不徒以志刚为武也。《易》之垂诫,或不在当时而在后世,其虑远矣。

【占】问家宅:有暗昧不明,以小凌大之象。
〇问商业:有被人欺弄,急切不能脱售之虑。
〇问战征:宜退守,不宜进攻,妄动者凶。
〇问行人:恐中途遇险。
〇问失物:就近寻觅,自得。
〇问六甲:生男,但婴儿防有残疾。

【占例】友人副田虎六氏,从佐贺县来告曰:某所矿山,工学士最所称赏,矿质极良。余将请政府之认可,着手采掘,请占其利害。筮得履之乾。

爻辞曰:"六三:眇能视,跛能履。履虎尾,咥人,凶。武人为于大君。"

断曰:此卦刚健之乾父前进,柔弱之少女随后,足下继续先辈所开之矿山。今此爻爻以阴居阳,气强而智昏,其所计划,必有与实际相龃龉者也,故谓之"眇能视,不足以有明也"。凡商办之业,与官办之局,大异其趣。如彼矿山,固乡间无赖人所集合,能设其规则,而统制得宜,斯众人服从。且指挥众役,必用老成谙练之人,乃能成其业,若指挥不得其人,彼矿夫纷扰,非易箝制,懒惰虚喝,百弊丛生。足下纵精明强干,而于矿业,究属生手,譬如行路,此程非熟悉之途,故爻辞又曰"跛能履,不足以与行也"。足下又谓"不入虎穴,焉得虎子",是以决意担当,但恐入虎穴而为虎所咥,其危险实可寒心。爻象如是,足下宜断念也。

氏不信余占,用某学士为甲干,使之赴矿山。为不谙实业,部下不服,终以不克成事而罢。

〇贵族院议员某,福岛县多额纳税者也。自去年(三十一年)冬,至本年春,蚕丝输出外国者,时价益腾。本年养蚕之成绩,颇好结果,预料他日蚕丝,辐辏横滨,势必低价。乃于横滨四品取引所,期五月与六月,约卖蚕丝若干,与买者同纳付保证金数万元于取引所。至期,蚕丝之入横滨者稀少,时价看涨,不能交现。买者知蚕丝之不足,数人联合,益倡高价,于是有介卖买两间而谋为仲裁者。某来曰:"此仲裁适余意否?请为一筮。筮得履之乾。

爻辞曰:"六三:眇能视,跛能履。履虎尾,咥人,凶。武人为于大君"。

断曰:此卦以兑之柔,随乾之刚,犹少女与暴夫同行,其危险如"履虎尾"。今占得三爻，足下测度蚕丝出产与时价，是诚以管窥天，谓之"眇能视，不足以有明也"。横滨商人，自产地贩集蚕丝，向以贷金收买，故转运往往不速，谓之"跛能履，不足以有行也"。卖者乘其虚，而益倡高价，殆将食没足下之保证金，谓之"履虎尾，咥人，凶"。足下不自揣其不能，不知卖家之不良，欲博一时巨万之利，反生大损，犹以匹夫之勇，望为武将者也，谓之，"武人为于大君"。今仲裁难行，过六月中旬，可得协商，然大损不免也。

后果如此占。

九四：履虎尾，愬愬，终吉。

《象传》曰：愬愬终吉，志行也。

"愬愬"者，畏惧之貌。此爻以阳居阴，逼近九五尊位，才强志弱，以九五为虎，常怀危惧，故有"履虎尾"之戒。若以其危故，而退身远引，亦非为臣之道。此爻处大臣之位，有可未常不献，有否未常不替，亦非避其威而不履也。但小心谨慎，常若愬愬，故曰"履虎尾，愬愬"。是以位虽高而主不疑，权虽重而上不忌，终免忧危，而得保全之吉，故曰"终吉"。此卦全卦以柔为吉。"终"字对初而言，有始于危，终于不危之义也。《系辞传》曰"四多惧"，此爻多惧，唯其防患周密，终得免害。《象辞》曰"不咥人，亨"者，谓此爻也。《象传》曰"志行也"者，谓履行其道也。"志"者，为平日期望之志也。

【占】问时运：以温和接人，以笃实当事，虽临危险，终得免祸，是气运平稳之时也。
○问商业：不宜急切脱货，宜谨慎耐守，终获利益。
○问战征：宜临危固守，遇救得捷，可转败为胜。
○问六甲：平稳得男。

【占例】明治十七年十二月，朝鲜京城有政党纷扰。时国王遣特使来我公使馆，请我办理公使竹添君护卫王宫。公使因率兵前进，清国将官某氏，亦率部下兵迫王城，遂抗我兵。此报达我国，朝野骚然，朝旨派外务卿井上伯，奉使朝鲜责问，是国家之重事也。某贵显使余占其动静，筮得履之中孚。

爻辞曰："九四：履虎尾，愬愬，终吉。"

断曰：此卦上卦乾，为父，下卦兑为少女，有少女随父之象也，故名曰履。夫我国之于朝鲜，以我既行欧美之开化，欲使彼国速从时势之变迁，我导其前，彼履其后，以同行改革也。万一朝鲜为欧人所占领，不啻为我国之赘疣，实为亚细亚全洲之障碍。奈彼国冥顽不悟，妄以嫌忌外人，遂起今回之乱。今外务卿井上伯奉使前往责问，彼必自知微弱。四爻变而为中孚，结局终归平和，谓之"履虎尾，愬愬，终吉"。于时十七年十二月二十五日也。

（附言）是月二十七日，交询社传福泽谕吉氏之言，邀余演说朝鲜《易》占。余因趋其席，社员满室，干事诸氏谓余曰：今回朝鲜之事，甲论乙驳，或和或战，群蹴纷纷，不知归的。君玩《易》象，必获先机，幸为开陈爻辞。余曰：《易》道，通天机而知未来者也，与凭空议论者不同也。余凭《易》占，已预知结果，在外人或未之信也。遂应其请，详述前说。在席自福泽氏以下，皆不解《易》，脸如怪讶。余归后，福地源一郎氏，寄书请示占象，因更记前说以自送之。翌十八年一月一日揭之于东京《日日新闻》。当时《时事新报》记者痛嘲余说。彼昏昏者不解《易》理，亦无足怪，彼闻并上大使，与朝鲜政府开论，即在一月二日。《易》理之定数，不差分毫，余之《易》占，不失一语，不亦可畏敬哉！

九五：夬履，贞厉。

《象传》曰：夬履贞厉，位正当也。

夬者，决也。"夬履"者，谓其一任刚决以履行也。此爻刚健中正，体乾卦，履尊位，下无应爻，自恃刚明，果于任事。多威武猛断之政，未免有果敢而窒之弊，故曰"夬履"。古圣人居天下之尊位，虽朋足以照，刚足以决，势足以专，未尝不博取天下之议，以广其见识，此圣人之所以为圣人也。此爻不患不刚明，而患在躁急，一任己见，以刚行刚，不审时机，不察群情，遂致上下不通，内外阻隔。急切之甚，激成祸变，是危殆之道也，故曰"贞厉"。"贞"者，贞固也，谓固执而不变；"厉"者，危也，谓当常存危惧之心也。《易》中用"厉"字之例皆然，噬嗑之九五，"贞厉无咎"，亦犹是也。盖履之道，尚柔不尚刚，九五以刚居刚，是决于履也；以其中正之德，又能危厉自惕，斯得动无过举。《书》曰"心之忧危，若蹈虎尾"，国君能常思蹈虎之危，可谓"履帝位而不疚"也。爻辞"贞厉"者，固见其厉也。《象传》曰"位正当也"者，与兑之九五及中孚之九五同义。盖有不满于君德之旨也，谓刚决之君，似于宽仁温和之德有阙，所宜反省而加勉也。

【占】 问时运：前苦后甘，目下正当报云见日之时，犹宜毋忘曩时苦境，兢兢业业，斯能长保其富也。

○问商业：宜和衷共济，有货不宜急售，久后必得厚利。

○问失物：有不待寻而自得之象。

○问官途：目下已得升迁，唯宜谨慎，斯可永保。

○问疾病：危而后安。

【占例】 某会社社长，来占命运之吉凶，筮得履之睽。

爻辞曰："九五：夬履，贞厉。"

断曰：此卦以兑之少女，继乾父之后。今君富学识，温和而长于交际，由株主迁举而为社长，地位中正，固无可疑。但既任职权，不能不竭力谋事，一或刚决独行，凡事难保无失，谓之"夬履，贞厉"。在足下精明果敢，胜任社长，固余所深信也，唯从占筮之意，尚宜时时警戒。劝足下注意而已。后果如此占。

上九：视履考祥，其旋元吉。

《象传》曰：元吉在上，大有庆也。

"视履考祥，其旋"者，谓自视其履行之迹，能考祸福之祥兆。此爻居履之终。即践行之终，凡人之所践行，善则得福，不善则得祸，治乱祸福之所歧，悉由于履行。人之所履，亦难保始终皆善，有始不善而终善者，有始善而终不善者，必观于终，然后见也。若周旋无亏，终始如一，则其吉大矣，故曰"视履考祥，其旋元吉"。《象传》曰，"元吉在上，大有庆也"，谓君上能行此道，则大有吉庆也。元即大，吉即庆也。凡六十四卦之中，上爻系"元吉"者，不过二三卦，此爻居其一，盖上爻者，极地而多危殆也。

【占】 问时运：目下正得安乐之时，其人必素行无亏，晚运亨通，福寿双全，大吉也。

○问商业：往返经营，俱得大利。

○问家宅：祸福无门，惟人自招，若能积善，必有余庆。

○问疾病：恐天年有限。

○问失物：不寻自得。

○问六甲：必产贵子。

○问战征：大获胜捷，奏凯而旋。

【占例】 明治二十三年十月，东京府下第十五区选举，代议士有候补三名，其一人为某豪商也。一日友人某氏，来请占其成否，筮得履之兑。

爻辞曰：“上九：视履考祥，其旋元吉。”

断曰：此卦以兑柔弱之少女，随行乾刚之老父，其势不相匹敌，固不待论。履之上九，履之终也，必其人经履几多艰难危机，渐奏事功，以至今日之盛运也。然应不中不正之六三，依偏视之眇者，与偏废之跛者，与刚猛之武人，共相竞争，孙子所谓下驷与上驷，其不能必胜可知矣。上爻处位之极，无可复进，悟前非而鉴既往，翻然回头，可得大吉也。若谋不出此，欲强遂初志，其凶有不可言也。

后依所闻，某豪商果察机自退，不复与争云。

○明治三十年，占我国与德国交际，筮得履之兑。

《象》辞曰：“履虎尾，不咥人，亨。”

爻辞曰“上九：视履考祥其旋，元吉。”

断曰：履者以柔顺而履刚健之迹，有周旋无亏之象，故名此卦曰履。曰“履虎尾，不咥人，亨”，以柔蹑刚，恭顺而不失其正，故不见咥，而反见亨也。见之本年我国与德国交际，彼国夸其武威，非无虎视耽耽之意，然我国当路之重臣，处置得宜，且彼国驻劄公使得人，能两得平和，故彼此无事。博强国之称，比之从前交际，自然不同。在彼具猛虎之性，搏噬之志，固未尝一日忘也；且因我之强，亦不无嫉妒。在我惟宜以柔克刚，随时应变，斯得矣。